NCS 직무수행능력평가

2023

최신 코레일
한국철도공사
필기시험 출제유형

사무영업
일반/수송
전공시험

16회

고시넷 공기업

코레일 한국철도공사
경영학 기출예상모의고사

동영상 강의 WWW.GOSINET.CO.KR

gosinet
(주)고시넷

정오표 및 학습 질의 안내

정오표 확인 방법

고시넷은 오류 없는 책을 만들기 위해 최선을 다합니다. 그러나 편집에서 미처 잡지 못한 실수가 뒤늦게 나오는 경우가 있습니다. 고시넷은 이런 잘못을 바로잡기 위해 정오표를 실시간으로 제공합니다. 감사하는 마음으로 끝까지 책임을 다하겠습니다.

고시넷 홈페이지 접속 > 고시넷 출판-커뮤니티 > 정오표

www.gosinet.co.kr

모바일폰에서 QR코드로 실시간 정오표를 확인할 수 있습니다.

학습 질의 안내

학습과 교재선택 관련 문의를 받습니다. 적절한 교재선택에 관한 조언이나 고시넷 교재 학습 중 의문 사항은 아래 주소로 메일을 주시면 성실히 답변드리겠습니다.

이메일주소 qna@gosinet.co.kr

차례

코레일 경영학 정복

코레일 기출예상모의고사

책속의 책

코레일 기출예상모의고사 정답과 해설

코레일 소개

CI

고속철도 운영과 대륙철도 연결로 21C 철도 르네상스 시대를 열어 나갈 주역으로서 한국 철도의 비전을 담은 새로운 철도 이미지를 구현하였습니다.

푸른 구(球)는 지구를 상징하며, 구를 가로지르는 힘찬 선(LINE)은 고속철도의 스피드와 첨단의 기술력을 상징화하여, 세계를 힘차게 달리는 21C 한국 철도의 이미지를 표현하였습니다.

미션

사람 · 세상 · 미래를 잇는 대한민국 철도

비전

대한민국의 내일, 국민의 코레일

핵심가치

안전(국민안전 | 안전역량), 고객(고객만족 | 직원행복), 소통(미래창조 | 혁신성장)

전략목표

Best Safety	Efficient Management	Special Value	Trust Management
글로벌 최고 수준의 **철도안전**	고객가치 기반의 **재무개선**	기업가치 제고로 **미래성장**	소통과 공감의 **신뢰경영**
글로벌 TOP 철도안전	부채비율 100%대	지속성장사업 매출 0.6조 원	종합청렴도 1등급

전략과제

최적의 철도안전·방역체계 정립	고품질 철도서비스 확대	미래 핵심기술 내재화	디지털 기반의 열린경영 실현
철도 안전운행 인프라 구축	내부자원 생산성 향상	남북철도 및 지속성장사업 확대	상호존중의 조직문화 구축

ESG 경영

공공 안전서비스	친환경 서비스 강화	사회적가치 실현	윤리경영 강화

인재상

인재상	사람지향 소통인	고객지향 전문인	미래지향 혁신인
	사람 중심의 사고와 행동을 하는 인성, 열린 마인드로 주변과 소통하고 협력하는 인재	내외부 고객만족을 위해 지속적으로 학습하고 노력하는 인재	한국철도의 글로벌 경쟁력을 높이고 미래의 발전을 끊임없이 추구하는 인재

HRD 미션	KORAIL 핵심가치를 실현하기 위한 차세대 리더의 체계적 육성
HRD 비전	통섭형 인재양성을 통해 국민의 코레일 실현

HRD 전략	HRD 조직발전	미래성장동력 확보	성과창출형 HRD	공감/소통의 조직문화 조성

모집공고 및 채용 절차

코레일 최근 채용 현황

(단위 : 명)

구분		채용 인원	공고일	접수기간	서류발표	필기시험	필기발표	면접시험	최종발표
2022	하반기 신입사원 (일반직6급)	342	2022.09.16.	2022.09.28.~09.30.	2022.10.12.	2022.10.29.	2022.11.18.	2022.11.28.	2022.12.14. (*이후 철도적성검사 및 신체검사)
	상반기 신입사원 (일반직6급)	1,290	2022.02.28.	2022.03.11~03.15.	2022.03.25.	2022.04.16.	2022.05.06.	2022.05.06~05.25.	2022.06.10. (*이후 철도적성검사 및 신체검사)
2021	하반기 신입사원 (일반직6급)	260	2021.08.04.	2021.08.17. ~08.19.	2021.08.27.	2021.10.02.	2021.10.26.	2021.11.15. ~11.19.	2021.12.02. (*이후 철도적성검사 및 신체검사)
	상반기 신입사원 (일반직6급)	750	2021.02.19.	2021.03.02. ~ 03.05.	2021.03.16.	2021.04.10.	2021.05.04.	2021.05.24. ~ 05.28.	2021.06.10. (*이후 철도적성검사 및 신체검사)
2020	하반기 신입사원 (일반직6급)	1,180	2020.08.31.	2020.09.15. ~ 09.17.	2020.09.25.	2020.10.17.	2020.10.30.	2020.11.16. ~ 11.27.	2020.12.09. (*이후 철도적성검사 및 신체검사)
	상반기 신입사원 (일반직6급)	850	2020.01.23.	2020.02.07. ~ 02.10.	2020.02.20.	2020.06.14.	2020.06.24.	2020.07.06. ~ 07.09.	2020.07.17. (*이후 철도적성검사 및 신체검사)
2019	하반기 신입사원 (일반직6급)	1,230 일반(1,000) 고졸(230)	2019.05.20.	2019.06.03. ~ 06.05.	2019.06.17.	2019.07.20.	2019.07.30.	2019.08.19. ~ 08.23.	2019.09.05. (*이후 철도적성검사 및 신체검사)
	상반기 신입사원 (일반직6급)	1,275	2018.12.24.	2019.01.07. ~ 01.09.	2019.01.18.	2019.02.16.	2019.02.26.	2019.03.18. ~ 03.22.	2019.04.03. (*이후 철도적성검사 및 신체검사)

채용 절차

채용공고 입사지원 › 서류검증 › 필기시험 › 면접시험 (인성검사 포함) › 철도적성검사 채용신체검사 › 정규직 채용

- 각 전형별 합격자에 한하여 다음 단계 지원 자격을 부여함.
- 사무영업(수송), 일반공채_토목(일반), 고졸전형_토목분야에 한해 필기시험 이후 면접시험 이전에 실기시험 시행

입사지원서 접수

- 온라인 접수(방문접수 불가)

서류검증

• 직무능력기반 자기소개서 불성실 기재자, 중복지원자 등은 서류검증에서 불합격 처리

필기시험

채용분야	평가 과목	문항 수	시험시간
일반공채	직무수행능력평가(전공시험) NCS직업기초능력평가(의사소통능력, 수리능력, 문제해결능력)	50문항 (전공 25문항+ 직업기초 25문항)	60분 (과목 간 시간 구분 없음)
고졸전형 보훈추천 장애인	NCS직업기초능력평가(의사소통능력, 수리능력, 문제해결능력)	50문항	60분

• 합격자는 증빙서류 검증이 완료된 자 중 필기시험 결과 과목별 40% 이상 득점자 중에서 두 과목의 합산점수와 가점을 합한 고득점자 순으로 2배수 선발
• 필기시험 결과는 면접시험 등에 영향이 없음.

면접시험 등

• 면접시험 : 신입사원의 자세, 열정 및 마인드, 직무능력 등을 종합평가
 ※ 면접시험에는 경험면접 및 직무 상황면접 포함
• 인성검사 : 인성, 성격적 특성에 대한 검사로 적격 · 부적격 판정(면접 당일 시행)
 ※ 부적격 판정자는 면접시험 결과와 상관없이 불합격 처리
⇨ 면접시험 고득점 순으로 합격자 결정. 단, 실기시험 시행 분야는 면접시험(50%), 실기시험(50%)을 종합하여 고득점 순으로 최종합격자 결정

철도적성검사 및 채용신체검사

• 사무영업, 운전 및 토목_장비분야에 한해 철도안전법에 따라 철도적성검사 시행
• 채용신체검사 불합격 기준

(시행방법) 한국철도 협약병원에서 개인별 시행하고 결과 제출

채용직무	신체검사 판정 기준
사무영업, 운전,토목_장비	철도안전법시행규칙 “별표2”의 신체검사 항목 및 불합격 기준 준용
차량, 토목, 건축, 전기통신	한국철도 채용시행세칙 “별표7”에 따른 신체검사 불합격판정기준 준용

• 철도적성검사 및 채용신체검사에 불합격한 경우 최종 불합격 처리

코레일 경영학 기출 유형분석

2022 상반기 기출 유형분석

작년 시험의 반동, 평이하다면 완벽하게!

2021년의 독보적인 난이도로 출제된 경영학의 반동으로 2022년의 코레일 경영학의 출제경향은 다시 2020년의 빈출 유형 다수, 계산 문제 하나, 낯선 개념의 문제로 변별력을 확보하는 모습으로 되돌아갔다. 이와 함께 평이하게 출제된 직업기초능력과 합쳐져 2022년 상반기 사무영역의 가점 포함 합격선이 거의 모든 지역에서 93점을 초과했다. NCS와 경영학, 모두가 완벽해야 했던 시험이었다.

경영학에서는 인간관계론, 기업결합, 마이클 포터의 시장전략, 동기요인, 직무분석, 지각과정의 오류, 성과급제도, JIT, 제품수명주기, 다각화 전략 등 평소 경영학을 대비해 오던 수험생들에게 낯익은 개념들을 정확히 이해하고 있는지를 측정하였다.

2022년 코레일 경영학 시험의 변별력을 담당하는 '낯선 개념'의 역할은 국제경영이 맡았다. 킨들버거가 제시한 국제기업의 정의과 국제기관의 창립목적 등에 관하여 심도 깊은 문제를 출제하여 난이도를 높이고 변별력을 확보하고자 하는 모습을 보였다.

2022 상반기 경영학 키워드 체크

2021 상 · 하반기 기출 유형분석

시간을 쓰게 만드는 문제들에 대비하자!

경영학을 시험과목으로 채택하고 있는 공기업 필기시험들의 문제 난이도가 전반적으로 상승하고 있는 추세임을 감안해도, 2021년 상반기 코레일 경영학 필기시험의 난이도는 독보적이었다. 그에 비해 하반기는 문제의 난이도는 다소 하향되었으나 선택형 문제나 사례해석과 같이 문제풀이에 많은 시간을 필요로 하는 유형의 비중이 크게 올라갔다는 점이 눈에 띄었다.

여타 공기업 필기시험에 잘 출제되지 않는 하우 리의 불확실성 프레임워크, 카이제곱 검정통계량, 애쉬의 인상형성이론 등의 내용이 출제되는 한편, 대화 내용을 통해 경영이론을 도출하는 문제와 같이 기계적으로 정답을 도출하는 것이 아닌 지문을 읽고 해석하는 과정을 반드시 거쳐야 하는 유형의 문제들이 출제되었다.

이후의 출제기조가 크게 바뀌지 않는 한, 경영학 전공과목에서 시간을 단축하고 절약한 시간을 직업기초능력평가에 사용하는 수험전략을 계획하는 수험생들은 경영학에서 시간을 많이 소비하게 하는 형식의 문제유형에 반드시 익숙해질 필요가 있다.

2021 상 · 하반기 경영학 키워드 체크

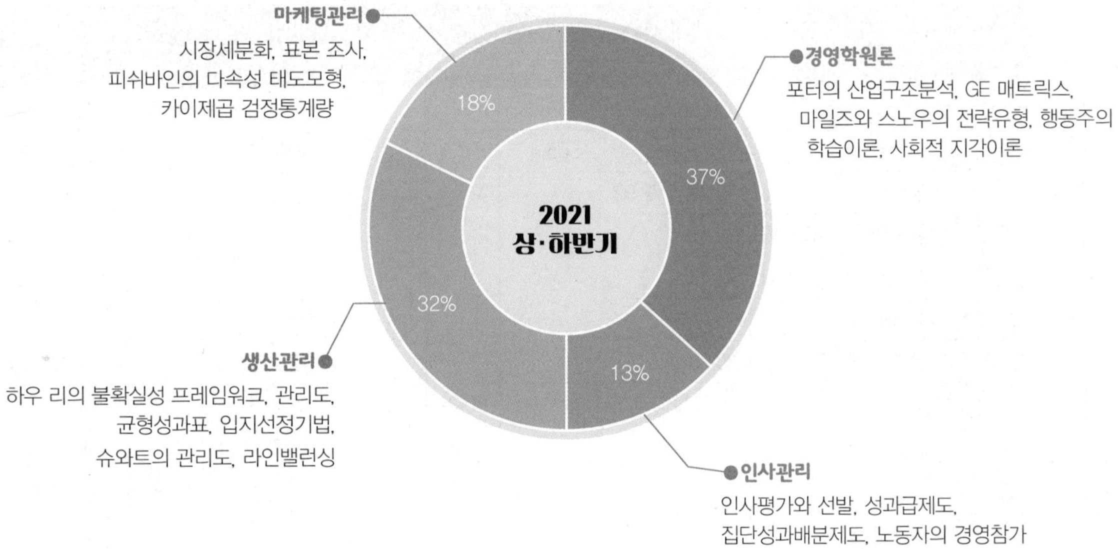

필기시험 합격선

2022 상반기

(단위 : 점수)

구분		사무영업					운전		차량		토목	건축		전기통신
		일반	수송	관제	IT	사업개발	일반	전동차	기계	전기	일반	일반	설비	일반
권역별	수도권	93.4	84.58	54.49	75.63	–	–	60.82			48.11	59.19	46.76	64.84
	강원권	–	–								48.34	59.13		55.8
	충청권	93.42	84.73			72.71	62.37				52.51	62.3		64.8
	호남권	93.75	88.05	–	–		65.79	–	–	–	45.22	–	–	63.38
	대구경북권	–	–				60.75				53.31	58.4		64.88
	부산경남권	97.56	91.08				63.58				–	64.86		70.46
	거주지 제한	65.42	–								–	–		–
차량분야	수도권								80.86	84.63				
	중부권								74.2	74.76				
	충청권	–	–	–	–	–	–	–	78.71	80.69	–	–	–	–
	호남권								79.81	83.89				
	영남권								87.68	86.86				

※ 거주지제한 : 영월정선

2021 하반기

(단위 : 점수)

구분		사무영업		운전		차량		토목		건축		전기통신
		일반	수송	일반	전동차	기계	전기	일반	장비	일반	설비	
전국권		–	–	–	–	–	–	–	–	80.93	70.9	–
권역별	수도권	80.72	75.13	–	65.4			73.2				72.98
	강원권	–	75.28	72.92				–				–
	충청권	78.48	72.85			–	–	65.73	–	–	–	70.48
	호남권	79.95	72.43	–	–			65.03				70.57
	대구경북권	–	–					66.98				72.87
	부산경남권	79.2	75.23					77.47				70.62
차량분야	수도권					89.22	82.4					
	중부권					84.32	74.9					
	충청권	–	–	–	–	89.17	79.45	–	–	–	–	–
	호남권					91.7	80.98					
	영남권					89.03	81.13					

2021 상반기

(단위 : 점수)

구분		사무영업		운전	차량		토목		건축		전기통신
		일반	수송	(전동차)	기계	전기	일반	장비	일반	설비	
전국권		–	–	–	–	–	–	85.59	68.67	66.82	–
권역별	수도권	–	67.87	64.49			55.9				59.82
	강원권		58.38				–				46.03
	충청권	69.32	62.55		–	–	42.8	–	–	–	57.05
	호남권	67.32	60.7	–			48.8				50.3
	대구경북권	–	–				46.05				53.2
	부산경남권	69.23	61.03				58.65				55.72
차량분야	수도권정비단				82.75	67.27					
	대전정비단	–	–	–	81.68	64.93	–	–	–	–	–
	호남정비단				81.52	63.72					
	부산정비단				84.63	68.53					

2020 하반기

(단위 : 점수)

구분	사무영업			운전	차량		토목	건축		전기통신
	일반	수송	IT		기계	전기		일반	설비	
수도권	81.15	78.82		61.67	77.47	69.36	56.97	83.07	–	57.16
중부권	83.48	74.55		–	–	65.31	41.99	–	47	49.7
충청권	81.30	77.49	–	70.25		64.95	43.61	65		48.30
영남권	81.48	76.22		71.99	79.35	69.03	52.35	–	–	55.7
호남권	–	75.56		68.55	71.87	–	45.15			43.38

2020 상반기

(단위 : 점수)

구분	사무영업			운전	차량		토목	건축		전기통신
	일반	수송	IT		기계	전기		일반	설비	
수도권	79.47	78.48	81.17	55.73	81.39	67.61	66.23	83.07	62.63	66.75
중부권	–	75.34		60.79	77.08	60.7	49.65			56.82
충청권	77.59	76.83	–	65.5	77.08	66.7	–	–	–	66.59
영남권	77.53	78.11		67.12	83.3	71.01				68.98
호남권	75.9	79.8		61.95	78.8	66.8	54.67			68.98

유형별 출제비중

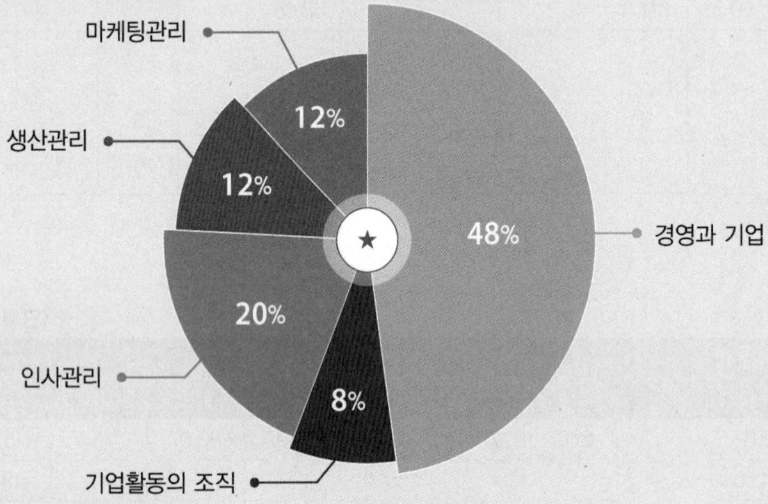

출제분석

2021년의 코레일 경영학은 문제 해석에 시간을 투자하고 모든 보기를 이해해야 정답을 선택할 수 있는 유형의 문제들이 출제된 반면, 2022년의 코레일 경영학은 경영학 기본 개념을 내용으로 하는 단답형 문제 위주로 출제되었다. 난해한 문제들이 출제될 경우에는 문제를 접했을 때의 충격에 침착하게 대응하는 마인드와 문제풀이의 기술을 활용하고, 평이하게 출제될 경우에는 수험생 본인의 기량에 대한 믿음과 함께, 실수로 틀리지 않도록 하는 약간의 신중함을 가질 수 있음에 당락이 결정될 것이다.

1 회 코레일 경영학 [전공시험]

기출예상모의고사

수험번호 : ____________________

성 명 : ____________________

1회 기출예상문제

▶ 정답과 해설 2쪽

01. 메이요의 호손 실험과 인간관계론에 대한 설명으로 옳지 않은 것은?

① 호손 실험에서 업무시설의 개선은 생산성의 향상에 큰 영향을 주지 못했다.

② 비공식적 조직은 공식조직 내에 자연스럽게 형성되나, 그 관습과 규범이 공식조직의 생산 활동에 영향을 주지는 않는다.

③ 종업원들의 불편을 표시할 수 있는 기회는 그 자체로도 생산력의 상승으로 이어진다.

④ 종업원의 생산성을 결정하는 데 있어 측정할 수 없는 비경제적 요인이 작용한다는 점에서 과학적 관리론을 비판하는 논거가 되었다.

⑤ 호손 실험에서 종업원들은 자신이 어느 실험의 대상이 되고 있다는 사실을 인식하는 것으로 생산량의 변동이 발생하였다.

02. 다음 중 경제적 독립성을 상실한 기업결합의 형태로 바르게 묶인 것은?

① 카르텔, 콘체른　② 카르텔, 트러스트　③ 콘체른, 트러스트
④ 콘체른, 콤비나트　⑤ 트러스트, 콤비나트

03. 카츠의 경영자 능력 이론에서 상위경영자에서 하위경영자(일선경영자)로 갈수록 중요도가 강조되는 경영자의 능력은?

① 정보적 능력　② 대인관계 능력　③ 개념화 능력
④ 인간적 능력　⑤ 기술적 능력

04. 테일러의 생산관리법에 대한 설명으로 옳지 않은 것은?

① 제품 생산을 위한 시간연구와 동작연구를 통해 표준생산량을 산출하였다.
② 생산작업의 방법을 표준화하고 이를 기록한 작업지시서를 따르도록 하였다.
③ 제품과 제품 생산에 필요한 부품을 규격화하여 소품목 대량생산을 구현하였다.
④ 생산부서와 생산계획을 담당하는 부서를 분리하여 생산구조를 관리하였다.
⑤ 과학적으로 분석된 직무에 따라 적합한 근로자를 선발하는 기능별 직무제도를 도입하였다.

05. 다음 중 종업원의 업무동기부여에 관한 허즈버그의 2요인이론에서 동기요인에 해당하는 것은?

① 안정적인 직위　② 급여　③ 성취감
④ 깨끗한 사무실　⑤ 회사의 정책

06. 다음 중 하우스의 경로목표이론에서 부하들이 업무를 수행하기 위한 능력과 의지를 모두 갖추고 있을 때 발휘해야 하는 리더십의 유형에 해당하는 것은?

① 지시적 리더십　② 후원적 리더십　③ 참여적 리더십
④ 성취지향적 리더십　⑤ 거래적 리더십

07. 다음 중 전략적 경영과 관련이 없는 내용은?

① 전략적 경영은 기업의 목적을 달성하기 위한 계획과 실행에 의해 생겨난 행동과 의사결정을 의미한다.

② 전략적 계획은 기업의 비전을 분명히 하고 조직이 경쟁적 이점을 얻을 수 있는 기회와 연결하는 과정이다.

③ 기업의 비전에는 기업의 목적과 기업철학, 목표에 대한 성명 등의 개념을 포함한다.

④ 전략적 경영을 위해서는 회사가 직면한 경쟁상황과 환경요인을 파악하고 이를 평가하는 과정을 거쳐야 한다.

⑤ 전략적 계획은 조직의 목표 달성과 이를 위한 조직 관리에 있어서 특히 하위 경영층들이 설정하고 수행한다.

08. 노나카의 지식경영이론에서 조직을 통해 전수받은 개인의 지식을 책 등의 물질적 형태로 만드는 것을 무엇이라고 하는가?

① 사회화(Socialization)　② 외재화(Externalization)　③ 결합(Combination)

④ 내재화(Internalization)　⑤ 분리(Separation)

09. 마이클 포터의 본원적 경쟁전략에 대한 설명으로 옳지 않은 것은?

① 본원적 경쟁전략에서는 기업이 어느 방식으로 경쟁우위를 가질지, 어느 시장 영역에서 활동할지에 따른 경영전략을 설정한다.

② 원가우위 전략은 경쟁기업과 비슷한 품질의 제품에서 가격우위를 가지는 경영전략이다.

③ 원가우위 전략은 시장 내 지배적 위치에 있는 대기업이 규모의 경제를 통해 실행한다.

④ 차별화 전략은 브랜드 충성도가 높은 제품에 적합한 경영전략이다.

⑤ 집중화 전략은 모든 시장을 대상으로 진행하는 경영전략이다.

10. 다음 중 포터의 산업구조분석에 관한 설명으로 옳지 않은 것은?

① 규모의 경제의 실현은 잠재적 진입자의 체감하는 진입장벽을 낮추는 원인이 된다.
② 구매자의 집단화는 기업의 수익성을 낮추는 원인이 된다.
③ 제품의 기업 간 차별성이 약한 시장에서는 구매자의 교섭력이 강하다.
④ 경쟁기업이 해당 시장에서 철수하고 다른 시장으로 전환하는 데 드는 비용이 높을수록 기존 기업의 수익성은 낮아진다.
⑤ 공급자의 전방 통합 시도는 공급자의 교섭력을 강화한다.

11. 다음 중 페이욜이 주장한 관리활동의 5요소에 해당하지 않는 것은?

① 계획 ② 조직 ③ 생산
④ 조정 ⑤ 통제

12. 다음 중 제품수명주기(PLC)에 따른 경영계획의 설정으로 옳지 않은 것은?

① 도입기에는 체계적인 경영계획을 마련하는 것이 필요하다.
② 성장기에는 포괄적인 경영계획보다는 구체적인 경영계획이 적절하다.
③ 성숙기에는 포괄적인 경영계획보다는 구체적인 경영계획이 적절하다.
④ 성숙기에는 장기적인 경영계획을 세우는 것이 필요하다.
⑤ 쇠퇴기에는 단기지침적 경영계획을 세우는 것이 필요하다.

13. 다음에 나타난 국제기구의 설립 목적으로 옳은 것은?

> 2021년 7월 바베이도스에서 개최된 UN의 정부간 협의체인 UNCTAD(United Nations Conference on Trade and Development, 유엔무역개발회의) 총회에서 무역개발이사회는 UNCTAD의 국가 분류에서 대한민국의 지위를 그룹 A(아시아 · 아프리카)에서 그룹 B(선진국)로 변경하는 안건을 만장일치로 가결하였다. 이는 1964년 UNCTAD 설치 이래로 개발도상국에서 선진국으로 지위가 변경된 첫 사례이다. 이에 대해 외교부는 "무역을 통한 개발을 주목적으로 하는 유엔 기구에서 모든 회원국이 대한민국을 선진국 그룹으로 이동하는 것에 만장일치로 합의했다는 것은 우리나라가 국제사회에서 직접 증명해 온 무역과 투자를 통한 성장의 모범적 사례임을 확인하는 의미"라고 설명했다.

① 개발도상국의 경제 및 사회적 발전을 위한 자금 및 기술원조 관련 프로젝트의 추진 및 관리와 이를 위한 조사를 위한 기관으로 소득향상, 민주적인 정치, 환경문제, 에너지 등 개발에 관한 전방위적 프로젝트를 진행한다.

② 무역을 통한 개도국의 경제개발 촉진과 남북 문제의 무역 불균형을 시정하고 관세장벽의 철폐, 1차 상품의 가격과 수급안정, 선진국의 적극적인 원조 방안을 제시한다.

③ 개발도상국의 대부금을 제공하는 국제금융기관으로, 제2차 세계대전 후 전재복구를 도모하고 개발도상국의 경제개발 지원을 목적으로 설립되었다.

④ 가입국과의 무역관계와 협정을 관리 및 감독하기 위해 설립된 기구로, 무역장벽을 낮추고 무역협상의 기반을 제공하여 원활하고 자유로운 무역을 지원하며, 회원국들 간의 무역 분쟁을 조정하는 역할을 수행한다.

⑤ 국제 통화 협력과 환율안정, 경제성장을 목적으로 환율과 국제 수지 등 국제금융체계를 감독하고, 세계 각국에서 출자하여 조성한 기금을 통해 회원국에 대한 기술 및 금융지원을 제공한다.

14. 다음 중 킨들버거가 주장한 국제기업(International Cooperation)의 정의와 그 특징에 대한 설명으로 옳지 않은 것은?

① 국제기업은 어느 한 국가에 소속된 상태로 해외활동을 전개하는 기업을 의미한다.

② 국제기업의 해외 진출은 주로 기업의 해외활동을 전담하는 기업 내 특정 부서를 통해 이루어진다.

③ 국제기업은 자국 외에서는 '외국기업'으로 인식된다.

④ 국제기업의 소유자는 특정 국가의 국민에 한정되어 있다.

⑤ 국제기업은 다국적기업에 비해 외부활동률이 높다.

15. 다음에서 설명하는 인사평가 지각과정에서의 오류는?

> – 젊으면 일을 빨리 배울 거니, 신입사원은 나이가 한 살이라도 어린 쪽을 뽑는다.
> – 영업실적이 좋은 사람은 이해력이 높을 것이다.
> – 업무를 성실하게 처리하는 사람은 업무에 대한 책임감이 높을 것이다.

① 주관의 객관화 ② 논리적 오류 ③ 상동적 태도
④ 관대화 경향 ⑤ 극단화 오류

16. 셀프모니터링(Self–monitering)에 대한 설명으로 옳지 않은 것은?

① 셀프모니터링의 정도가 낮을수록 일관적인 행동패턴을 보인다.
② 셀프모니터링의 정도가 낮을수록 타인의 평가에 의존하는 행동을 보인다.
③ 셀프모니터링의 정도가 높을수록 사교적이고 갈등상황에 대한 대처능력이 높다.
④ 셀프모니터링의 정도가 높을수록 자기회의에 따른 피로감을 크게 느낀다.
⑤ 셀프모니터링의 정도가 높을수록 자신의 감정을 통제하는 능력이 뛰어나다.

17. 다음 중 사용자의 부당노동행위에 해당하는 것은?

① 중재 ② 조정 ③ 준법투쟁
④ 직장폐쇄 ⑤ 황견계약

18. 다음 중 테일러의 차별성과급제에 해당하는 설명은?

① 노동시간과 생산량을 기준으로 하는 기본 생산성 비율로 산출한 표준노동시간과 실제노동시간의 차이를 계산하여 절약된 노동시간을 기준으로 성과급을 산정하는 제도이다.

② 일일 과업량을 과학적으로 설정하고 이를 기준으로 높은 임금과 낮은 임금을 구분하여 제공한다.

③ 근로자를 위한 목표치를 따로 설정하여 임금단계를 4단계로 구분하여 지급하는 방법이다.

④ 생산가치를 기준으로 계산된 노무비 절감분을 배분하는 제도와 제안제도를 중심으로 성과를 배분한다.

⑤ 표준작업시간을 설정한 후 절약임금의 $\frac{1}{2}$ 혹은 $\frac{1}{3}$을 해당 종업원에게 추가로 지급하는 방법이다.

19. 다음 중 직무분석과 직무평가에 대한 설명으로 옳지 않은 것은?

① 서열법은 평가 전 등급을 미리 설정한 후 이를 기준으로 직무를 배치하는 방법이다.

② 면접법으로 정보를 획득하는 방법의 경우 면접자가 직무담당자와의 면접을 통해 직무에 대한 정보를 수집한다.

③ 직무분석을 통해 직무수행에 필요한 지식, 능력, 경험 등을 파악할 수 있다면 인사고과에서 지원자가 해당 직무수행요건을 갖추고 있는지 확인하여 판단할 수 있다.

④ 직무평가방법 중 중요사건서술법은 많은 직무행동 중에서 조직의 목표 달성과 관련된 중요사건에 관하여 초점을 맞추어 분석하는 방법이다.

⑤ 직무분석의 1차적 결과물은 직무기술서와 직무명세서이다.

20. **다음 제시문에서 A가 구매대안을 평가하는 비보완적 방식의 유형은?**

> A가 레토르트 제품의 선택 시 가장 우선시 여기는 속성은 가격이다. 그런데 마트에서 A가 찾는 가장 저렴한 가격인 제품이 두 가지였고, 이 둘은 각각 다른 상표이면서 가격이 동일했다. A가 다음으로 우선시 여기는 속성이 용량이었는데, 두 제품의 용량은 10g의 차이가 있었다. A는 둘 중 용량이 더 많은 제품을 선택할 수 있었다.

① 결합식 모형 ② 사전편집식 모형 ③ 분할식 모형
④ 다속성태도모형 ⑤ 순차적 제거 모형

21. **다음 표본조사의 방법 중 모집단 내에서 분류한 동질적 집단들인 소집단들 중에서 무작위로 선택하여 이들을 모두 조사하는 확률적 표본추출법은?**

① 단순임의표본추출 ② 층화표본추출 ③ 군집표본추출
④ 사전편집식 ⑤ 체계적 추출

22. **가방을 자체 생산하여 판매하는 어느 공업소의 비용구조가 다음과 같을 때 한 달에 가방을 50개 판매한 월 수익이 50만 원이 되기 위해 설정해야 할 가방의 개당 가격은?**

> -공업소의 한 달 고정비용 : 100만 원
> -가방 1개 생산에 필요한 변동비용 : 2만 원

① 1만 원 ② 2만 원 ③ 3만 원
④ 5만 원 ⑤ 10만 원

23. 제과 사업을 주로 하던 기업이 세탁세제 시장에 진출하는 것과 같은 사업성장 전략을 무엇이라고 하는가?

① 시장개발 전략　② 시장침투 전략　③ 제품개발 전략
④ 후방통합 전략　⑤ 비관련다각화 전략

24. 일정계획 통제기법 중 일정의 계획 및 통제에 보이는 기법으로 계획된 작업량과 실제 달성한 작업량을 동일한 표에 표시하여 계획과 진도를 한 번에 파악할 수 있게 만든 도표에 의한 통제기법은?

① LOB　② 간트 차트　③ 단기간 일정법
④ 생산계획도표　⑤ 목표도표

25. JIT에서 품질을 관리하기 위한 제도에 해당되지 않는 것은?

① 카이젠　② 품질관리분임조　③ 라인-스톱 제도
④ 폐쇄순환　⑤ 포카요케 제도

2 회 코레일 경영학 [전공시험]

기출예상모의고사

수험번호 : ____________________

성　　명 : ____________________

2회 기출예상문제

▶ 정답과 해설 9쪽

01. 민츠버그(Mintzberg)의 경영자의 역할과 기능에 대한 설명으로 가장 적절하지 않은 것은?

① 경영자는 대외적으로 기업을 대표하는 대표자(Figure Head) 역할을 수행한다.

② 경영자는 기업의 경영목표를 달성하기 위해 종업원을 직접 채용하고 훈련하며, 종업원들의 동기를 부여하는 기업가(Entrepreneur) 역할을 수행한다.

③ 경영자는 수집한 정보를 기업 내부에 전파하는 정보보급자(Disseminator)의 역할을 수행한다.

④ 경영자는 기업 내외의 위기를 극복하는 문제해결자(Disturbance Handler)의 역할을 수행한다.

⑤ 경영자는 조직의 이익을 위하여 조직을 대표하여 외부와의 협상을 진행하는 협상가(Negotiator)의 역할을 수행한다.

02. 테일러의 과학적 관리론에 대한 설명으로 가장 적절하지 않은 것은?

① 생산활동에 필요한 동작과 그에 필요한 시간 분석을 획일화된 적용을 위한 작업도구와 작업과정의 표준화를 지향하였다.

② 과학적인 지표를 근거로 적성에 맞는 노동자를 고용하고 훈련할 것을 주문하였다.

③ 과학적으로 설정된 작업방식에 근거한 작업지시서를 작성하여 노동자 개개인이 작업계획을 자율적으로 설정하고 이를 따르도록 하였다.

④ 작업목표는 과학적으로 계산되고 합리적으로 설정된 것이므로 이에 미달한 생산에 대한 책임을 노동자에게 있다고 보았다.

⑤ 생산의 효율성을 위해서는 노사간의 협동관계와 신뢰관계가 구축되어야 한다고 보고 이를 위한 물적 유인으로 종업원의 동기부여를 위한 인센티브 제도를 도입하였다.

03. 제시된 설명은 적대적 M&A의 방어방법 중 무엇에 해당하는가?

> A 기업과 B 기업이 공동전선을 구축해 C 기업의 경영권을 노리자, C 기업이 A 기업의 주식 10% 이상을 취득하여 경영권을 방어하는 경우이다. 이와 같이 적대적 인수기업이 공개매수를 할 경우 피인수기업이 오히려 인수기업의 주식을 공개매수하여 공격자의 의결권을 무력화시키는 방어기법을 뜻한다.
> (상법에 따르면 한 회사가 다른 회사의 지분을 10% 이상 상호 확보할 경우 그 지분에 대해 의결권이 제한됨)

① 포이즌 필 ② 황금낙하산 ③ 차등의결권
④ 역공개매수 ⑤ 차입매수

04. 소비자가 제품을 구매했을 때 발생하는 인지부조화에 대한 설명으로 가장 적절하지 않은 것은?

① 구매 후의 인지부조화는 소비자가 자신의 구매선택을 취소할 수 없고 그에 대해 본인이 책임을 져야 함을 의식할 때 크게 나타난다.

② 소비자가 제품을 구매를 하기 위한 과정 그 자체에 가치를 인식하게 하는 마케팅 전략은 인지부조화의 감소에 영향을 줄 수 있다.

③ 구매한 제품을 반품하는 데 드는 비용을 소비자에게 부과하는 방법은 소비자가 구매를 합리화하게 하여 인지부조화를 감소하도록 유도하는 기능을 수행한다.

④ 제품에 대한 사후처리를 통한 인지부조화의 감소는 실제로 제품에 대한 사후처리를 받게 되는 상황에 이르렀을 때 비로소 그 효력을 발휘한다.

⑤ 소비자들은 제품을 구매한 후 다른 제품들과의 비교정보를 받아들이는 것을 차단하는 행동을 통해 인지부조화의 발생이라는 불편한 경험을 스스로 억제하기도 한다.

05. 다음은 시스템이론에서 시스템의 특징 중 하나를 설명한 것이다. 제시문의 밑줄 친 빈칸에 들어갈 내용으로 가장 적절한 것은?

> 개발부서에서는 향상된 제품기술을 도입하여, 제품가격이 높아지더라도 더욱 고품질의 제품을 개발하고 싶어 하지만, 판매부서에서는 판매시장을 확대하고자 제품의 가격을 낮추기 위해 지나친 고품질의 기술이 도입된 제품의 개발을 원치 않아 한다. 이 경우 유기적인 시스템 하에서는 ______________________

① 기업의 수익 증대와 직접적인 관련이 있는 조직의 의견이 수렴되는 방향이 가장 바람직하다.

② 각 조직들의 이해관계가 상충하지 않는 외부의 다른 시스템과의 교류와 상호작용을 도모한다.

③ 상반된 입장을 가진 각 시스템 구성요소들의 독립성을 인정하고 개별적인 정책을 추구하도록 할 수 있다.

④ 시스템 구성요소들 간의 경쟁을 독려하여 각각의 상반된 입장을 스스로 관철할 수 있도록 내부적 힘을 기르도록 한다.

⑤ 기업 전체의 목표가 최적화되는 방향으로 부분들의 의사결정을 조정하여 전체 목표를 달성하는 방향으로 진행될 수 있을 것이다.

06. 다음 협의 내용을 통해 유추할 수 있는 경영 전략의 내용으로 가장 적절하지 않은 것은?

> A사 : 저희 사업시장의 시장점유율을 확대하고 불필요한 경쟁을 줄이기 위한 사업 협정 방법을 모색하려고 합니다. 협력 기업들의 제품들을 판매하는 전문업체를 설립하는 방법은 어떨까요?
>
> B사 : 괜찮은 방법인 것 같습니다. 판매업체에게 저희 제품들에 대한 독점판매권을 부여하면 더욱 좋을 것 같습니다.
>
> C사 : 저희 회사는 이미 유통업체인 D사와 공급협약을 맺고 있어서 참여가 곤란합니다.
>
> A사 : 저희 회사와 C사는 콤비나트 형태의 생산협약을 맺는 방안을 검토하는 것도 좋을 것 같습니다.
>
> B사 : 저희 회사가 A사를 인수하고 완전히 새로운 기업을 설립하는 방법은 어떨까요?
>
> A사 : 그 방법은 저희 회사 주식에 경쟁사인 E사의 지분이 상당 부분 있어서 해당 주주들과의 마찰이 불가피할 것 같습니다.
>
> C사 : 모회사를 설립하고 협력 기업들끼리의 기업결합을 추진하는 방법도 있습니다.

① A사는 B사에 신디케이트(Syndicate)로 결합한 카르텔(Kartel)을 제시하였다.
② A사의 제조공장은 C사와 인접한 지역에 있을 것이다.
③ 만일 C사가 유통업체인 D사를 인수할 경우는 이는 수직적 통합에 해당한다.
④ A사는 B사가 제시한 트러스트(Trust) 방식은 곤란하다는 의사를 밝혔다.
⑤ C사는 두 회사에게 조인트벤처(Joint Venture) 형태의 기업결합 방법을 제시하였다.

07. 선발활동이 적절히 수행되기 위해서 고려되어야 할 선발도구의 합리성에 대한 설명 중 가장 적절하지 않은 것은?

① 구성타당성은 설명하기 어려운 추상적인 개념이나 속성을 측정도구가 얼마나 적절하게 측정하였는가를 나타내는 것이다.
② 성과급을 평가하는 평가도구가 직원의 연간 성과를 얼마나 정확하게 대표할 수 있는가에 따라 평가자가 충분히 대표하고 있다고 판단한다면 내용타당성이 높다고 할 수 있다.
③ 내적 일관성은 검사의 신뢰도를 주장하는 방법으로 부분검사 및 검사문항들 사이에서 피보험자가 보인 반응의 일관성을 분석하는 방법이다.
④ 현직 종업원에게 입사 시험을 보게 한 후 현직 종업원의 시험성적과 그 종업원의 직무성과를 비교하여 선발도구의 타당성을 측정하는 것은 동시타당성에 해당한다.
⑤ 실험을 현실과 유사한 조건에서 설계하여 수행하면 내적 타당성은 높아지나 외생변수의 통제가 잘 이루어지지 않거나 표본의 무작위화가 제대로 되지 않아 외적 타당성이 낮아진다.

1회 2회 3회 4회 5회 6회 7회 8회 9회 10회 11회 12회 13회 14회 15회 16회

08. 다음 대화에서 A ~ C가 속한 조직유형의 특징을 이해한 것으로 적절하지 않은 것은?

> A : 내가 다니는 곳과 같은 스타트업 회사는 해야 하는 업무에 비해 인력은 부족해서, 부서 구분 없이 한 사람이 할 수 있는 일대로 여러 가지 일을 하는 경우가 많아. 그래서 일하다 보면 내가 무슨 일을 하는 사람인가 하는 생각이 들기도 해.
> B : 우리 회사는 부서별로 업무가 확실하게 정해져 있어. 나는 총무부에서 이런 일을 하는 것이 주 업무다 이렇게 정확하게 명시가 되어 있지.
> C : 우리 회사도 B처럼 부서별로 업무가 정해져 있긴 한데, 사업팀도 있어. 그러니까, 한 사람이 기능부랑 사업부에 동시에 소속되어 있어.
> B : C는 부서 회의도 하고 사업팀 회의도 하겠네. 난 부서 회의 하나 준비도 힘든데...
> A : 우리 회사는 회의 준비라고 그렇게 딱딱하고 어렵게 돌아가지는 않는 건 좋은 거 같아.

① A가 속한 조직유형에서의 의사소통은 비공식적인 경로로 진행되는 경우가 많을 것이다.

② B가 속한 조직유형은 업무의 책임관계를 명확하게 구분하고 부서간 협력체계를 특히 강조한다.

③ B가 속한 조직유형은 규칙과 절차를 중시하고 명령 전달과 성과 보고에 있어서 문서에 의한 보고절차를 중시할 것이다.

④ C가 속한 조직유형의 구성원들은 기능부에 소속되어 있으면서 동시에 프로젝트의 필요에 따라 사업팀에 배정된다.

⑤ C가 속한 조직유형은 그 구성원들이 두 명 이상의 책임자로부터 명령을 받는 이중책임구조로 되어 있어 지휘체계에 혼선이 발생할 위험이 있다.

09. 사회적 지각이론에 대한 다음의 설명 중 가장 적절하지 않은 것은?

① 자존적 편견이란 내면의 자존욕구로 인하여 성공한 결과에 대해서는 자신이 잘해서 성공한 것이고 실패한 결과에 대해서는 상황이 부득이해서 실패하게 된 것으로 판단하는 경향을 의미한다.

② 내적귀인이란 상대방 행동에 대한 원인이 상대방 자체에 있다고 규명하는 것이고, 외적귀인이란 상대방 행동에 대한 원인이 상대방의 통제 밖에 있다고 규명하는 것이다.

③ 애쉬(Asch)의 인상형성이론에 의하면 인상형성 시 중심적인 역할을 수행하는 특질과 주변적인 역할을 하는 특질이 있다.

④ 켈리(Kelly)의 귀인이론에서는 특이성, 합의성, 일관성이 외적귀속과 내적귀속으로 갈라졌을 때 두 가지 귀인 중 판단하기 어려운 경우에는 일관성이 주도적인 역할을 하는 것으로 연구되었다.

⑤ 켈리의 귀인이론에서 합의성이란 다른 사람들과 동일한 행동을 보이는가를 판단하는 개념이다.

10. 매슬로우(Maslow)의 욕구단계이론과 알더퍼(Alderfer)의 ERG이론을 비교한 다음의 내용 중 가장 적절하지 않은 것은?

	매슬로우(Maslow)의 욕구단계이론	알더퍼(Alderfer)의 ERG이론
①	생리욕구, 안전욕구, 소속욕구, 존경욕구, 자아실현욕구	존재욕구, 관계욕구, 성장욕구
②	만족→진행 모형	만족→진행, 좌절→퇴행 모형
③	동시에 1개의 욕구가 동기부여 역할을 함.	동시에 여러 개의 욕구가 동기부여 역할을 할 수 있음.
④	저차욕구가 우선 작용	저차욕구 혹은 고차욕구가 우선 적용될 수 있음.
⑤	자아실현의 욕구를 제외하고는 욕구 충족 시 사라짐.	욕구가 미충족되면 다시 등장하여 동기부여의 역할이 가능함.

11. 집단의사결정기법에 대한 다음 설명 중 브레인스토밍에 대한 설명으로 옳은 것은?

① 반대집단 혹은 문제를 제기하는 집단이 대규모 집단이 아닌 2～3명 정도가 선발되어 반론자의 역할을 하는 방법이다.

② 전문가들에게 익명성으로 서면을 통하여 의견을 수집하기 때문에 전문가들이 모두 동등한 조건에서 자신의 의견을 개진할 수 있다.

③ 다른 구성원들의 아이디어 제시를 방해하거나 저하할 수 있는 평가를 하지 않으며 자유롭게 아이디어를 제시하고, 아이디어의 질보다 양을 중요시 여긴다.

④ 대안에 대해 찬성하는 그룹과 반대하는 그룹을 구분하여 대안에 대한 논쟁을 한 후 의사결정을 한다.

⑤ 서면으로 제출된 모든 대안의 장단점을 파악한 후 투표를 통해 구성원들이 가장 선호하는 대안을 선택하는 방법으로 리더가 의사결정과정에 대해서 명확한 지식을 가지고 있어야 한다.

12. 다음은 어느 기업의 전략회의 내용이다. 이에 관하여 마일스(Miles)와 스노우(Snow)가 구분한 전략의 유형에 적용하여 이해한 것으로 가장 적절하지 않은 것은?

> A : 최근 반도체 생산 경쟁에 뛰어든 ○○기업은 소프트웨어 개발업체로 시작해서 실적부진 개선을 위해 모바일 게임 사업, 신약개발, LED 디스플레이 등 일관성 없는 주요사업 변경과 실패를 반복했습니다.
> B : ○○기업이면 예전에 신약 개발로 정부지원까지 받은 기업으로 유명했는데요. 사업 진출 내역들을 보니까 모두 당시 촉망받는 아이템으로 잘 알려진 사업들이었네요.
> C : ○○기업도 같은 사업으로 일찍이 성공해 대기업으로 성장한 다른 기업들의 벤치마킹을 시도한 것으로 보입니다. ○○기업의 거듭된 실패에는 사업 선정의 문제 이전에 다른 이유가 있지 않았을까요?
> A : 찾아봤는데 저 기업이 신사업에는 계속 도전을 하는데 특허를 출원했다는 기록이 없네요.
> B : 인형뽑기방도 같은 맥락으로 볼 수 있지 않을까요? 인형뽑기방도 사업의 유행에 편승해 급속도로 불어났다가 유행이 끝나자 많은 가게들이 폐업하고, 남은 가게들은 현재 낮은 유지비용에 의존해 확장 없이 유지만 되고 있는 추세입니다.
> C : 인형뽑기방은 사업의 한계가 명확했죠. 규모를 양적으로 확장하는 것 이외에는 발전 가능성이 없다는 점이 문제로 지적되고 있습니다.
> A : 결론적으로 ○○기업은 저희 기업이 이미 진출한 반도체 생산 시장에 큰 위협으로 작용할 가능성이 낮다고 볼 수 있겠습니다.
> B : 이런 사례를 통해 저희 기업이 추구해야 할 전략은 어떤 방향일까요? 저희 기업은 반도체 장비 생산에 있어서 최고라고는 할 수 없지만 국내에서 손꼽히는 시장점유율을 차지하고 있는 기업입니다.
> C : 물론 기업의 성장도 중요하지만, 그만큼 안정이 더 중요하다고 볼 수 있겠습니다.

① ○○기업은 대체로 전략 없이 시장의 흐름 변화에 그대로 따라가는 자세를 취하고 있다.

② ○○기업이 선택한 사업으로 성공한 대기업들은 성과지향적이고 장기적인 결과를 중시했을 것이다.

③ ○○기업이 선택한 사업으로 성공한 대기업들은 외부인재의 영입 중심의 인사관리를 지향했을 것이다.

④ 현재 남아있는 인형뽑기방의 경영전략은 반응형에 가깝다고 볼 수 있다.

⑤ 전략회의 결과 A ~ C가 속한 기업은 제조의 효율성 상승을 통한 가격경쟁전략을 추진할 것이다.

13. 마케팅 분석방법에 대한 다음 설명 중 (가) ~ (다)에 들어갈 내용으로 가장 적절한 것은?

> 교차분석에서 기대빈도교차표를 작성하고, 각 셀의 카이제곱(χ^2) 검정통계량을 구한 후 이들을 모두 합산한 전체 카이제곱 검정통계량을 구한다. 이렇게 계산된 카이제곱 검정통계량은 두 변수의 범주 수에서 1을 뺀 후 곱한 값을 자유도로 하는 카이제곱 분포를 한다. 이렇게 구한 검정통계량이 통계적으로 유의하다면 두 변수가 서로 (가) 는 결론을 얻게 된다. 이는 두 변수 간에 연관성이 (나) 는 의미이다. 두 변수가 독립적이면 행과 열의 총합 데이터로 계산된 기댓값과 실제값은 큰 차이가 (다) .

	(가)	(나)	(다)
①	독립적이지 못하다	있다	없어야 한다
②	독립적이지 못하다	없다	있어야 한다
③	독립적이다	있다	있어야 한다
④	독립적이다	있다	없어야 한다
⑤	독립적이다	없다	있어야 한다

14. 피쉬바인(Fishbein)의 다속성 태도모형과 확장이론에 대한 설명으로 가장 적절하지 않은 것은?

① 다속성 태도모형은 소비자들의 실제 구매의사결정과정 전체를 모형화한 것은 아니다.

② 다속성 태도모형은 속성에 대한 평가한 각 속성이 소비자들의 욕구 충족에 얼마나 기여하는가를 나타내는 것으로 제품 각 속성에 대한 평가는 전체 태도 형성에 있어서 속성의 중요도(가중치)의 역할을 하게 된다.

③ 다속성 태도모형을 이용하면 소비자가 왜 A를 구매하고 B를 구매하지 않는지 파악할 수 있으며, 이를 기초로 여러 가지 마케팅 전략을 수립할 수 있다.

④ 확장이론은 행동의도에 영향을 미치는 개인적 요인으로 '대상과 관련된 행동에 대한 태도'가 아니라 '대상에 대한 태도'로 인식한다.

⑤ 확장이론에 따르면 개인의 태도는 행동으로부터 개인이 얻을 수 있는 결과에 대한 신념과 결과에 대한 평가에 의하여 결정된다.

15. 다음 중 제품수명주기에서 성숙기의 특성에 해당하는 것은?

① 혁신층의 고객이 사용함을 유도하기 위한 강력한 판촉을 시행한다.

② 고객당 비용이 낮으며 이익은 최대치이지만 점차 감소하고 상표차이와 효익을 강조한 광고전략을 추구한다.

③ 시장 점유율의 극대화를 목표로 하여 수요 확대에 힘입어 판촉을 감소시킨다.

④ 매출은 급속성장하며 제품과 서비스의 확대 및 제품 품질보증 전략을 추구한다.

⑤ 경쟁자는 감소하며 이익이 적은 경로를 폐쇄하는 선택적 유통경로 전략을 펼친다.

16. 시장세분화에 대한 설명으로 가장 적절하지 않은 것은?

① 시장세분화의 기준으로 소비자의 성별, 연령대 등과 같은 인구통계 외에도 소비자의 가치관이나 라이프스타일 등의 심리적 변수를 사용할 수 있다.

② 기존 시장에 진입하는 도전자에게는 세분화된 시장을 통합하여 여러 시장을 동시에 공략하는 방법이 유효할 수 있다.

③ 시장세분화를 통한 수익의 상승보다 비용의 상승이 더 크다면 세분화된 시장을 통합하여 비용을 절감하는 방향으로 전략을 마련할 수 있다.

④ 빅데이터 등을 활용한 고객의 데이터 분석을 바탕으로 소비자 개인 단위로의 수요를 분석하는 것을 초세분화(Micro-Segmentation)이라고 한다.

⑤ 접근가능성이 높은 시장세분화를 위해서는 같은 시장에 속한 고객과의 높은 동질성과 다른 시장에 속한 고객과의 높은 이질성을 갖추어야 한다.

17. 제품의 생산을 위한 설비배치의 방법에 대한 내용으로 적절하지 않은 것은?

① 제품별 배치는 생산과정이 단순한 제품을 대량으로 생산하기 위한 직선적인 생산흐름을 가진다.

② 공정별 배치는 유사한 기능을 하는 생산설비를 한 곳에 위치시키고 작업물이 설비가 위치한 곳으로 이동하게 하는 방식이다.

③ 항공기, 선박 등 크고 복잡한 제품을 생산하기 위해서는 주로 설비의 위치를 고정시키고 제품을 움직여 작업하는 고정위치배치와 생산과정의 관리를 위한 PERT/CPM을 적용한다.

④ 모듈셀 배치는 모듈화된 부품을 조립하는 소수의 작업자로 구성된 공간 안에서 제품의 전체 공정을 진행하는 방식으로 제품별 배치의 변형된 형태의 설비배치이다.

⑤ 석유화학, 철강 등과 같이 제품을 생산하기 위한 특수설비가 필요한 제품은 주로 완전한 자동생산이 가능하도록 하는 설비배치를 구성한다.

18. 다음에서 설명하는 이론과 이를 활용한 마케팅에 관한 설명으로 적절하지 않은 것은?

> 행동주의는 인간의 선천성을 배격하고 철저히 관찰 가능한 행동의 변화에 주목한다. 행동주의는 환경변화, 학습 등의 방법을 통한 조건 형성을 통해 인간의 의식과 무의식을 통제할 수 있다고 보았다. 이러한 이론은 부정적인 자극을 통해 인간에게 공포심을 학습시켜 부정적 행동을 억제하고, 반대로 긍정적인 자극을 통해 긍정적 행동을 유도하거나 공포심을 제거할 수 있는 '행동치료'의 개발로 이어진다.

① 행동 강화를 위해 조건에 따른 결과를 학습시키기 위해서는 반드시 그 조건행동과 결과 사이에의 논리적 개연성을 요구한다.

② 아름다운 모델과 제품을 함께 배치하는 광고는 소비자들에게 제품에 대한 긍정적인 인식을 주입시키는 고전적 조건화와 관련이 있다.

③ 조작적 조건화는 부정적 행동을 제거하기 위하여 이익을 회수하거나 불이익을 제공하는 방법을 사용한다.

④ 제품 구매에 경품을 제공하는 것은 소비자가 제품을 구매했을 때의 긍정적인 경험을 제공하여 지속적인 구매를 유도하는 것을 그 목적으로 한다.

⑤ 자극적인 사진을 포함한 금연 공익광고 이미지를 담배에 부착하도록 하는 것은 담배를 구매하는 행동에 혐오 자극을 가하여 금연을 유도함을 목적으로 한다.

19. 윌리엄슨(Williamson)의 거래비용이론에서 시장실패를 일으키는 요인에 대한 설명이 가장 적절하지 않은 것은?

① 인간은 완전한 합리성을 갖고 최적해를 도출하는 의사결정을 하는 존재이나, 거래를 할 때에 최선의 거래상대방을 찾기 위한 선별활동이 기회주의적 행동을 유발하여 거래비용의 증가를 초래하게 된다.

② 거래상대방이 기회주의적 행동을 했을 경우에 거래의 빈도가 많다면 총거래비용이 크게 증가하게 된다.

③ 독점이나 과점시장처럼 소수의 거래자만이 존재한다면 이들은 자신의 입지를 이용하여 기회주의적 성향을 보일 것이고 그로 인해 거래비용이 증가하게 된다.

④ 거래 일방이 특유자산을 가지고 있고 거래 상대방이 거래관계에 폐쇄되어 있다면 거래 상대방이 보복의 위협 없이 기회주의적 행동을 할 수 있고 이로 인하여 거래비용이 증가된다.

⑤ 거래와 관련한 중요한 사항이 거래 일방에만 알려져 있고 그 정보의 입수에 상당한 비용이 소요된다면, 거래 상대방의 기회주의적 행동을 유발할 수 있고 이러한 기회주의적 행동은 거래비용을 상승시키게 된다.

20. 다음은 면허 취득 후 첫 차를 구매하기 위해 Y 씨가 작성한 자동차 구매의사결정 시 대안 및 관련 평가이다. 제시한 표를 보고, 다속성 태도모형, 사전 편집식, 순차적 제거식, 결합식에 따라 Y 씨가 선택할 브랜드로 올바른 것을 고르면? (단, 대안의 평가에서 최저수준은 3점이다)

속성	가중치	우선순위	브랜드 비교		
			(가)	(나)	(다)
엔진기능	0.30	1	9	9	7
연비	0.25	2	8	3	6
차량 디자인	0.20	3	4	8	7
승차감	0.15	4	5	4	5
소음	0.10	5	2	9	6

	다속성 태도모형	사전 편집식	순차적 제거식	결합식
①	(가)	(나)	(나)	(가)
②	(가)	(다)	(나)	(다)
③	(나)	(가)	(다)	(다)
④	(나)	(다)	(다)	(가)
⑤	(다)	(가)	(나)	(나)

21. 어떤 조립라인이 다음과 같이 순서의 변경이 가능한 5개의 작업요소로 구성되어 있을 경우, 1시간 동안 제품 30개를 생산하기 위해 최소로 요구되는 작업장의 수는?

작업요소	가	나	다	라	마
생산시간(초)	65	70	60	80	85

① 1개　② 3개　③ 6개
④ 9개　⑤ 12개

22. 다음 〈보기〉에서 단속생산방식과 연속생산방식에 해당하는 내용으로 올바르게 묶인 것은?

보기

㉠ 다품종 소량생산에 유리하다.
㉡ 작업의 표준화, 단순화, 전문화를 원칙으로 한다.
㉢ 생산설비 일부의 고장이 발생하면 모든 공정이 정지된다.
㉣ 단위당 생산원가가 높다.
㉤ 시장조사로 수요를 예측하고 이를 바탕으로 제품을 생산한다.
㉥ 제품의 제작공정 중 일부를 위해 설계된 고가의 전용설비들을 연속적으로 배치한다.

	단속생산방식	연속생산방식
①	㉠, ㉡, ㉥	㉢, ㉣, ㉤
②	㉠, ㉡, ㉤	㉢, ㉣, ㉥
③	㉠, ㉣	㉡, ㉢, ㉤, ㉥
④	㉡, ㉣, ㉤	㉠, ㉢, ㉥
⑤	㉣, ㉥	㉠, ㉡, ㉢, ㉤

23. 슈와트(Shewhart)의 관리도에 대한 설명으로 가장 올바르지 않은 것은?

① 산출물의 편차유형이 우연변동에 따르는 확률분포를 따르지 않는 경우 생산 공정이 안정상태에 있다고 한다.
② 원자재 불량, 공구 마모, 조정이 잘 안 되어 있는 장비, 작업자의 부주의, 작업자의 피로 등의 원인에 의하여 발생하는 변동을 이상변동이라고 한다.
③ 표적된 점이 관리한계선 내에 있지만 표적된 점들이 한 곳이 집중적으로 배치되어 있다거나 상승하거나 하락하는 등의 어떤 패턴을 보이고 있으면 공정이 불안정 상태에 있다고 추정하여 공정을 조사한다.
④ 일반적으로 관리한계선의 폭이 좁으면 1종 오류가 발생할 가능성이 높아지고 관리한계선의 폭이 넓으면 1종 오류가 발생할 가능성이 낮아진다.
⑤ 일반적으로 관리한계선의 폭이 넓으면 2종 오류가 발생할 가능성이 높아지고 관리한계선의 폭이 좁으면 2종 오류가 발생할 가능성이 낮아진다.

24. **수요를 예측하기 위하여 과거 수요 자료를 보고 시계열분석기법을 이용한다고 가정했을 때, 다음 중 시계열분석기법별 수요예측에 대한 설명으로 가장 적절하지 않은 것은?**

① 이동평균법에서 이동평균기간을 길게 하면 수요의 실제변화에는 늦게 반응하는 결과를 도출하므로 이를 빠르게 반영하려면 이동평균기간을 짧게 하여야 한다.

② 다음과 같이 주어졌을 때, 단순이동평균법에서 이동평균기간이 3개월이라면 6월의 예측 수요는 40이 된다.

월	1월	2월	3월	4월	5월
실제수요	10	20	30	40	50

③ 가중이동평균법은 최근의 자료에 큰 가중치를 부여하면 예측치가 수요변동을 빨리 반영할 수 있다는 장점이 있다.

④ 시계열 분해법에서 승법 모형의 경우 추세가 증가하면 계절적 변동 폭도 증가하고 추세가 감소하면 계절적 변동 폭도 감소하게 된다.

⑤ 지수평활법에서는 평활상수가 작아질수록 최근의 자료가 더 많이 반영되어 수요 변화에 더 민감하게 반응하며 평활상수가 커질수록 평활효과가 더 커지게 된다.

25. **경제적 주문량(EOQ)에 대한 설명으로 가장 적절하지 않은 것은?**

① EOQ는 총재고비용을 최소화시키는 1회 주문량을 의미한다.

② EOQ 모형에서는 재고비용 중에서 재고부족비용을 고려하지 않기 때문에 EOQ 모형에서의 재고비용은 재고유지비용과 재고주문비용만 고려하면 된다.

③ EOQ 모형에서는 주문량이 한 번에 모두 도착하는 것을 전제로 하지는 않으므로, 조달기간과 주문 기간을 합한 기간의 변동에 대비하여 안전재고가 필요하다.

④ 재고유지비용은 평균재고수량에 따라 변동하는 변동비의 성격을 지니고 있으므로 재고 1개의 비용이 C라고 하면 재고유지비율은 $C = \frac{1\text{회 주문량}(Q)}{2}$이다.

⑤ EOQ 모형에서 재주문점은 조달기간동안 사용될 수요량이다. 예를 들어 하루에 200개의 수요가 안정적일 경우 조달기간이 3일이라면 재고가 600개 남았을 때 재주문을 넣으면 된다.

3 회 코레일 경영학 [전공시험]

기출예상모의고사

수험번호 : ____________________

성　　명 : ____________________

3회 기출예상문제

▶ 정답과 해설 17쪽

01. 다음 중 구매자의 교섭능력이 높은 경우를 모두 고른 것은?

> ㉠ 구매자가 다수일 경우
> ㉡ 구매하는 제품이 차별화된 경우
> ㉢ 구매자들이 전방 수직 통합을 할 것이라고 위협할 경우
> ㉣ 전환비용이 없는 경우
> ㉤ 구매자들이 공급자의 제품, 가격, 비용구조에 대해 자세한 정보를 가질 경우

① ㉠, ㉡　　② ㉡, ㉢　　③ ㉢, ㉣
④ ㉢, ㉤　　⑤ ㉣, ㉤

02. 다음 중 보상관리에 대한 설명으로 적절하지 않은 것은 모두 몇 개인가?

> ㉠ 집단성과배분(Gain Sharing)은 목표수준 이상의 이익이 발생했을 때 구성원에게 분배하는 제도이며, 이윤배분제도(Profit Sharing)는 이익의 증가나 비용감소 등 경영성과를 구성원에게 분배하는 제도이다.
> ㉡ 임프로쉐어 플랜은 기업의 회계처리방식이 아닌 산업공학기법을 활용해 조직의 효율성을 보다 직접적으로 측정하는 방식이다.
> ㉢ 스캔론 플랜은 노력, 성과, 보상 간의 관계가 명확하고 직접적이며, 보통 성과급이 매달 지불되기 때문에 동기부여 효과가 크다.
> ㉣ 로우완식 성과급은 미래의 노동량 예측을 통해 표준작업시간을 정한 후 표준시간 이하로 작업을 마치면 절약임금의 일부를 분배하되 분배율은 능률이 증진됨에 따라 체증하여 제공하는 방식이다.
> ㉤ 메리크식 성과급은 고, 중, 저의 임금률을 설정해 표준생산량 미만을 생산하는 초보에게도 중간 수준의 임금률을 보장하는 제도이다.
> ㉥ 맨체스터 플랜은 예상 성과를 달성하지 못하더라도 최저 생활을 보장하기 위해 작업성과의 일정 한도까지 보장된 일급을 제공하는 일급보장제도이다.

① 0개　　② 1개　　③ 2개
④ 3개　　⑤ 4개

03. 다음 중 의사결정에 미치는 편향에 대한 설명으로 옳지 않은 것은 모두 몇 개인가?

> ㉠ 자기과신 : 편협하게 자기 관점만 고집하기 때문에 잘못된 결정임을 인식하면서도 이를 취소하지 못하고 계속 추진하게 된다.
> ㉡ 닻내림 현상과 불충분한 조정 : 의사결정 과정에서 최초에 정한 가치에만 매달리고 생각이 그 가치의 울타리를 벗어나도록 충분한 조정을 하지 못한다.
> ㉢ 매몰비용 오류 : 이득에 대해 느끼는 기쁨보다는 그와 똑같은 수준의 손실에 대해 느끼는 고통이 더 강하기에 합리적인 추정에 따라 권장되는 수준 이상으로 위험을 회피한다.
> ㉣ 현실중시 편향 : 즉시적 보상의 가치를 매우 높게 평가하고 장기적 이득의 가치는 과소평가한다.
> ㉤ 몰입 상승 : 결과를 좌우할 수 있는 자신의 능력이 실제보다 더 크다고 믿는다.

① 1개 ② 2개 ③ 3개
④ 4개 ⑤ 5개

04. 다음 중 인사평가 및 선발에 관한 설명으로 적절하지 않은 것은?

① 내부모집은 외부모집에 비하여 모집과 교육훈련의 비용을 절감하는 효과가 있으나, 새로운 아이디어의 도입 및 조직의 변화와 혁신에 유리하지 않다.
② 제2종 오류는 고성과자를 불합격시키는 오류이고, 제1종 오류는 저성과자를 합격시키는 오류이다.
③ 선발도구의 타당성은 기준관련 타당성, 내용타당성, 구성타당성 등을 통하여 측정할 수 있다.
④ 행위기준고과법(BARS ; Behaviorally Anchored Rating Scales)은 종업원의 직무와 관련된 구체적인 행위를 평가의 기준으로 삼아 평가하는 방법으로 절대평가방법이다.
⑤ 360도 피드백 인사평가에서는 상사의 평가와 피평가자의 영향력이 미치는 모든 사람들이 평가에 참여한다.

05. 다음 GE/McKinsey 매트릭스에 대한 설명으로 적절하지 않은 것은?

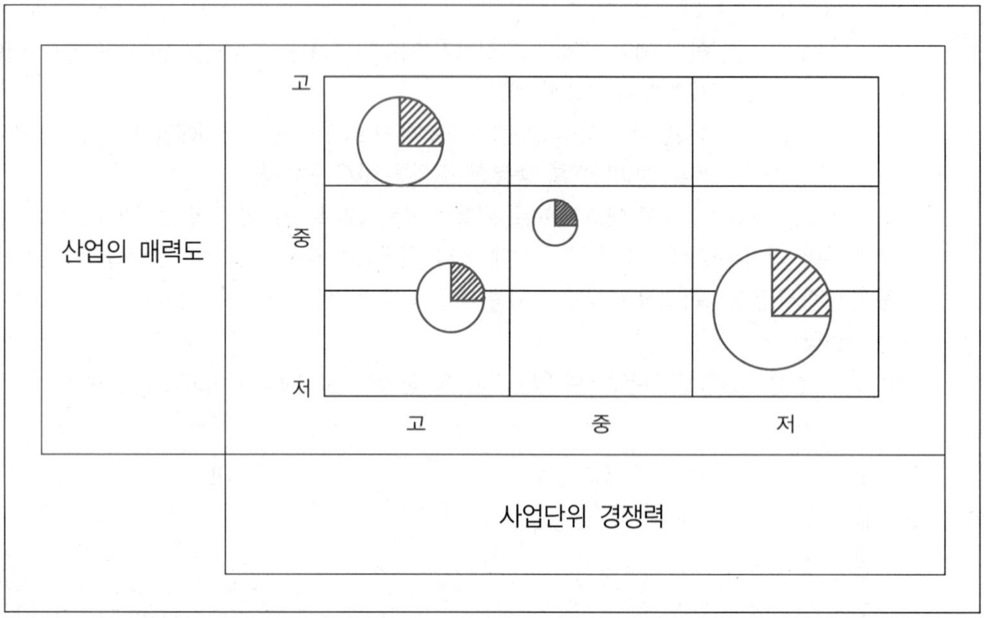

① GE/McKinsey 매트릭스의 산업 매력도는 단순한 시장의 성장률보다 더 넓은 요인을 포함함으로써 BCG 매트릭스보다 정교하게 분석할 수 있다.

② 원은 전략산업단위, 원의 크기는 해당 산업의 전체 규모, 빗금친 부분은 전략사업단위의 성장률을 나타낸다.

③ 사업단위 경쟁력은 시장점유율, 기술적 노하우, 품질 등을 의미한다.

④ 사업단위 경쟁력은 강하면서 산업의 매력도는 낮은 이익창출자 영역은 BCG 매트릭스의 황금젖소(Cash Cow)처럼 승리자 사업과 물음표 사업의 자금 원천이 된다.

⑤ GE/McKinsey 매트릭스는 BCG 매트릭스와 마찬가지로 사업단위를 독립적으로 보고 있으며, 기업의 내적자원만을 고려하였다는 한계점을 지닌다.

06. 다음 ㉠ ~ ㉤을 매슬로우(A. Maslow) 욕구단계이론의 저차욕구에서 고차욕구 순으로 나열한 것으로 옳은 것은?

㉠ 봉사하는 삶, 창의적인 개발 ㉡ 서로 협조하는 분위기, 동호회 활동 ㉢ 부서에서의 승진, 사회에서의 인정 ㉣ 실비보험, 마스크 구매, 작업장 안전시설 설치 ㉤ 생필품 구입을 위한 아르바이트, 월셋집

① ㉠ → ㉡ → ㉢ → ㉣ → ㉤
② ㉢ → ㉣ → ㉤ → ㉡ → ㉠
③ ㉣ → ㉤ → ㉡ → ㉢ → ㉠
④ ㉤ → ㉣ → ㉢ → ㉡ → ㉠
⑤ ㉤ → ㉣ → ㉡ → ㉢ → ㉠

07. 다음 중 서비스이론에 대한 설명으로 적절하지 않은 것은?

① 서비스의 특징인 무형성은 서비스품질 측정을 어렵게 할 수 있다.
② SERVQUAL에서 신뢰성(Reliability)은 서비스제공자들의 지식, 정중, 믿음, 신뢰를 전달하는 능력을 의미한다.
③ SERVQUAL은 서비스 기업에서 품질관리 목적으로 개발한 것으로 고객의 기대와 실제 제공한 서비스 간의 차이를 통해 서비스 품질을 측정하는 도구이다.
④ 그렌루스(Gronroos)는 두 가지의 서비스 차원, 즉 기능적 품질과 기술적 품질에 대해 고객이 갖는 견해의 산출로 설명한다.
⑤ 서비스 만족 향상을 통해 고객충성도 제고를 기대할 수 있다.

08. 다음 중 표본추출방법에 대한 설명으로 옳지 않은 것은?

① 표본추출과정은 모집단의 확정 → 표본프레임의 결정 → 표본추출방법의 결정 → 표본크기의 결정 → 표본추출 단계로 이루어진다.

② 지수평활법은 최근의 자료에 더 높은 가중치를 두고 과거의 자료로 갈수록 지수적으로 더 적은 비중의 가중치를 두어 수요를 예측하는 방법이므로 가중이동평균법(Weighed Moving Average)의 일종이라고 할 수 있다.

③ 군집표본추출법(Cluster Sampling)은 모집단을 어떤 기준에 따라 서로 상이한 소집단들로 나누고, 각 소집단으로부터 표본을 무작위로 추출하는 방법이다.

④ 단순무작위표출(Simple Random Sampling)은 모집단에 포함되어 있는 모든 구성원이 뽑힐 확률을 동일하게 하는 확률표본추출 방법으로, 사전지식이 필요하지 않다.

⑤ 비확률표본추출은 모집단의 요소들이 표본으로 뽑힐 확률을 고려하지 않고 연구자의 주관적 판단에 의해 임의로 표본을 추출하는 방법이다.

09. 다음 중 경영자의 역할과 분류에 대한 설명으로 옳지 않은 것은?

① 최고경영자는 자본가와 지배자의 역할을 수행하고, 중간경영자와 일선경영자는 통제자의 역할을 수행한다.

② 경영자의 계층은 기업가, 통제자, 조정자로 구분된다.

③ 최고경영층은 기업의 의사결정에 있어서 핵심적 역할을 수행하고 조직의 전반적 경영을 책임지는 위치에서 조직의 외부환경과 상호작용하는 업무를 한다.

④ 중간경영층은 최고경영층에서 결정한 방침과 계획을 일선경영층에게 전달하고, 지휘하며 중간에서 상하 경영층의 요구사항을 조율해 주는 역할을 한다.

⑤ 경영자를 수평적 차원에서 분류하면 직능경영자와 일반경영자로 분류할 수 있으며, 직능경영자는 특정기능분야에 국한된 업무를 수행하며, 일반경영자는 여러 전문분야가 연계된 복합적 업무를 수행한다.

10. **다음 마일즈와 스노우(Miles and Snow)의 전략유형에 대한 설명 중 적절하지 않은 것은 모두 몇 개인가?**

> ㉠ 방어형(Defender) 조직은 생산효율성보다는 창의성과 유연성을 강조하고 분권화되어 있다.
> ㉡ 공격형(Prospectors) 조직은 기존제품의 품질향상 혹은 원가절감 등을 통하여 기존의 영역에 안주하려고 한다.
> ㉢ 방어형 조직이 효율성을 강조하는 반면 공격형 조직은 효율적이지 못하더라도 새로운 기회를 탐색하는 데 관심을 둔다.
> ㉣ 방어형 조직은 현재의 사업영역에 대해 직접적인 영향을 미치지 않는 한 산업의 환경변화를 중시하지 않는 대신 제한된 사업영역에서 가능한 한 좋은 사업에 집중하려는 경향이 있다.
> ㉤ 공격형 조직은 고도의 전문지식(첨단기술)뿐만 아니라 수평적 의사소통을 통해 혁신적인 형태로 동태적이고 급변하는 현대 사회에 적합한 전략유형이다.
> ㉥ 사업전략 수립유형을 시장 환경에의 대응방식, 즉 고객의 욕구를 파악하고 충족시키는 방식을 기준으로 공격형, 방어형, 분석형(Analyzer), 반응형(Reactor) 4가지로 설명하였다.
> ㉦ 분석형은 공격형을 관찰하다가 성공가능성이 보이면 신속하게 진입하여 경쟁우위를 확보하려는 유형이다.

① 1개　　② 2개　　③ 3개
④ 4개　　⑤ 5개

11. **다음 중 관리도에 관한 설명으로 적절하지 않은 것은?**

① 관리도에서 관리한계선의 폭이 좁을수록 생산자 위험(Producer's Risk)이 높아진다.

② $\overline{X}$ 관리도는 품질특성치의 평균을 제품의 규격이 아닌 관리한계선과 비교하여 샘플데이터의 평균값이 관리한계선 내에서 우연변동으로만 구성되어 있으면 공정이 안정상태라고 판단한다.

③ 관리도를 계량형(변량형)과 계수형(속성형)으로 구분할 때, $\overline{X}-R$관리도는 계량형관리도이며 p 관리도(불량률 관리도)는 계수형관리도이다.

④ 속성관리도는 프로세스의 변동성이 사전에 설정한 관리상한선과 관리하한선 사이에 있는가를 판별하기 위해 사용된다.

⑤ 변량관리도는 시간, 부품의 길이나 넓이처럼 척도에 의해 측정될 수 있는 데이터에 사용하는 관리도이다.

12. 하우 리(Hau Lee)의 불확실성 프레임워크에 대한 다음 설명 중 옳지 않은 것은?

① 하우 리에 의하면 수요의 불확실성 정도뿐 아니라 공급의 불확실성 정도에 따라서도 공급사슬 전략에 차이가 발생하게 된다.

② 효율적 공급사슬은 가장 높은 비용효율성을 달성하기 위한 전략으로 비부가가치활동을 제거하고 규모의 경제를 추구한다.

③ 위험회피 공급사슬은 공급의 단절로 인한 위험을 회피하는 것을 목표로 하는 전략으로 여러 공급업체를 이용하거나 대체가능한 공급업체를 확보하거나 안전재고 수준을 증가시키는 등의 방법을 사용한다.

④ 대응적 공급사슬은 고객의 욕구에 대응하는 것을 목표로 하는 전략으로 주문생산보다는 재고의 확보와 공급단절에 신경을 쓰는 프로세스를 사용한다.

⑤ 민첩 공급사슬은 고객의 욕구에 유연하게 대응하는 것을 목표로 하지만 재고와 다른 자원들을 공동화함으로써 공급부족이나 단절을 회피한다.

13. 다음 중 인적자원의 수요예측에 관한 설명으로 옳지 않은 것은?

① 정량적 수요예측 기법에는 시계분석법, 인과분석법이 있다.

② 가중이동평균법(Weighted Moving Average Method)을 사용하면 과거 자료 중 최근의 실제치를 예측치에 더 많이 반영할 수 있다.

③ 지수평활법에서 평활상수의 값이 크면 평활효과는 감소한다.

④ 어떤 수요예측치와 실측치로부터 계산된 평균오차(Mean Error)가 0이라는 것이 그 예측이 완벽하게 맞았음을 의미하지는 않는다.

⑤ 가법적 계절변동(Additive Seasonal Variation) 분석에서는 수요의 평균가치가 증가함에 따라 계절적 변동폭이 합산되면서 증가하는 것으로 가정한다.

14. 다음 중 학습조직의 정의와 설명으로 옳지 않은 것은?

① 폐쇄적 조직으로 환경 변화에 적응이 어렵다.

② 지속적으로 지식을 창출하고 역량을 확대시키고자 한다.

③ 조직의 전반적인 행위를 변화시키는 데 익숙하다.

④ 조직의 비전을 관리하고 구성원들이 이를 공유하도록 한다.

⑤ 연속적이고 끊임없는 학습을 지향한다.

15. 다음 중 유통경로에 관한 설명으로 옳지 않은 것은 모두 몇 개인가?

> ㉠ 고객의 최소판매단위(Lot Size)에 대한 유통서비스 요구가 높을수록 유통경로의 단계수가 증가한다.
> ㉡ 유통경로는 생산된 제품을 소비시점까지 보관하여 시간상의 불일치를 해소한다.
> ㉢ 한정 서비스 도매상(Limited-service Wholesaler)은 상품을 소유하지 않는 대신 소수의 상품라인만을 취급한다.
> ㉣ 구매자가 요구하는 서비스 수준이 높은 경우에는 통합적 유통경로(Integrated Distribution Channel)를 갖게 될 가능성이 높아진다.
> ㉤ 통합적 유통경로는 독립적 유통경로(Independent Distribution Channel)에 비해 통제가능성이 높은 반면 많은 투자비가 요구된다.
> ㉥ 내부화이론에 따르면 기업은 거래비용과 관계없이 해외직접투자를 한다.

① 1개　　② 2개　　③ 3개
④ 4개　　⑤ 5개

16. 다음 중 생산 프로세스에 관한 설명으로 옳지 않은 것은?

① 잡숍(Job Shop)은 대상 제품이나 서비스가 매우 다양하고 개별 제품이나 서비스의 양이 적을 때 사용하며, 처리과정은 단속적(Intermittent)이고, 처리대상은 각기 처리요구사항이 다르다.
② 연속프로세스는 설탕, 제지, 석유, 전기와 같은 장치산업(Process Industry)에서 이용되며, 표준화 정도가 높고 대량으로 생산하는 경우에 적합하고 장비의 유연성이 크게 요구되지 않는다.
③ 배치숍(Batch Shop)은 처리대상의 다양성으로 인해 표준화 정도가 높고 장비의 유연성과 처리과정의 연속성이 요구된다.
④ 반복프로세스(Repetitive Process)는 조립생산공정으로 산출량이 많은 표준제품이나 서비스생산에 적합하며, 산출이 표준화되어 있으므로 장비의 유연성 요구는 매우 제한적이고 인력의 숙련도는 일반적으로 낮다.
⑤ 자동차 생산에는 반복프로세스, 와인생산에는 배치(Batch)프로세스, 양복점에서는 잡숍프로세스를 주로 이용한다.

17. 다음 중 개별성과급제도에 관한 설명으로 옳지 않은 것은?

① 단순성과급(Straight Piecework Plan)이란 제품 또는 작업의 단위당 고정된 단일의 임금을 정하고 여기에 실제 작업성과(생산량 or 판매량)를 곱하여 임금을 계산하는 방식이다.

② 테일러식 차별성과급(Taylor Differential Piece Rate Plan)은 임금선이 변동적인 기울기를 가진다는 점에서 단순성과급과 구별되며 단순성과급보다 인센티브 효과가 크다.

③ 복률성과급(Multiple Piece Rate Plan)은 근로자의 작업능률을 보다 효율적으로 자극하기 위하여 작업성과의 고저(高低), 다과(多寡)에 따라 적용 임금률을 달리 산정하는 제도이다.

④ 로완식 할증급(Rowan Premium Plan)은 표준작업시간을 조금이라도 단축한 근로자에게는 할시식보다 높은 할증급을 주도록 하고, 일정한도 이상으로 작업능률이 증대되면 할증률의 증가를 체감하도록 고안한 제도이다.

⑤ 메리크식 복률성과급(Merrick Multi Piece Rate Plan)은 임금률을 3단계로 나눈 것으로 견습생이 아닌 숙련자를 위한 것이다.

18. 다음 균형성과표(BSC)와 거리가 먼 것은?

① 균형성과표는 단기적 성과평가보다는 장기적 성과평가의 중요성을 강조한다.

② 카플란(Kaplan)과 노턴(Norton)의 균형성과표 방식에는 재무적 성과, 고객, 내부프로세스, 학습과 성장의 관점이 포함된다.

③ 기업의 비전과 전략을 4가지 관점의 성과평가시스템과 연계하는 시스템이다.

④ 고객관점은 시장점유율로, 재무적 관점은 경제적 부가가치 등으로 측정할 수 있다.

⑤ 개인의 성과지표와 회사 목표가 어떻게 연동되어 있는지를 한눈에 파악할 수 있다.

19. 다음 중 입지선정기법에 관한 설명으로 옳지 않은 것은?

① 브라운&깁슨 모델(Brown and Gibbson Model)은 정성적, 정량적 방법을 고려한 복수공장의 입지분석 모형으로 필수적, 객관적, 주관적 평가기준을 토대로 입지선정 척도를 구한다.

② 요인평정법은 각각의 입후보지에 대한 입지요인을 선정하고, 해당 요인별로 가중치를 부여하여 가중평균에 의하여 입지를 선정한다.

③ 총비용산출법은 고려 중인 입지 후보지 별로 객관적인 항목들을 합산하여 가장 적은 비용을 선정하는 것으로, 추상적 비용, 기회비용, 생산량 변화요인 등을 반영하지 못하는 단점이 있다.

④ 손익분기분석법은 비용항목별 고정비와 변동비로 나누어 손익분석을 통해 입지를 결정하는 방법이다.

⑤ 수송계획법은 여러 목적지를 대상으로 하는 어떤 시설을 추가할 때 수송거리를 최소화하거나 수송비용을 최소화하도록 위치를 결정하는 방법이다.

20. 다음 중 행동주의 학습이론의 기본 가정에 대한 설명으로 옳지 않은 것은?

① 조작적 조건화는 한 자극과 이미 특정 반응을 유도해 낸 다른 자극을 결합시켜 반응을 조건화시키는 과정을 말한다.

② 동물 연구에서 나온 학습 원리를 인간 학습에 적용할 수 있다.

③ 새로운 행동의 형성 · 유지 · 제거는 환경과의 상호작용에 의해 결정된다.

④ 정상행동뿐만 아니라 이상행동도 동일한 학습원리로 설명할 수 있다.

⑤ 직접 관찰할 수 있거나 측정 가능한 행동에 초점을 둔다.

21. 다음의 기업에서 선택하는 마케팅 전략에 대한 설명으로 적절하지 않은 것은?

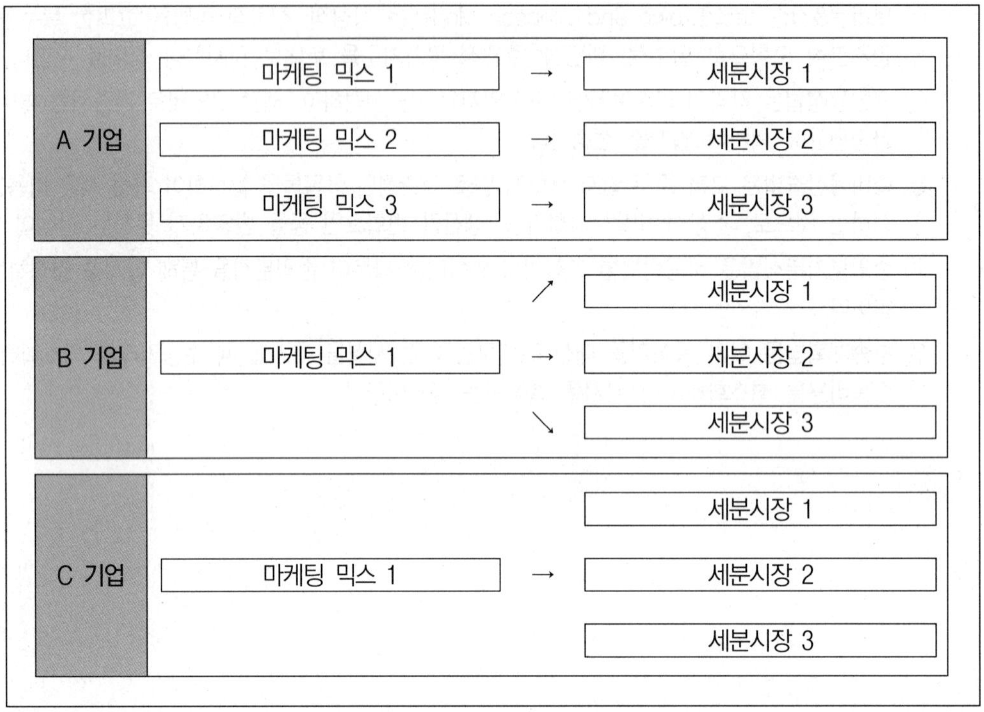

① A 기업의 마케팅 전략은 성숙기 및 쇠퇴기에 접어들 때 적합하다.

② B 기업의 마케팅 전략은 제품의 관여도가 작은 제품일 때 적합하다.

③ B 기업의 마케팅 전략은 도입기 및 성장기에 해당할 때 적합하다.

④ B 기업의 마케팅 전략은 기업의 자원이 한정 · 제약되어 있는 경우에 적합하다.

⑤ C 기업의 마케팅 전략은 다양성이 높은 제품의 경우에 적합하다.

22. 다음 중 노동자의 경영참가와 관련한 내용 중 적절하지 않은 것은 모두 몇 개인가?

> ㉠ 노동자의 경영참가는 노사 간 갈등 예방으로 사회적 평화를 달성하고 근로자의 책임의식과 혁신에 긍정적으로 작용할 수 있다.
> ㉡ 노동자의 경영참가는 결정 과정이 지연되고 과다한 구성 인원으로 인해 의사결정이 비효율적이라는 지적도 존재한다.
> ㉢ 자본참여는 자본의 출자자로서 근로자들을 기업경영에 참여시키는 방식으로, 노동자의 주식매입을 유도하는 우리사주제도(ESOP)가 해당된다.
> ㉣ 근로자의 성과참여는 근로자의 협력 대가로 업적, 수익, 이익 등 경영 성과의 일부를 분배하는 방식으로 일련의 현장자율경영팀(Self-Managing Work Team)이 해당한다.
> ㉤ 의사결정 참여는 근로자(노조)가 기업경영과정의 의사결정에 참여하거나 해당 과정에 영향력을 행사하는 것으로 품질관리팀(QC), 노사협의회, 노동자이사제도 등이 해당된다.
> ㉥ 노동자대표이사제는 노조의 대표 혹은 종업원대표가 기업의 이사회에 참석하여 공식적으로 기업의 최고의사결정 과정에 참여하는 제도이다.

① 1개 ② 2개 ③ 3개
④ 4개 ⑤ 5개

23. 다음 중 완전경쟁시장과 독점적 경쟁시장에 관한 설명으로 옳지 않은 것을 모두 고르면?

> ㉠ 완전경쟁시장에서는 가격차별이 효과적이다.
> ㉡ 완전경쟁시장의 기업의 경우 단기에는 초과이윤을 얻을 수 있다.
> ㉢ 경쟁이 치열할수록 가격은 한계비용과 멀어진다.
> ㉣ 독점적 경쟁기업의 경우 장기에는 정상이윤만 얻는다.
> ㉤ 독점적 경쟁시장은 진입과 퇴거가 자유롭다.
> ㉥ 독점적 경쟁시장의 개별기업은 차별화된 상품을 공급하며, 수요곡선은 우하향한다.

① ㉠, ㉡ ② ㉠, ㉢ ③ ㉡, ㉢
④ ㉢, ㉣ ⑤ ㉤, ㉥

24. 다음 중 집단성과배분제도에 대한 설명으로 옳은 것은?

① 집단성과배분제도는 집단성과급제도로 보너스의 산정단위가 집단이 아닌 개인이다.

② 집단성과배분제도는 스톡옵션이나 종업원지주제와 같이 향후 기업의 경영이 향상됨에 따라 성과가 배분된다.

③ 스캔론 플랜(Scanlon Plan)에서는 성과배분의 기준으로 부가가치를 사용하며, 럭커 플랜(Rucker Plan)에서는 매출액을 기준으로 성과배분을 한다.

④ 임프로쉐어 플랜(Improshare Plan)은 단위 생산에 따라 실제 근로시간과 기준 작업시간을 비교하여 저축된 작업시간을 근로자측과 사용자 간에 동등한 비율로 배분하는 것이다.

⑤ 커스터마이즈드 플랜(Customized Plan)은 매출액에 대한 인건비의 절약이 실현될 경우 그 절약 부분을 성과로서 분배하는 제도이다.

25. 다음 중 내부화의 요인으로 옳은 것은 모두 몇 개인가?

㉠ 발명가가 그의 권리를 보호받을 수 없는 경우
㉡ 규모의 경제가 존재하는 경우
㉢ 정부의 개입으로 인한 사적인 비용, 수익과 공적인 비용, 수익 간의 차이가 없는 경우
㉣ 기업이 보유하고 있는 우위요소가 공공재적 성격을 지닐 경우
㉤ 거래비용이 과다하게 발생할 경우

① 1개　② 2개　③ 3개

④ 4개　⑤ 5개

4 회 코레일 경영학 [전공시험]

기출예상모의고사

수험번호 : ____________

성 명 : ____________

4회 기출예상문제

▶ 정답과 해설 22쪽

01. 다음 중 포드 시스템(포디즘)에 해당하지 않는 것은?

① 저가격-고임금
② 차별적 성과급제도
③ 동시관리원칙
④ 컨베이어 시스템
⑤ 연속생산공정

02. 카르텔에 관한 특징으로 옳지 않은 것은?

① 기업 간 제휴를 통한 경쟁 배제를 목적으로 결성한다.
② 기업의 시장 확대에 있어서의 안정성을 확보함을 그 목적으로 한다.
③ 참여한 기업들은 법률적, 경제적 독립성을 상실하게 된다.
④ 독점을 통한 시장통제력 획득을 목적으로 결성한다.
⑤ 동종기업 간의 수평적 결합 형태를 가진다.

03. 경영학의 지도원칙 중 수익성에 해당하는 것은?

① 비용대비 성과
② 비용대비 수익
③ 경제상의 합리성
④ 투입한 생산요소 대비 산출량
⑤ 최소의 희생으로 최대의 성과를 달성하는 것

04. **공기업에 관한 설명으로 옳지 않은 것은?**

① 중앙정부 혹은 지방자치단체가 출자한 기업으로 주로 독립채산제에 의해서 운영된다.
② 공공서비스 증대를 위한 공익사업의 실행을 이유로 존재한다.
③ 창의적 운영에 유리한 기업의 형태이다.
④ 기업의 이윤은 주로 공공정책 시행에 이용된다.
⑤ 공익과 비영리를 경영의 원리로 한다.

05. **경영자의 자질 중 최고경영층, 중간경영층, 하위경영층 모두에게 중요한 자질은?**

① 인간적 자질　② 개념적 자질　③ 기술적 자질
④ 전문적 자질　⑤ 기능적 자질

06. **목표에 의한 관리(MBO)에 관한 설명으로 옳지 않은 것은?**

① 성과를 측정할 수 있는 목표를 설정할 것을 요구한다.
② 목표의 성과에 대한 피드백(환류)이 이루어진다.
③ 효과적인 계획 설정을 촉진함으로써 보다 나은 관리를 돕는다.
④ 조직의 성과와 목표를 통합하기 위하여 구성원의 참여에 의한 방법을 강조한다.
⑤ 목표를 달성하는 과정에서 신축성 있는 목표변경을 허용하기 때문에 환경변화에의 적응이 용이하다.

07. **기업의 미래상인 비전을 사업구조 차원에서 구체화하려는 기업의 혁신방법은?**

① 기업 아이덴티티　② 리스트럭처링　③ M&A
④ 학습조직　⑤ 벤치마킹

08. 다음 중 SWOT 분석에서 고려해야 할 요소로 그 성격이 다른 하나는?

① 많은 고품질 상품군 보유
② 해당 분야에서의 기술우위
③ 자사 상표의 높은 명성
④ 자사의 풍부한 보유자원
⑤ 해외시장의 성장

09. 다음 중 기계적 조직과 대비되는 유기적 조직에 관한 설명으로 옳지 않은 것은?

① 활발한 의사소통과 상호이해로 조직 전체의 성과를 올리는 데 장점을 가진다.
② 업무간 조정이 비공식적으로 이루어지고 개인적인 융통성의 폭이 크다.
③ 상사와 부하 간 또는 부서 간의 업무가 주로 팀 중심으로 구성된다.
④ 권한의 이양이 많이 이루어지는 편이다.
⑤ 과업이 전문화된다.

10. 다음 중 최고경영층에 대한 인사관리자의 역할에 해당하지 않는 것은?

① 인재를 추천하는 역할
② 의견충돌의 해소 및 문제 해결자 역할
③ 라인에 대한 서비스 역할
④ 최고경영자의 정보원천 역할
⑤ 관리자 지명에 있어서 반대자 역할

11. 현대적 인사고과시스템 설계의 기본원칙으로 옳지 않은 것은?

① 고객중시의 원칙
② 평면평가의 원칙
③ 계량화의 원칙
④ 종합관리의 원칙
⑤ 계층별 · 목적별 평가의 원칙

12. 홀(D. T. Hall)의 경력단계모형에서 '유지단계'라고도 부르는 시기는?

① 생산의 시기 ② 시도의 시기 ③ 확립의 시기
④ 쇠퇴의 시기 ⑤ 탐색의 시기

13. 다음 중 직무분석의 방법에 해당하지 않는 것은?

① 요소비교법 ② 중요사건기록법 ③ 관찰법
④ 워크샘플링법 ⑤ 질문지법

14. 임금수준의 결정요인 중 하나인 종업원의 생계비 수준에 관한 설명으로 옳지 않은 것은?

① 종업원 개인뿐만 아니라 소속되어 있는 가족의 생계비 수준의 개념을 포함한다.
② 종업원의 연령 등에 따른 라이프사이클을 고려하여 결정하여야 한다.
③ 측정방법에 따라 이론생계비와 실태생계비 측정방법으로 나눌 수 있다.
④ 실태생계비 측정은 그 기준이 합리적이나 생계비의 현실성을 결여한 문제점이 있다.
⑤ 생계비의 산정은 임금수준을 결정함에 있어서 하한선이 된다.

15. 다음 중 공정성능의 측정기준에 포함되지 않는 것은?

① 가공시간 ② 작업자의 만족도 ③ 공정이용률
④ 생산성 ⑤ 효율성

16. 프로젝트 공정의 일정통제를 위한 기법인 PERT(Program Evaluation and Review Technique)와 CPM(Critical Path Method)의 차이점을 설명한 것으로 옳은 것은?

① PERT와 CPM은 이름만 다를 뿐 같은 내용의 기법이다.
② PERT는 대규모 프로젝트에, CPM은 소규모 프로젝트에 더 효율적이다.
③ PERT는 확률적인 개념을, CPM은 확정적인 개념을 사용한다.
④ PERT는 고비용 프로젝트에, CPM은 저비용 프로젝트에 더 효율적이다.
⑤ PERT는 자원의 부족을 전제하지만, CPM은 자원의 부족을 전제하지 않는다.

17. (주)스텔라의 자동차를 생산하기 위해서는 A ~ E 다섯 개의 작업장을 순서대로 거쳐야 한다. 각 작업장별 단위생산시간이 다음 표와 같을 때, 이 자동차의 생산주기시간은?

작업장	A	B	C	D	E
단위생산시간(시간)	3	4	6	5	2

① 20시간　② 6시간　③ 5시간
④ 4시간　⑤ 2시간

18. 총괄생산계획(Aggregate Production Planning)에 관한 설명으로 옳지 않은 것은?

① 총괄생산계획의 수립은 개별설비의 능력보다는 시스템 전체의 능력에 기초해야 한다.
② 총괄생산계획은 수요예측을 기반으로 수립한다.
③ 총괄생산계획을 수립하는 가장 주된 이유는 투입과 산출이 시간적으로 상응하지 않기 때문이다.
④ 총괄생산계획에 의해 대일정계획을 수립한다.
⑤ 수요변동이 상당히 큰 폭으로 나타날 것이 예측될 경우, 즉시 생산수준이 이에 반응하도록 계획되어야 한다.

19. 재고관리기법 중 수요변동이 급격한 품목이나 저가의 재고통계에 주로 이용되는 것은?

① 고정주문기간모형
② 고정주문량모형
③ ABC 재고관리
④ ERP 시스템
⑤ MRP 시스템

20. 품질관리(QC)에 관한 설명으로 옳지 않은 것은?

① 품질관리는 제품의 생산과정이나 사용과정에서 일정한 표준이 지켜지도록 함을 목적으로 한다.
② 품질관리는 재화나 용역이 표준에 적합함을 보장하는 기능을 가진다.
③ 전사적 품질경영(TQM)은 통계적 품질관리(SQC)를 포함한다.
④ 표본검사법(발취검사법)과 관리도법은 통계적 품질관리기법에 해당한다.
⑤ 품질수준의 향상에 따라 예방원가는 감소함수이다.

21. 패널 조사와 같이 다시점 조사방법을 나타내는 용어는?

① 종단조사
② 횡단조사
③ 표적집단면접(FGI)
④ 사례조사
⑤ 인과조사

22. 비누, 샴푸, 로션 등과 같이 물리적 특징이나 용도가 비슷한 제품의 집단을 일컫는 말은?

① 촉진믹스
② 제품믹스
③ 브랜드 믹스
④ 포지셔닝
⑤ 제품계열

23. 다음 중 침투가격전략을 적용하는 것이 가장 적절하지 않은 경우는?

① 가격에 매우 민감하게 반응하는 소비자층을 판매대상으로 할 때
② 자사가 이미 규모의 경제를 이루고 있을 때
③ 수요의 탄력성이 매우 낮을 때
④ 시장 내에 이미 타사의 제품들이 다수 진출해 있어 시장점유 경쟁이 예상될 때
⑤ 출시 예정인 제품이 경쟁 대상인 제품들과 비교하여 원가경쟁력이 있을 때

24. 다음 중 소비자의 인지부조화 감소행동이 가장 크게 일어나는 경우는?

① 소비자의 인지부조화 감소행동은 관여도나 상품 간 차이와 관계없이 구매 후 항상 같은 정도로 일어난다.
② 저관여에 해당하고 상품 간 차이가 큰 경우
③ 고관여에 해당하고 상품 간 차이가 큰 경우
④ 저관여에 해당하고 상품 간 차이가 작은 경우
⑤ 고관여에 해당하고 상품 간 차이가 작은 경우

25. TV의 광고매체로서의 특징으로 옳지 않은 것은?

① 시각과 청각을 동시에 이용하여 높은 인식력을 가진다.
② 소비자가 광고의 존재 자체를 부정적으로 인식하여 광고를 회피할 가능성이 높다.
③ 정보의 전달 대상이 되는 소비자층의 폭이 넓다.
④ 정보의 노출도 정도 대비 비용이 높은 편이다.
⑤ 광고 노출시간 및 광고 내용 등에 대해 강한 법적 규제를 거쳐야 한다.

5회 코레일 경영학 [전공시험]

기출예상모의고사

수험번호 : ____________

성　　명 : ____________

5회 기출예상문제

▶ 정답과 해설 27쪽

01. 경영학의 흐름에 관한 설명으로 옳지 않은 것은?

① 호손공장 실험은 향후 인간관계론의 토대가 되었다.

② 인간관계론은 인간조종 수단을 연구했다는 비판을 받고 있다.

③ 페이욜은 호손공장 실험을 기초로 하여 경영의 일반원리를 제시하였다.

④ 시스템이론은 폐쇄적 조직관을 타파하고, 기업이 환경과 상호작용한다는 조직관을 도입하는 데 기여했다.

⑤ 호손공장 실험을 통하여 인간의 생산성을 향상시키는 데 있어서 작업환경이나 근무조건보다는 태도 · 감정, 사회적 인정 등이 더 중요하다는 것을 알게 되었다.

02. 테일러의 과학적 관리법에 관한 설명으로 옳지 않은 것은?

① 지도표 제도

② 이동조립방식

③ 작업의 표준화

④ 차별성과급 제도

⑤ 개별작업의 효율성 향상 도모

03. 기업집중에 관한 설명으로 옳지 않은 것은?

① 카르텔은 기업들이 수평적으로 결합되는 것이다.

② 트러스트는 기업 간에 자본적으로 결합되는 것이다.

③ 카르텔은 독점적 경향이 있기 때문에 어떠한 경우에도 금지대상이다.

④ 콘체른의 형성방법으로 가장 일반적인 것은 주식소유에 의한 방법이다.

⑤ 기업집중에는 시장에서 불필요한 경쟁을 배제하고, 기술향상 및 경영의 합리화를 촉진하는 순기능이 있다.

04. 통제활동에 관한 설명으로 옳지 않은 것은?

① 통제시스템의 유형으로는 사전통제, 동시통제, 사후통제가 있다.
② 전통적으로 가장 널리 사용되고 있는 경영통제기법은 예산통제이다.
③ 예산통제는 정보에 바탕을 두고 시행되어야 하며 성과지향적이어야 한다.
④ 경영통제활동은 계획, 실행, 점검이라는 경영의 일반적인 프로세스인 PDS와 일맥상통한다.
⑤ 경영통제활동은 기본적으로 표준의 설정, 편차의 수정, 실적의 측정 순으로 프로세스를 거친다.

05. 정보기술을 통해 기업경영의 핵심적 과정을 전면 개편함으로써 경영성과를 향상시키려는 경영기법은?

① 리모델링 ② 빅데이터 ③ 벤치마킹
④ 기업 재구성 ⑤ 리엔지니어링

06. 조직계층에 있어서 종업원과 최고경영자의 직무 결정 및 개인이나 집단에 있어서 관리자와 종업원의 태도와 행동에 많은 영향을 미치는 인사관리의 내적 환경요소는?

① 개인적 요소 ② 경제적 요소 ③ 물리적 요소
④ 사회적 요소 ⑤ 정치적 요소

07. 직무분석의 방법으로 옳지 않은 것은?

① 관찰법 ② 면접법 ③ 질문지법
④ 중요사건기록법 ⑤ 평정척도법

08. MBO에 관한 설명으로 옳지 않은 것은?

① 추상적인 단어로 목표를 구성해서는 안 된다.
② MBO는 'Management By Objectives'의 약어이다.
③ 일정 기간 내에 달성할 특정 목표를 피평가자와의 협의를 통해 설정한다.
④ 목표설정 및 평가과정에서 상사와 부하 간의 커뮤니케이션이 활성화된다.
⑤ 목표를 수행하는 과정에 대해 양적 · 질적으로 평가하는 과정지향적 평가방법이다.

09. 선발도구의 타당성에 관한 설명으로 옳지 않은 것은?

① 내용타당성은 측정의 취지를 얼마나 올바르고 완벽하게 시험에 적용하는지를 평가한다.
② 기준관련 타당성은 기준치와 예측치 간의 관계를 통계적 상관계수로 나타낸다.
③ 선발도구의 타당성이란 선발도구가 측정하고자 하는 내용 또는 대상을 정확히 결정하는 정도를 말한다.
④ 시험의 타당성이 인정되더라도 우수한 시험성적을 받은 사람의 근무성적이 낮은 결과를 보일 수 있다.
⑤ 구성타당성은 측정 이상에 따른 시험의 이론적 구성과 가정을 측정한다.

10. 인사이동에 관한 설명으로 옳지 않은 것은?

① 승진은 현재보다 상위직무로 올라가는 것을 말한다.
② 인사이동의 효율성은 적재적소 배치를 통해 나타난다.
③ 기업의 생산력 향상과 기업운영의 유효성을 위해 실시한다.
④ 수평적 이동의 직무순환은 다양한 직무경험을 통해 종업원의 능력을 개발하기 위한 것이다.
⑤ 수평적 이동의 직무순환에 의해 대체된 종업원은 원래의 종업원에 비해 조직에 새로운 아이디어를 주입시킬 가능성이 낮다.

11. 조직설계에 관한 설명으로 옳지 않은 것은?

① 상황이론은 환경, 기술, 규모 등을 강조하고 있다.
② 전통이론은 생산성과 능률의 향상에 중점을 두고 있다.
③ 행위적 이론은 집단 중심, 참여, 과정 등에 중점을 두고 있다.
④ 고전적 조직이론은 조직의 원칙, 생산성, 능률에 중점을 두고 있다.
⑤ 유기적 조직에서 구성원의 역할은 공식화되고 명확하게 정의되어 있다.

12. 기업 내에서 미리 정해진 임금기준을 따라 근속연수 또는 능력의 신장 등에 의해 기본급이 순차적으로 증액되어 나가는 임금제도는?

① 승급 ② 승격 ③ 성과급
④ 베이스업 ⑤ 임금피크제

13. 노동조합에 관한 설명으로 옳지 않은 것은?

① 직업별 조합은 동일한 직종에 속하는 근로자가 형성하는 노동조합이다.
② 단체교섭의 궁극적 목적은 교섭의 결과를 단체협약으로 체결하는 데에 있다.
③ 시드니 웨브는 노동조합의 기능으로 상호보험, 단체교섭 및 입법활동을 들고 있다.
④ 오픈 숍은 근로자의 노동조합 가입유무가 고용 또는 해고조건에 영향을 주지 않는다.
⑤ 조정신청일로부터 일반사업은 15일, 공익사업은 30일의 조정기간 동안 노동위원회의 조정을 받은 이후에만 쟁의행위의 개시가 가능하다.

14. 생산시스템에 관한 설명으로 옳지 않은 것은?

① 생산시스템의 요소 3가지는 투입물, 생산전략, 산출물이다.
② 투입물의 가치 대비 산출물의 가치가 높을수록 생산성이 높다.
③ 생산시스템은 산출물로서 유형의 상품뿐만 아니라 무형의 서비스도 생산한다.
④ 대학에서 입학생이 교육을 받은 후에 졸업생이 되는 과정은 생산시스템으로 간주할 수 있다.
⑤ 운송창고업은 투입물에 물리적 변환을 가하지 않는 업종이지만 생산시스템으로 간주할 수 있다.

15. 산출물의 수요예측기법에 관한 설명으로 옳지 않은 것은?

① 회귀분석은 대표적인 시계열분석기법이다.

② 델파이 기법은 장기예측의 경우에 유용하다.

③ 시계열분석기법이나 횡단면분석기법은 과거자료를 활용하여 미래를 예측하는 방법이다.

④ 독립변수를 시간으로 하느냐, 다른 특정 변수로 하느냐에 따라 시계열분석과 횡단면분석으로 구분된다.

⑤ 지수평활법은 최근자료에 큰 비중을 두고, 과거자료에 작은 비중을 두어 계산하는 가중이동평균법이라고 할 수 있다.

16. 간트 도표에 관한 설명으로 옳지 않은 것은?

① 환경변화에 신축적으로 대응할 수 있으며 일정계획에 대한 확률적 분석이 가능하다.

② 작업의 지체요인을 규명하여 다음에 연결된 작업의 일정을 쉽게 조정할 수 있다.

③ 단일작업 내에서 작업 상호 간 또는 타 작업 상호 간의 관계를 효율적으로 나타낼 수 있다.

④ 직선 하나로 시간의 동일성, 작업계획량의 변화, 작업실적량의 변화 등을 동시에 나타내므로 일정을 중점적으로 관리하기 곤란하다.

⑤ 시간에 따라 생산량을 작업별, 작업자별, 기계별 등의 관점에서 나타내어 이를 실적 비교하여 통제할 수 있는 기법이다.

17. MRP에 관한 설명으로 옳지 않은 것은?

① 기업 내 데이터베이스로 주 일정계획을 수립하는 데 도움을 준다.

② 재고부족이나 주문지연의 예방으로 고객서비스 수준을 향상시킬 수 있다.

③ 최종제품의 생산공정이 짧은 경우, 시장변화에 신속히 대응할 수 있어 유용성이 뛰어나다.

④ 안정적인 계획생산으로 유휴시간과 잔업을 줄일 수 있고, 평균 생산소요시간의 감축을 가져온다.

⑤ 자재부족으로 전체 생산일정이 늦어지면 조달을 촉진하고, 생산일정에 여유가 있는 경우에는 부품조달을 다소 늦춘다.

18. 설비보전활동을 분석하기 위하여 사용되는 대기행렬모형의 기본요소로 옳지 않은 것은?

① 대상 인원　② 환경　③ 서비스율
④ 고객도착률　⑤ 서비스규칙

19. 전략적 마케팅 계획의 수립과정은?

① 기업사명의 정의 → 기업목표의 설정 → 사업단위별 경쟁전략의 설정 → 사업포트폴리오 결정 → 성장전략의 개발
② 기업사명의 정의 → 기업목표의 설정 → 사업포트폴리오 결정 → 사업단위별 경쟁전략의 설정 → 성장전략의 개발
③ 기업사명의 정의 → 기업목표의 설정 → 성장전략의 개발 → 사업포트폴리오 결정 → 사업단위별 경쟁전략의 설정
④ 사업단위별 경쟁전략의 설정 → 사업포트폴리오 결정 → 성장전략의 개발 → 기업사명의 정의 → 기업목표의 설정
⑤ 성장전략의 개발 → 사업단위별 경쟁전략의 설정 → 사업포트폴리오 결정 → 기업목표의 설정 → 기업사명의 정의

20. 소비자의 정보처리과정에서 외부자극의 요소들을 조직화하고 나름대로 의미를 부여하여 하나의 전체적인 형상을 그리는 단계는?

① 노출　② 의식　③ 주의
④ 지각　⑤ 태도

21. 탐색조사에 해당하는 조사유형으로 옳지 않은 것은?

① 문헌조사　② 패널조사　③ 심층면접법
④ 표적집단면접법　⑤ 전문가의견조사

22. 시장세분화의 요건으로 옳지 않은 것은?

① 측정가능성
② 내부적인 동질성
③ 외부적인 이질성
④ 충분한 규모의 시장
⑤ 경쟁사의 마케팅 전략

23. 신제품 개발과정에서 제품개념의 실체화 과정은?

① 제품개발
② 시험마케팅
③ 사업성 분석
④ 아이디어 창출
⑤ 제품개념의 개발과 테스트

24. 신제품의 초기에 고가격을 책정하여 특정 시장만을 목표로 하는 전략은?

① 스키밍가격전략
② 침투가격전략
③ 대중가격전략
④ 표적시장가격전략
⑤ 단수가격전략

25. 광고매체의 하나인 잡지의 특징으로 옳지 않은 것은?

① 반복광고가 가능
② 복잡한 정보전달 가능
③ 지속적인 주목이 가능
④ 짧은 시간에 노출이 가능
⑤ 특정 고객에게 소구가 가능

6회 코레일 경영학 [전공시험]

기출예상모의고사

수험번호 : ____________

성　　명 : ____________

6회 기출예상문제

▶ 정답과 해설 32쪽

01. 다음에서 설명하고 있는 글로벌 비즈니스 형태는?

- 외국기업에 자신이 상품명, 등록상품, 기술, 특허, 저작권 등의 사용을 허가하고 매출액의 일정 비율을 로열티로 받는다.
- 로열티를 지불하고 지적자산을 사용하는 외국기업의 사업 방식에 거의 관여하지 않는다.
- 외국기업에 기술적 노하우를 빼앗길 위험이 있다.

① 라이선싱(Licensing)
② 프랜차이징(Franchising)
③ 합작투자(Joint Venture)
④ 해외직접투자(Foreign Direct Investment)
⑤ 간접수출(Indirect Exporting)

02. 서비스 품질의 속성 중 서비스 기업에 대한 명성, 종업원의 외모 등과 가장 관련이 깊은 것은?

① 반응속성
② 전략속성
③ 탐색속성
④ 경험속성
⑤ 신용속성

03. 직무분석과 직무설계에 대한 다음의 설명 중 적절하지 않은 것은?

① 직무순환, 직무확대, 직무충실화는 개인수준에서의 직무재설계방법이다.
② 작업자의 직무범위가 넓어짐에 따라 인력배치의 폭도 넓어질 수 있다.
③ 한 작업자가 수행하는 과업의 수를 늘리고 의사결정과 관련된 권한과 직무의 책임을 증가시키는 것을 수평적 직무확대라고 한다.
④ 직무분석에서 정리된 자료는 직무기술서와 직무명세서를 작성하는 데 사용되고 직무평가의 기본 자료로도 사용된다.
⑤ 직무분석에서 관찰법은 직무분석자가 작업자의 직무수행을 관찰하고 직무내용, 직무수행방법, 작업조건 등 필요한 자료를 기재하는 방법으로 특히 육체적 활동과 같이 관찰 가능한 직무에 적절히 사용될 수 있다.

1회 2회 3회 4회 5회 6회 7회 8회 9회 10회 11회 12회 13회 14회 15회 16회

04. 다음 중 타인평가 과정에서의 오류에 대한 설명으로 알맞지 않은 것은?

① 근접오류는 자신과 유사한 사람에게 후한 점수를 주는 것을 말한다.
② 선택적 지각은 부분적인 정보만으로 전체에 대한 판단을 내리는 오류다.
③ 방어적 지각은 고정관념에 어긋나는 정보를 회피하거나 왜곡시키려는 오류다.
④ 주관의 객관화는 타인의 평가에 자신의 감정이나 경향을 투사하려는 오류다.
⑤ 하급자는 상급자와의 의사소통 과정에서 의도적으로 정보를 누락시켜 전달하기도 한다.

05. 여러 가지로 조합이 가능한 표준화된 호환부품을 제조하여 소품종 대량생산체제의 최적화를 실현하기 위한 기법은?

① 집단관리법(GT)
② 모듈러 생산(MT)
③ 컴퓨터 통합생산(CIM)
④ 셀형 제조방식(CMS)
⑤ 업무재설계(BPR)

06. 수요예측기법에 관한 설명 중 가장 옳지 않은 것은?

① 단순이동평균법보다 최근 수요의 가중치를 높게 두는 가중이동평균법의 예측치가 수요변동을 더 빨리 따라잡을 수 있다.
② 지수평활법을 사용하려면 10년 이상의 장기간 자료가 있어야 한다.
③ 시계열분석에서 추세요인이란 중장기적인 변동을 나타내는 것이다.
④ 시계열분석은 독립변수를 시간으로 보고 있으며, 인과관계분석은 독립변수를 인과요인으로 보고 있다.
⑤ 정성적 수요예측기법은 주로 장기적인 예측에 활용된다.

07. JIT(Just In Time) 시스템에 대한 설명으로 옳지 않은 것은?

① JIT 시스템은 생산활동에서 낭비적인 요인을 제거하는 것이 궁극적인 목표이다.
② JIT 시스템을 운영하기 위해서는 신뢰할 수 있는 공급자의 확보가 필수적이다.
③ JIT 시스템은 안정적인 생산을 위하여 생산 준비 시간을 충분히 확보하여 불량을 예방하는 것을 중시한다.
④ JIT 시스템을 효과적으로 운영하기 위해서는 생산의 평준화가 이루어져야 한다.
⑤ JIT 시스템은 제조공정 과정에서의 자재의 이동을 시각적으로 통제하기 위한 설비를 구축한다.

08. 조직구조에 관한 설명으로 적절하지 않은 것은?

① 공식화는 조직 내 규정과 규칙, 절차와 제도, 직무 내용 등이 문서화되어 있는 정도를 통해 알 수 있다.
② 번즈(Burnz)와 스토커(Stalker)에 따르면 기계적 조직(Mechanistic Structure)은 유기적 조직(Organic Structure)에 비하여 집권화와 전문화의 정도가 높다.
③ 수평적 조직(Horizontal Structure)은 고객의 요구에 빠르게 대응할 수 있고 협력을 증진시킬 수 있다.
④ 민츠버그(Mintzberg)에 따르면 애드호크라시(Adhocracy)는 기계적 관료제(Machine Bureaucracy)보다 공식화와 집권화의 정도가 높다.
⑤ 네트워크 조직(Network Structure)은 공장과 제조시설에 대한 대규모 투자가 없어도 사업이 가능하다.

09. 다음에서 설명하고 있는 직무설계 방법은?

- 개인이 수행하는 직무의 수를 늘려 수평적으로 확대한다.
- 수행하는 과업의 수와 전체 직무의 타당성을 증가시킨다.
- 단일한 업무만을 수행했을 때의 지루함과 단조로움을 해소한다.

① 직무순환(Job Rotation)
② 직무확대(Job Enlargement)
③ 직무유연화(Job Flexibility)
④ 직무충실화(Job Enrichment)
⑤ 직무특성이론(JCM)

10. M&A에 관한 다음 설명 중 가장 옳지 않은 것은?

① 공개매수 제의 시 피인수기업 주주들의 무임승차 현상은 기업매수를 어렵게 한다.
② 우리사주조합의 지분율을 낮추는 것은 M&A 방어를 위한 수단이 된다.
③ M&A 시장의 활성화는 주주와 경영자 간 대립 문제를 완화시키는 역할을 한다.
④ 적대적 M&A의 경우 주가가 상승할 가능성이 있어 피인수기업 주주가 반드시 손해를 보는 것은 아니다.
⑤ 횡령을 목적으로 부실기업을 인수하는 '기업사냥'의 수단이 되기도 한다.

11. 목표관리(MBO)에 관한 설명 중 가장 옳지 않은 것은?

① 조직계층 간의 목표를 통합하도록 도와준다.
② 종업원이 직접 자신의 목표달성에 참여하도록 한다.
③ 개개인의 성과 측정이 용이한 기업에 부적합하다.
④ 개인에게 할당된 목표의 달성여부에 따라 보상이 주어진다.
⑤ 조직 구성원들이 직접 목표를 설정하고 이를 달성하는 능동적인 자세를 강조한다.

12. 다음 중 프랜차이즈 시스템의 긍정적 효과로 볼 수 없는 것은?

① 경영지식이 풍부하지 않은 개인들이 독립기업인으로 시장에 진입할 수 있도록 도와준다.
② 완전히 통합된 수직적인 체인에 비해 가맹점으로 분산된 대안을 제공해 줌으로써 경제적 집중을 감소시킨다.
③ 자본이 풍부하지 않은 프랜차이즈 본부가 자본에 대한 직접투자 없이 가맹점을 통하여 사업을 확장할 수 있다.
④ 경영경험이 많은 가맹점주가 그의 경험에서 얻은 능력을 효율적으로 발휘할 수 있는 시스템이다.
⑤ 개인사업자의 점포소유권을 유지하면서 대형 브랜드가 가진 시장우위의 이점을 누릴 수 있다.

13. 시스템이론에 대한 다음 설명 중 가장 옳지 않은 것은?

① 시스템은 투입, 처리, 산출, 피드백의 과정이 모두 포함되어 있다.
② 기업은 폐쇄시스템의 속성을 갖기 때문에 외부와의 상호작용이 중요하지 않다.
③ 조직의 여러 구성인자들이 유기적으로 상호작용하여 시너지를 창출할 수 있다.
④ 하나의 시스템은 다수의 하위 시스템으로 구성된다.
⑤ 하나의 목표를 달성하기 위한 수단과 방법은 여러 가지가 있음을 긍정한다.

14. 인사고과에 대한 설명 중 가장 옳지 않은 것은?

① 서열법이란 사전에 정해 놓은 비율에 따라 피고과자를 강제로 할당하여 고과하는 방법이다.
② 자존적 편견이란 자존욕구로 인하여 성공한 것은 내적으로 귀인시키고 실패한 것은 외적으로 귀인시키려는 오류를 말한다.
③ 현혹효과란 한 분야에 있어서의 피평가자에 대한 호의적 또는 비호의적인 인상이 다른 분야에 있어서의 그 피평가자에 영향을 미치는 것을 의미한다.
④ 인사고과 시 강제할당법을 사용할 경우 규칙적 오류를 예방할 수 있다.
⑤ 관대화 경향은 평가자가 평가 결과에 따라 피평가자가 받을 불이익을 지나치게 의식하는 것에서 발생하는 평가오류이다.

15. 균형성과표(BSC)에 대한 설명 중 가장 옳지 않은 것은?

① 카플란과 노턴(Kaplan & Norton)이 주장한 이론이다.
② 균형성과표의 기준으로는 재무적 관점, 고객 관점, 내부경영프로세스 관점, 학습과 성장 관점이 있다.
③ 재무적인 측정이기 때문에 비재무적 성과평가에는 한계점이 있다.
④ 단기적 성과평가와 장기적 성과평가의 균형을 강조한다.
⑤ EVA(경제적 부가가치), ROI(투자수익률) 중심의 성과평가에서 발생하는 한계를 극복하기 위한 경영관리기법으로 활용할 수 있다.

16. **소비자 행동에 영향을 미치는 요인에 대한 설명으로 적절하지 않은 것은?**

① 가치(Value)란 특정 상황이나 대상에 대해 행동이나 판단을 이끄는 지속적 신념이며, 주로 활동(Activity), 관심사(Interest), 의견(Opinion)의 AIO척도를 통해 연구되고 있다.

② 비교 문화분석(Cross-Cultural Analysis)은 자문화중심적인 사고에서 벗어나 현지 문화를 이해하고 그 문화가 수용할 수 있는 마케팅전략 개발에 활용되며, 홉스테드(Hofstede)의 모델이 이에 해당된다.

③ 시간의 흐름에 따라 가족구조와 가족구성원의 역할변화를 설명하는 개념인 가족생활주기(Family Life Cycle)는 가정이 형성되어 성장 · 성숙된 후 소멸되기까지의 과정을 가족구성원의 역할 구조에 변화를 일으키는 사건을 중심으로 분류한다.

④ 구전 커뮤니케이션은 소비자들 사이의 대화과정을 통해서 제품이나 서비스에 대한 정보를 상호 교환하는 것이다.

⑤ 준거집단은 개인이 어떻게 생각하고 행동하는가에 대한 기준이나 가치를 제공하며, 준거집단이 소비자 행동에 미치는 영향에는 규범적 영향, 정보제공적 영향, 가치표현적 영향이 있다.

17. **다음 〈보기〉에서 설명하는 척도의 형태는?**

보기

> 시장점유 등과 같이 구분과 준비, 산술적 의미뿐만 아니라 숫자 간의 비율계산이 가능한 척도

① 명목척도(Nominal Scale)
② 서열척도(Ordinal Scale)
③ 비율척도(Ratio Scale)
④ 등간척도(Interval Scale)
⑤ 리커트 척도(Likert Scale)

18. 피쉬바인의 다속성태도모형에 대한 설명 중 옳지 않은 것은?

① 각 대안별 평가를 하고 그 평가결과가 가장 큰 대안을 선택하는 모형이다.
② 소비자의 신념이 대상에 대한 태도에 영향을 준다.
③ 보완적 평가방식이 대표적인 방법이다.
④ 평가점수가 동일한 대안은 소비자가 느끼는 속성이 동일한 것이다.
⑤ 소비자는 제품을 인식하는 각각의 요소에 서로 다른 가중치를 부여하고 이를 기준으로 제품을 선택한다고 본다.

19. 다음 〈보기〉에서 시장세분화의 장점으로만 묶인 것은?

보기

㉠ 소비자의 다양한 요구를 충족시키며 매출액의 증대를 꾀할 수 있다.
㉡ 시장세분화를 통하여 마케팅 기회를 탐지할 수 있다.
㉢ 시장세분화를 통하여 규모의 경제가 발생한다.
㉣ 제품 및 마케팅 활동이 목표시장의 요구에 적합하도록 조정할 수 있다.

① ㉠, ㉡, ㉢　② ㉠, ㉡, ㉣　③ ㉠, ㉢, ㉣
④ ㉡, ㉢, ㉣　⑤ ㉠, ㉡, ㉢, ㉣

20. 상표전략에 대한 설명 중 가장 적절하지 않은 것은?

① 기존의 제품범주에 속하는 신제품에 기존 브랜드명을 그대로 사용하는 것을 라인 확장이라고 한다.
② 브랜드 자산이 형성되려면 독특하거나 강력한 브랜드 이미지가 있어야 한다.
③ 브랜드는 소비자가 상품을 전체적으로 떠오르는 이미지로 인지하게 하여 소비자의 사고비용을 증가시킨다.
④ 무상표전략은 유상표전략에 비하여 원가부담이 더 낮아서 저렴한 가격으로 공급할 수 있다.
⑤ 유통업자 브랜드는 유통 과정에서 발생하는 마진과 판촉비용을 줄여 저렴한 가격으로 제품을 공급할 수 있다.

21. 다음 중 〈보기〉에서 설명하는 교육제도는?

보기

업무시간 중에 실제 업무를 수행하면서 직속상사로부터 직무훈련을 받는 것으로 직무를 수행하는 동시에 교육을 수행할 수 있다.

① 종업원지주교육 ② 업적관리교육 ③ 직장 내 교육
④ 직장 외 교육 ⑤ 법정의무교육

22. 다음 중 고객관계관리(CRM)에 대한 설명으로 옳지 않은 것은?

① CRM은 시장 점유율보다 고객 점유율이 중요하다.
② 교차판매, 상향판매 등 대상품과 연계 판매가 가능하다.
③ 고객 획득보다는 고객유치에 중점을 둔다.
④ 모든 소비자를 대상으로 대량 유통 및 대량 촉진 정책을 주요 전략으로 한다.
⑤ 목표고객을 중심으로 데이터베이스를 구축하고 이를 바탕으로 하는 마케팅 프로그램을 개발한다.

23. 마이클 포터(Michael Porter)의 산업구조분석기법에 대한 설명으로 가장 옳지 않은 것은?

① 차별화된 산업일수록 수익률이 낮고, 차별화가 덜 된 산업일수록 수익률은 높아진다.
② 산업구조분석은 측정기업의 과업환경에서 중요한 요인을 이해하고자 하는 기법이다.
③ 포터의 산업분석구조틀에 의하면 5가지의 요인, 즉 경쟁 정도, 잠재적 진입자, 구매자, 공급자, 대체재에 의해 산업 내의 경쟁 정도와 수익률이 결정된다.
④ 전환비용(Switching Cost)이 높은 산업일수록 그 산업의 매력도는 증가한다.
⑤ 산업의 수익률은 해당 산업으로 생산되는 제품의 가격과 비용 구조 등에 관한 정보의 보유 여부에 영향을 받는다.

24. 다음 중 기업의 소유자와 경영자 사이에서 발생하는 대리인 비용(Agency Problem)과 관련이 없는 것은 모두 몇 개인가?

> ㄱ. 감시비용(Monitoring Cost)
> ㄴ. 지배원리(Dominance Principle)
> ㄷ. 스톡옵션(Stock Option)
> ㄹ. 정보의 비대칭성(Information Asymmetry)
> ㅁ. 기업지배권(Corporate Governance)

① 1개　　② 2개　　③ 3개
④ 4개　　⑤ 5개

25. 다음 중 품질비용에 관한 설명으로 적절하지 않은 것은?

① 통제비용은 불량품을 제거하는 것과 관련된 비용이다.
② 실패비용은 품질 수준이 높을수록 감소한다.
③ 통제비용은 품질 수준이 높을수록 증가한다.
④ 소비자에게 인도되는 시점 이후의 실패비용을 내부 실패비용이라고 한다.
⑤ 불량품 발생 예방을 위한 종업원 훈련에 드는 비용을 예방비용이라고 한다.

7

회 코레일 경영학 [전공시험]

기출예상모의고사

수험번호 : ____________

성　　명 : ____________

7회 기출예상문제

▶ 정답과 해설 36쪽

01. 적대적인 인수합병을 방어하기 위한 수단이 아닌 것은?

① 흑기사(Black Knight)
② 독약처방(Poison Pill)
③ 왕관의 보석(Crown Jewel)
④ 황금주(Golden Share)
⑤ 역공개매수(Counter Tender Offer)

02. 집단에 관한 설명으로 옳지 않은 것은?

① 집단의 응집성이 높으면 항상 조직성과가 높아진다.
② 이질적인 집단은 동질적인 집단에 비해 창의성이 높은 경향이 있다.
③ 집단의 크기가 작을수록 의사결정의 속도는 빨라지는 경향이 있다.
④ 집단의 규모가 증가할수록 무임승차현상이 발생할 가능성이 높아진다.
⑤ 터크만(Tuckman)은 집단의 발전단계로 형성기→갈등기→규범기→성취기→해체기의 5단계로 설명하였다.

03. 신제품의 가격 책정 방법으로 스키밍가격전략(Skimming Pricing Strategy)을 채택하기에 가장 부적절한 상황은?

① 생산량이 축적될수록 재료원가와 유통비용이 빨리 하락할 때
② 법령에 의해 신제품의 독점판매권이 보장될 때
③ 신제품의 확산속도가 매우 느릴 것으로 예상될 때
④ 표적시장의 규모가 작아 규모의 경제 실현이 어렵다고 예상될 때
⑤ 제품에 관한 첨단기술을 확보하여 출시 초기에 시장 내 독점적 지위를 차지할 것이 예상될 때

04. **○○공사 기획팀은 BCG 매트릭스를 활용하여 전략사업단위를 평가하기 위한 회의를 열었다. 다음 중 옳지 않은 말을 한 사람은?**

> 박 팀장 : 오늘 회의에서는 BCG 매트릭스의 특징을 기반으로 사업 전략을 제시하도록 합시다.
> 배 대리 : 시장성장률과 사업의 강점을 축으로 구성된 매트릭스를 말씀하시는 거죠?
> 보 과장 : 물음표 사업부는 많은 현금을 필요로 하므로 경쟁력이 없을 것으로 판단되는 사업단위는 회수나 철수 등의 정책을 취해야 합니다.
> 손 차장 : 시장점유율이 매우 큰 별 사업부는 유지전략이 사용될 수 있지만, 시장점유율이 크지 않으면 육성전략이 사용될 수도 있습니다.
> 이 차장 : 황금젖소 사업부는 저성장시장에 있으므로 신규설비투자를 멈추고 유지정책을 사용해야 합니다.
> 현 대리 : 개 사업부는 시장전망이 좋지 않으니 회수나 철수정책을 사용해야 합니다.

① 배 대리　② 보 과장　③ 손 차장
④ 이 차장　⑤ 현 대리

05. **시장세분화에 대한 설명 중 옳지 않은 것은?**

① 효과적인 시장세분화를 위해서는 세분시장의 규모가 측정 가능하여야 한다.
② 시장세분화를 통해 소비자들의 다양한 욕구를 보다 정확하게 파악할 수 있다.
③ 동일한 세분시장 내에 있는 소비자들은 이질성이 극대화되며, 세분시장 간에는 동질성이 존재한다.
④ 욕구가 비슷하거나 동일한 시장을 묶어서 세분화한 것으로 소비자들의 다양한 욕구를 충족시키기에 적합하다.
⑤ 역세분화(Counter-Segmentation)는 시장세분화로 인해 발생한 마케팅비용의 증가를 완화하기 위해 세분시장을 통합하는 과정을 의미한다.

06. 다음 중 조직기술에 관한 설명으로 옳은 것은?

① 페로우(Perrow)는 과업의 불확실성과 기술의 복잡성, 기술의 개방성에 따라 부서단위 기술을 분류하였다.

② 페로우의 기술 분류에서 일상적 기술을 가진 부서는 공학적 기술을 가진 부서에 비해 공식화와 집권화의 정도가 상대적으로 낮다.

③ 우드워드(Woodward)는 생산규모와 기술의 효율성에 따라 생산기술을 단위소량생산기술, 대량생산기술, 연속공정생산기술, 대량주문생산기술의 네 가지로 분류하였다.

④ 우드워드의 기술 분류에서 연속공정생산기술은 산출물에 대한 예측가능성이 높고 기술의 복잡성이 높다는 특징을 가진다.

⑤ 톰슨(Thompson)의 이론에 따르면 집합적 상호의존성은 집약형 기술을 사용하여 독립적으로 달성한 성과의 합이 조직 전체의 성과가 되는 것이다.

07. 다음 제시문의 현상을 적절하게 설명할 수 있는 용어는?

> 1,000원의 가격인상이 10,000원인 제품에서는 크게 느껴지는 반면 100,000원짜리 제품에 대해서는 작게 느껴진다.

① 베버의 법칙(Weber's Law)

② 유인가격(Loss Leader)

③ 유보가격(Reservation Price)

④ 가격 · 품질 연상(Price–Quality Association)

⑤ 포만점(Satiation Point)

1회 2회 3회 4회 5회 6회 7회 8회 9회 10회 11회 12회 13회 14회 15회 16회

08. 제품 및 브랜드전략에 대한 설명으로 옳지 않은 것은?

① 카테고리 확장은 낮은 비용으로 신상품의 성공 가능성을 높일 수 있다.

② 개별브랜드전략은 각 제품에 대하여 한 상표가 시장에서 실패하더라도 다른 상표에 영향을 적게 주거나 주지 않는다.

③ 라인 확장된 신상품이 기존 브랜드의 이미지 또는 브랜드 자산을 약화시키는 것을 희석효과라 한다.

④ 기존 브랜드와 다른 범주에 속하는 신상품에 기존 브랜드를 붙이는 것을 라인 확장이라고 한다.

⑤ 카테고리 확장은 다른 제품들 간의 연결성이 너무 낮으면 소비자의 반감을 일으킬 수 있다.

09. 다음 중 통계적 품질관리에 대한 설명으로 옳지 않은 것은?

① 통계적 품질관리를 위한 관리도를 작성하기 위해서 생산되는 제품의 샘플링 테스트가 필요하다.

② 프로세스능력비율은 공정의 변동폭이 규격공차의 비율 내에 있는가를 확인하는 비율이다.

③ 관리도는 통계적 기법을 통해 공정이 안정 상태에 있는지를 판단하는 것이 특징이다.

④ P-관리도는 길이, 넓이, 무게 등 계량적으로 측정 가능한 연속적 품질 측정치를 이용하는 관리도이다.

⑤ R-관리도는 프로세스의 변동성이 사전에 설정한 관리상하한선 사이에 있는가를 판별하기 위해 사용한다.

10. 일반적으로 유통경로의 단계수가 증가하는 경우가 아닌 것은?

① 고객이 최소판매 단위에 대한 유통서비스 요구가 클수록

② 고객의 공간편의성 제공 요구가 클수록

③ 고객의 상품정보 제공에 대한 요구가 클수록

④ 고객의 배달기간에 대한 서비스 요구가 클수록

⑤ 고객의 지역 분포가 넓을수록

11. 제품 구매에 대한 심리적 불편을 겪게 되는 인지부조화(Cognitive Dissonance)에 관한 설명으로 옳은 것은?

① 반품이나 환불이 가능할 때 많이 발생한다.
② 구매제품의 만족수준에 정비례하여 발생한다.
③ 고관여 제품에서 많이 발생한다.
④ 제품구매 전에 경험하는 긴장감이나 걱정의 감정을 뜻한다.
⑤ 사후서비스(A/S)가 좋을수록 많이 발생한다.

12. 공급사슬망에서 발생하는 채찍효과(Bullwhip Effect)를 감소시키기 위한 방안으로 가장 적절하지 않은 것은?

① 공급사슬망 중개업자의 단계수를 늘리고 제품을 다양화함으로써 공급사슬망의 유연성을 증대시킨다.
② 계획 수립과 예측, 재고보충에 있어 공급사슬망 구성원 간의 정보공유를 강화한다.
③ 유통업자 및 소매상의 재고를 공급자가 직접 모니터링하고 필요시에 재고를 자동적으로 보충하는 공급자 재고관리(Vendor Managed Inventory)를 도입한다.
④ 생산 및 운송에 소요되는 공급사슬망 리드타임을 줄인다.
⑤ 전자문서교환(EDI), 무선주파수인식(RFID)과 같은 정보기술을 활용하여 공급사슬망의 가시성을 높인다.

13. 기업 내부의 마케팅 역량평가에 초점을 두고 코틀러가 제시한 마케팅 성과 측정 지표로서 가장 거리가 먼 것은?

① 마케팅 조직의 통합성
② 전략적 지향성
③ 운영효율성
④ 고객집단의 상대적 수익성
⑤ 고객 철학

14. 다음 〈보기〉에서 TQM(Total Quality Management)에 관한 다음 설명으로 옳은 것을 모두 고르면?

보기

㉠ TQM은 품질경영 전략이라기보다 파레토 도표, 원인결과 도표 등 다양한 자료분석 도구들의 묶음으로 구성된 품질관리기법이다.
㉡ TQM은 내부고객 및 외부고객의 만족을 강조한다.
㉢ TQM은 프로세스의 지속적인 개선을 중요시한다.
㉣ TQM은 결과지향적인 경영방식으로 완성품의 검사를 강조한다.
㉤ TQM은 품질관리부서 최고책임자의 강력한 리더십에 의해 추진되는 단기적 품질혁신 프로그램이다.

① ㉠, ㉢
② ㉠, ㉣
③ ㉡, ㉢
④ ㉠, ㉣, ㉤
⑤ ㉡, ㉣, ㉤

15. 다음 〈보기〉에서 기업의 경쟁력을 확보하기 위한 방법인 전략적 제휴의 동기에 관한 설명으로 옳지 않은 것은?

보기

㉠ 기술이나 생산능력을 획득하기 위하여
㉡ 신제품 개발과 시장진입의 속도를 단축하기 위하여
㉢ 규모의 경쟁을 추구하기 위하여
㉣ 비교우위를 획득하기 위하여

① ㉠
② ㉣
③ ㉠, ㉡
④ ㉡, ㉣
⑤ ㉢, ㉣

16. PERT/CPM의 확률적 모형에서 각 활동에 소요되는 예상 시간은 낙관적 시간, 비관적 시간, 최빈 시간의 세 가지로 추정한다. 각 활동시간이 베타분포를 따른다고 가정하고 어떤 활동의 낙관적 시간이 2일, 비관적 시간이 8일, 최빈 시간이 5일이라고 할 때, 그 기대시간은?

① 3일 ② 5일 ③ 10일
④ 15일 ⑤ 30일

17. 어떤 대상이나 사람에 대한 일반적인 견해가 그 대상이나 사람의 구체적인 특성을 평가하는 데 영향을 미치는 현상은?

① 후광효과 ② 중심화 경향 ③ 최근효과
④ 관대화 경향 ⑤ 방사효과

18. 현대 사회에서 기업의 사회적 책임은 점차 증대되고 있다. 다음 기업의 사회적 책임 영역 중에서 가장 기본적인 수준의 책임은?

① 법적 책임 ② 윤리적 책임 ③ 도덕적 책임
④ 자발적 책임 ⑤ 경제적 책임

19. 다음 중 수요가 공급을 초과하는 상태에서의 마케팅 과업으로 적절한 것은?

① Counter-Marketing ② Unselling
③ Maintenance Marketing ④ Stimulational Marketing
⑤ Demarketing

20. 다음 〈보기〉 중 목표에 의한 관리(MBO)에서 바람직한 목표설정 방법으로만 묶인 것은?

보기

a. 업무가 완전히 종료된 후에야 비로소 그 결과를 수행 담당자에게 알린다.
b. 약간 어려운 목표를 설정해야 한다.
c. 목표설정 과정에 목표를 수행할 당사자가 참여한다.
d. 목표와 관련한 범위, 절차, 기간 등을 구체적으로 설정한다.
e. Top-Down 방식으로 목표가 설정되어야 한다.

① a, b, c ② b, c, d ③ c, d, e
④ a, c, e ⑤ b, d, e

21. 다음은 무엇에 대한 설명인가?

이것은 예측하고자 하는 특정 문제에 대하여 전문가들을 한 자리에 모으지 않은 상태에서 전문가 집단의 다양한 의견을 취합하고 조직화하여 합의에 기초한 하나의 최종 결정안을 도출하는 시스템적 의사결정 방법이다.

① 브레인스토밍 ② 시뮬레이션 ③ 명목집단기법
④ 의사결정나무 ⑤ 델파이 기법

22. 다음 중 효과적인 인사고과의 요건이 아닌 것은?

① 합리적인 평가기준을 설정하여야 한다.
② 구성원으로부터 요구되는 성과를 구체화하며 고과결과가 보상과의 상관성을 지녀야 한다.
③ 사람별로 세분화된 객관적이고 공정한 평가요소를 지녀야 한다.
④ 내재적 만족과 외재적 보상이 동기강화요인으로 작용할 수 있어야 한다.
⑤ 공정한 평가절차가 구성되고 운영되어야 한다.

23. 다음 직무평가(Job Evaluation)에 대한 설명 중 올바르지 않은 것은?

① 직무평가는 수행업무 분석과 수행요건 분석을 통해 누가 어떤 직무를 해야 하는가에 대한 평가이다.

② 직무기술서와 직무명세서를 활용하며 직무평가의 결과는 직무급 산정의 기초자료가 된다.

③ 서열법은 직무의 수가 많고 직무의 내용이 복잡한 경우에는 적절하지 않은 평가방법이다.

④ 직무평가를 통하여 직무의 절대적 가치를 산출한다.

⑤ 요소비교법은 핵심이 되는 몇 개의 기준 직무를 산정하고 평가하고자 하는 직무의 평가요소를 기준 직무의 평가요소와 비교하는 방법이다.

24. 다음 직무충실화에 대한 설명 중 올바르지 않은 것은?

① 직무의 기술수준이 높고 과업종류도 다양할수록 높은 성과를 얻을 수 있다.

② 직원의 자율성과 책임, 의사결정 권한을 증대시킨다.

③ 매슬로우의 욕구단계이론을 이론적 기반으로 하고 있다.

④ 직무의 실행뿐만 아니라 계획과 환류에 이르기까지 그 직무권한을 수직적으로 확대시킨 것이다.

⑤ 직무수행에 있어 개인 간의 차이를 무시한다.

25. 임금과 복리후생제도에 대한 설명 중 올바르지 않은 것은?

① 연봉제는 1년 단위로 개인의 실적, 공헌도 등을 평가하여 계약에 의해 연간 임금액을 결정하는 임금형태로 실적을 중시한다.

② 직무급은 담당자의 직무에 대한 태도와 직무적성, 직무성과에 따라 결정한다.

③ 순응임금제도는 물가, 판매가격 등 특정대상 기준을 정한 후 기준이 변함에 따라 자동적으로 임금률이 순응하여 변동하는 제도를 말한다.

④ 법정복리후생이란 종업원과 그들 가족의 사회보장을 위하여 법에 의하여 보호해 주는 것을 의미한다.

⑤ 임금은 노동의 질이나 양에 따라 차등이 발생하는 개별적 보상 성격이지만 복리후생은 노동의 질이나 양에 무관하게 종업원을 대상으로 지급하는 집단적 보상의 형태이다.

8 회 코레일 경영학 [전공시험]

기출예상모의고사

수험번호 : ____________________

성　　명 : ____________________

8회 기출예상문제

▶ 정답과 해설 40쪽

01. 다음 제품 구성요소 중 유형제품(Tangible Product)에 해당하는 것은 모두 몇 개인가?

ⓐ 디자인	ⓑ 보증	ⓒ 상표명
ⓓ 설치	ⓔ 포장	ⓕ 품질
ⓖ 배달대금	ⓗ 결제방식	

① 2개　② 3개　③ 4개　④ 5개　⑤ 6개

02. 지각과 귀인에 대한 설명으로 옳지 않은 것을 모두 고르면?

㉠ 강제할당법은 중심화 오류를 감소시키는 방안이다.
㉡ 상관편견은 피평가자가 가진 다른 특질들이 서로 관계가 있는 것으로 생각하여 유사하게 평가하려는 경향이다.
㉢ 켈리(Kelly)의 귀인모형에 따르면 특이성, 합의성이 낮고 일관성이 높은 경우 내적귀인을 하게 된다.
㉣ 자존적 편견은 사건의 결과를 성공을 위한 학습으로 지각하여 실패를 행위자 자신의 탓으로 돌리는 귀인오류이다.
㉤ 근원적 귀인오류는 사건의 원인에 대해 외적요인을 무시하고 행위자의 내적요인으로 귀인하는 오류이다.
㉥ 나와의 유사성(Similar to Me)효과는 주위사람의 기대와 자신의 기대대로 행동함으로써 결국은 예측된 결과가 이루어지는 것을 말한다.
㉦ 대비효과(Contrast Effect)는 여러 사람 중에서 처음에 평가한 사람을 나중에 평가한 사람보다 나쁘게 평가하는 경향을 말한다.
㉧ 최근효과(Recency Effect)는 주로 최근의 정보를 가지고 타인을 평가하는 경향을 말한다.

① 0개　② 1개　③ 2개　④ 3개　⑤ 4개

03. 다음 중 품질비용에 관한 설명으로 옳지 않은 것은?

① 예방비용 : 제품 생산 전 불량품의 발생을 미연에 방지하기 위한 품질계획, 품질개선을 위한 공정연구와 외주업체의 종업원 교육 및 평가 등에 소요되는 비용

② 평가비용 : 샘플의 평가, 원자재 및 부품의 품질검사, 생산 공정의 통제, 완제품 검사 등 품질의 직접적인 통제 및 분석에 소요되는 비용

③ 평가비용 : 생산한 제품을 결함을 제거하기 위한 검사에 소요되는 비용

④ 내적 실패비용 : 불량품 처리를 위한 재작업, 폐기물 등으로 인한 손실, 원자재 불량으로 인해 발생한 설비고장 등으로 인해 발생하는 비용

⑤ 외적 실패비용 : 생산한 제품의 품질이 설계규격에 미달할 때 발생하는 비용으로, 제조과정에서 발생하는 비용

04. 다음의 (A), (B)와 관련이 있는 가격전략을 적절하게 짝지은 것은?

(A) 잠재 구매자들이 가격－품질 연상을 강하게 가지고 있는 경우 또는 가격을 높게 매겨도 경쟁자들이 들어올 가능성이 낮은 경우에 적절하다.

(B) 소비자들은 180만 원 상당의 드럼세탁기의 가격이 1,000원 상승하였다는 소식에는 특별하게 반응하지 않으나, 15,000원이었던 치킨의 가격이 1,000원 상승하였다는 소식에는 민감하게 반응한다.

	(A)	(B)
①	사양제품 가격결정	JND
②	시장침투가격	단수가격
③	혼합 묶음가격	유보가격
④	관습가격	스키밍가격
⑤	스키밍가격	베버의 법칙

05. 다음 중 촉진관리에 관한 설명으로 옳은 것은?

① 정교화가능성 모델(ELM)에 의하면 고관여 소비자는 중심단서보다 주변단서에 의해 영향을 받는다.

② 홍보는 광고보다 상대적으로 비용과 신뢰성이 낮은 반면에 통제가능성은 높다.

③ 구매주기가 긴 제품인 경우에는 빈도(Frequency)보다는 도달률(Reach)을 높이는 것이 바람직하다.

④ 보너스 팩(Bonus Packs)은 일정 기간 동안 제품을 구입한 사람에게 구입가격의 일부를 금품으로 보상해 주는 것이다.

⑤ CPM(Cost Per Mille)는 광고를 백만 번 노출시키는 데 드는 요금을 의미하는 광고측정단위이다.

06. 다음 중 매슬로우(A. H. Maslow)의 욕구단계이론에 관한 설명으로 옳지 않은 것은?

① 최하위 단계의 욕구는 생리적 욕구이다.

② 최상위 단계의 욕구는 자아실현 욕구이다.

③ 욕구계층을 5단계로 설명하고 있다.

④ 위험으로부터 자신을 방어하고자 하는 욕구는 안전욕구에 속한다.

⑤ 다른 사람으로부터 인정과 존경을 받고자 하는 욕구는 성장욕구에 속한다.

07. 다음 중 질적 인력수요 예측기법에 해당하지 않는 것은?

① 브레인스토밍법 ② 명목집단법 ③ 노동과학적 기법

④ 자격요건분석법 ⑤ 델파이법

08. 프린터를 저렴하게 판매한 후, 토너를 비싼 가격으로 판매하는 것과 관련된 판매전략은?

① 종속제품가격결정(Captive Product Pricing)
② 묶음가격결정(Bundle Pricing)
③ 단수가격결정(Odd Pricing)
④ 침투가격결정(Penetration Pricing)
⑤ 명성가격결정(Prestige Pricing)

09. 다음 중 적대적 M&A의 방어방법에 대한 설명이 옳게 짝지어진 것은?

㉠ 포이즌 필 제도	㉡ 차등의결권제도	㉢ 왕관의 보석

Ⓐ 보통주가 1주당 1개의 의결권을 가지고 있음에 비하여 보통주보다 많은 의결권을 부여한 주식을 발행할 수 있게 하는 제도
Ⓑ 적대적 M&A나 경영권 침해 시도 등 특정사건이 발생하였을 때 기존 주주들에게 회사 신주를 시가보다 훨씬 싼 가격으로 매입할 수 있는 권리를 부여하여 적대적 M&A 시도자로 하여금 지분확보를 어렵게 하여 경영권을 방어할 수 있도록 하는 제도
Ⓒ 인수기업이 피인수기업의 특정 자산이나 특정 사업부를 획득하고 싶어 매수하는 경우에 해당 자산이나 해당 사업부를 양도하거나 분사하여 적대적 M&A를 방어하는 방법

① ㉠-Ⓐ, ㉡-Ⓑ, ㉢-Ⓒ
② ㉠-Ⓐ, ㉡-Ⓒ, ㉢-Ⓑ
③ ㉠-Ⓑ, ㉡-Ⓐ, ㉢-Ⓒ
④ ㉠-Ⓑ, ㉡-Ⓒ, ㉢-Ⓐ
⑤ ㉠-Ⓒ, ㉡-Ⓐ, ㉢-Ⓑ

10. 다음 중 마케팅조사에 관한 설명으로 적절한 항목은 모두 몇 개인가?

> A. 패널조사와 실험설계는 탐색적 조사에서 이용되는 방법이다.
> B. 어의차이척도(Semantic Differential Scale)는 응답자가 질문항목에 대한 동의나 반대의 정도를 나타내도록 하는 질문형태이다.
> C. 층화표본추출법은 모집단을 어떤 기준에 따라 서로 상이한 소집단들로 나누고, 각 소집단으로부터 표본을 무작위로 추출하는 방법이다.
> D. 체계적 오차는 타당성(Validity)과 관련된 개념이며, 비체계적 오차는 신뢰성(Reliability)과 관련된 개념이다.

① 0개 ② 1개 ③ 2개
④ 3개 ⑤ 4개

11. 제품/시장 매트릭스(Product/Market Matrix)에서 신제품으로 신시장에 진출하는 성장전략은?

① 다각화 전략 ② 제품개발 전략 ③ 집중화 전략
④ 시장침투 전략 ⑤ 시장개발 전략

12. 다음에서 설명하는 조직이론은?

> • 조직의 환경요인들은 상호의존적인 관계를 형성하여야 한다.
> • 조직 생존의 핵심적인 요인은 자원을 획득하고 유지할 수 있는 능력이다.
> • 조직은 자율성과 독립성을 유지하기 위하여 환경에 대한 영향력을 행사해야 한다.

① 제도화이론 ② 자원의존이론 ③ 조직군생태학이론
④ 거래비용이론 ⑤ 시스템이론

13. 다음 중 리더십에 관한 설명으로 옳지 않은 것은?

① 거래적 리더십은 상황에 따른 보상, 인센티브를 통해 구성원들의 행동을 조정한다.
② 서번트 리더십은 목표달성이라는 결과보다 구성원에 대한 서비스에 초점을 둔다.
③ 카리스마적 리더십은 비전달성을 위해 위험감수 등 비범한 행동을 보인다.
④ 변혁적 리더십은 장기비전을 제시하고 구성원들의 가치관 변화와 조직몰입을 증가시킨다.
⑤ 슈퍼리더십은 리더가 종업원들을 관리하고 통제할 수 있는 힘과 기술을 가지도록 하는 데 초점을 둔다.

14. 다음 중 전사적 자원관리(ERP) 도입의 효과가 아닌 것은?

① 신기술 수용 및 활용 ② 사업장 및 업무통합 ③ 고객 이미지 개선
④ 업무프로세스 복잡화 ⑤ 관리비용 절감

15. 다음 중 인사선발 및 인사평가에 관한 설명으로 옳지 않은 것은?

① 동일한 피평가자를 반복 평가하여 비슷한 결과가 나타나는 것은 신뢰성(Reliability)과 관련이 있다.
② 신입사원의 입사시험 성적과 입사 이후 업무성과와의 상관관계를 조사하는 것은 선발 도구의 예측타당성(Predictive Validity)과 관련이 있다.
③ 행위기준고과법(BARS ; Behaviorally Anchored Rating Scales)은 중요사건기술법과 평정척도법을 응용하여 개발된 인사평가 방법이다.
④ 선발도구의 타당성을 측정하는 방법에는 내적 일관성(Internal Consistency) 측정방법, 양분법(Split Half Method), 시험－재시험(Test－Retest) 방법 등이 있다.
⑤ 인사평가의 수용성(Acceptable)은 평가척도에 대한 피고과자들의 동의 여부와 관련이 있다.

16. 다음 중 유통관리에 관한 설명으로 옳은 것은?

① 상인 도매상(Merchant Wholesaler)과 대리점(Agent)은 취급하는 제품의 소유권을 갖고 있는 반면에 브로커(Broker)는 소유권 없이 단지 거래를 성사시켜 주는 역할을 한다.

② 수직적 마케팅 시스템(VMS)에서 소매상 협동조합과 프랜차이즈 조직은 계약형 VMS이다.

③ 제조업자가 중간상에게 계약에 의거하여 일정 수준의 재고를 유지하도록 요구할 수 있는 권력은 전문적 파워와 관련이 있다.

④ 전속적 유통(Exclusive Distribution)은 중간상의 역할이 그다지 중요하지 않은 제품에 적합하며, 제조업체의 표적시장 범위가 넓을수록 유리하다.

⑤ 채찍효과(Bullwhip Effect)는 유통채널의 하류로 갈수록 요구주문량이 점점 감소하는 것을 의미한다.

17. 생산성을 높이고, 유통을 효율화시키는 등 주로 원가절감과 관련이 있는 마케팅 개념은?

① 판매 개념 ② 생산 개념 ③ 관계마케팅 개념
④ 통합마케팅 개념 ⑤ 사회지향적 마케팅 개념

18. 다음 중 수직 통합전략(Vertical Integration)에 대한 설명으로 옳지 않은 것은?

① 부품생산에서 유통까지 수직적 활동분야의 참여정도를 결정하는 것으로 다각화의 한 종류로 볼 수도 있다.

② 통합화한 유통과정보다 더 낮은 가격으로 공급할 외부업체가 없음을 전제로 한다.

③ 여러 단계의 시장거래를 내부화함으로써 세금을 줄일 수 있다.

④ 수요독점, 공급독점 시장에서 발생하는 가격의 불안정은 수직적 통합을 통해 피할 수 있다.

⑤ '부품업체 → 조립업체 → 유통업체'의 과정에서 조립업체가 부품업체를 통합하는 것은 전방통합이다.

19. 다음 중 재고관리의 P 시스템(P－모형)과 Q 시스템(Q－모형)에 대한 설명으로 옳은 것은?

① Q 시스템은 P 시스템보다 일반적으로 더 많은 안전재고가 필요하다.

② P 시스템에서는 주문시점마다 주문량이 달라지지만 Q 시스템에서는 주문주기가 고정된다.

③ 투－빈(Two－Bin) 시스템은 재고량을 절반으로 나누어 안전재고를 확보하는 방법으로 P 시스템의 내용을 시각화한 것이다.

④ 고가품의 재고 관리에는 Q 시스템보다 P 시스템을 적용하는 것이 더 적절하다.

⑤ Q 시스템은 현재의 재고량을 수시로 조사하여 재주문점 도달 여부를 판단해야 하므로 관리부담이 많다.

20. 다음 인사평가상의 오류와 그 방지책에 관한 설명으로 옳지 않은 것은?

① 현혹효과(Halo Effect)는 평가 대상이 가진 어떤 분야의 호의적 인상이 다른 분야의 평가에도 영향을 미치는 것으로 평가요소별 평가를 통해 오류를 방지할 수 있다.

② 연공오류(Seniority Errors)는 평가 대상의 학력, 근속연수, 연령 등의 연공에 의해 평가가 결정되는 것으로, 서류평가 단계에서 의도적으로 이를 기재하지 않도록 하는 방법으로 오류를 방지할 수 있다.

③ 상동적 태도(Stereotyping)는 사람을 평가함에 있어서 그 사람이 가지는 특성에 기초하지 않고 그 사람이 속한 집단의 특징으로 그 사람을 평가하는 것으로, 그 사람에 대한 정보가 충분할 경우 오류를 방지할 수 있다.

④ 가혹화 경향(Severity Tendency)이란 평가 대상을 지나치게 가혹하게 평가하는 것을 말하며 강제할당법을 사용하여 오류를 방지할 수 있다.

⑤ 중심화 경향(Central Tendency)은 평가 대상을 평균치에 집중하여 평가하는 경향으로 강제할당법을 사용하여 오류를 방지할 수 있다.

21. 다음 중 기업이 임금수준을 결정할 때 고려해야 할 요소가 아닌 것은?

㉠ 기업의 손익분기점	㉡ 경쟁사의 임금수준
㉢ 근로자의 생계비 수준	㉣ 근로자의 평균 근속연수
㉤ 물가의 상승	㉥ 정부의 정책이나 법규

① ㉠, ㉡　　② ㉡, ㉢　　③ ㉢

④ ㉣　　⑤ ㉤, ㉥

22. 다음 중 OJT에 대한 설명으로 옳지 않은 것은?

① 주어진 상황에 따라 융통성 있게 운영될 수 있다.

② 직무에 종사하면서 교육을 받기 때문에 업무수행이 중단되지 않는다.

③ 훈련효과는 크지만 현장에서 즉시 사용하기는 어려울 수도 있다.

④ 직무와 훈련이 모두 철저하지 못할 수도 있다.

⑤ 교육훈련이 체계화되어 있지는 않다.

23. 마케팅에 대한 설명으로 가장 적절하지 않은 것은?

① 판매예측은 선행적 마케팅 활동에 해당한다.

② 디마케팅은 공급이 수요를 초과하는 경우 자원의 생산적 이용을 유도하기 위하여 적용되는 마케팅 과업이다.

③ 미시적 마케팅이란 개별기업이 기업목표를 달성하기 위한 수단으로서 수행하는 개별기업의 마케팅 활동을 의미한다.

④ 고객생애가치란 특정 고객이 자사제품을 평생동안 구매하여 발생하는 이익의 현재가치를 의미한다.

⑤ 관계마케팅이란 기존 고객의 고객충성도를 유지하기 위한 장기적 관점의 마케팅을 의미한다.

24. 다음 중 직무에 관한 설명으로 적절한 것은?

① 직무기술서(Job Description)와 직무명세서(Job Specification)는 직무분석(Job Analysis)의 결과물이다.

② 직무분석방법에는 분류법, 요소비교법, 점수법, 서열법 등이 있다.

③ 직무기술서는 해당 직무를 수행하기 위해 필요한 지식, 기술, 능력 등을 기술하고 있다.

④ 직무평가(Job Evaluation)방법에는 관찰법, 질문지법, 중요사건법, 면접법 등이 있다.

⑤ 직무명세서에는 회사가 직무수행을 위해 갖추고 있는 기반시설(Infrastructure)을 기재한다.

25. 다음 중 제품수명주기(Product Life Cycle)에 관한 설명으로 적절하지 않은 것은 몇 개인가?

ⓐ 제품수명주기는 크게 도입기, 성장기, 성숙기, 쇠퇴기로 구분할 수 있다.
ⓑ 고객의 다수가 혁신자인 제품수명주기는 쇠퇴기이다.
ⓒ 도입기보다 성장기에 경쟁수준이 높다.
ⓓ 성숙기에 판매 극대점에 도달한다.
ⓔ 쇠퇴기의 사업전략은 BCG 매트릭스의 개(Dog)에 대응한다.
ⓕ 성장기에는 시장에 제품을 알리기 위한 정보전달적 광고 전략이 주로 사용된다.

① 1개 ② 2개 ③ 3개
④ 4개 ⑤ 5개

9회 코레일 경영학 [전공시험]

기출예상모의고사

수험번호 : ____________

성　　명 : ____________

9회 기출예상문제

▶ 정답과 해설 46쪽

01. 경영일반에 대한 다음 설명 중 옳지 않은 것은?

① 사회경제적 환경, 인구통계적 환경을 일반환경이라 한다.
② 내부환경을 구성하는 요소에는 주주, 이사회, 경영자, 종업원, 노동조합 등이 있다.
③ 기업은 작업환경을 잘 통제하고 사용하여 작업의 효과성과 효율성을 높여야 한다.
④ 민츠버그는 경영자 역할을 10가지로 나누어 정리하였다.
⑤ 민츠버그의 경영자 역할 중 문제해결자 역할과 자원배분자 역할을 대인관계적 역할이라고 한다.

02. 테일러의 과학적 관리법에 관한 설명으로 가장 옳지 않은 것은?

① 동작연구를 통하여 직무별 요소사업을 세분화하고 작업에서 불필요한 동작을 제거하여 최선의 작업방법을 찾는 것이다.
② 요소별 시간연구를 통해 요소별 표준작업시간을 완성하여 작업의 표준화를 이루었다.
③ 모든 작업자의 동기부여를 위한 균등성과급제도를 도입하였다.
④ 분업의 원리에 입각해 관리자의 업무를 자동화하여 부문별로 전문관리자를 두었다.
⑤ 테일러는 작업능률과 생산성을 향상시키는 최선의 방법이 존재할 수 있다고 주장하였다.

03. 아기 기저귀를 판매하는 A사가 A라는 자사 브랜드로 전국 대도시에 10여 개의 A 어린이집을 운영하고자 한다. A사가 사용하는 브랜드 전략을 무엇이라고 하는가?

① 공동브랜드(Co-Brand)
② 라인 확장(Line Extension)
③ 리포지셔닝(Repositioning)
④ 차별화(Differentiation)
⑤ 범주 확장(Category Extension)

04. 다음 사회적 지각이론(타인행사이론)에 관한 설명 중 옳지 않은 것은?

① 인상형성이론은 타인을 처음 만났을 때 그를 전인적으로 지각하고 판단내리는 과정을 다룬다.
② 인상형성이론은 시간이 많지 않을 경우 주로 사용하게 되는 기법이다.
③ 일반적으로 사람에 대한 평가는 사물에 대한 평가보다 오류 발생 가능성이 높다.
④ 귀인이론(Attribution Theory)에서 볼 때, 3월 평가에서 95점을 받은 A가 4월 평가에서도 95점을 획득한 경우, A는 실적점수의 원인을 내적으로 귀속하게 된다.
⑤ 켈리(Kelly)는 귀인이론에서 상대방 행동의 원인을 추론함에 있어 특이성, 합의성, 일관성 3가지 요소를 내적으로 귀속할 것인지, 외적으로 귀속할 것인지를 판단한다고 주장하고 있다.

05. 신입사원들이 직장상사들 중에 자신에게 싫은 소리를 하지 않는 상사에게만 좋은 평가서를 본부에 제출하거나, 직장상사가 자신에게 예의바르게 행동하는 직원들에게만 후한 인사평가를 하는 지각오류와 가장 관련이 높은 것은?

① 대조(대비)효과
② 현혹(후광)효과
③ 자존적 편견
④ 처음효과
⑤ 최근효과

06. 다음 동기부여이론 중 내용이론이 아닌 것은?

① 브룸(Vroom)의 기대이론
② 허즈버그(Herzberg)의 2요인이론
③ 맥그리거(McGregor)의 X · Y 이론
④ 매슬로우(Maslow)의 욕구단계이론
⑤ 아지리스(Argyris)의 성숙 · 미성숙이론

07. 다음 직무평가에 대한 설명 중 옳지 않은 것은?

① 직무의 상대적 가치를 정하는 체계적인 방법이다.

② 직무평가 요소의 선정은 회사마다 차이가 있을 수 있으나 일반적으로 기능(Skill), 노력(Effect), 책임(Responsibility), 직무요건(Job Requirement)을 평가요소로 선정한다.

③ 서열법은 직무를 종합적 가치에 따라 평가해서 서열을 정하는 방법으로 간단하고 신속하게 평가할 수 있으나 직무의 수가 많거나 유사직무가 많은 경우에는 사용하기 곤란하다.

④ 분류법은 등급법이라고도 하며, 분류할 직무의 등급을 미리 설정한 후 직무를 적절히 판정하여 등급별로 구분하는 방법으로, 실시과정이 간단하고 용이하지만 각 등급의 정의를 내리기 어렵고 의사결정자의 주관성에 의하여 등급이 구분된다는 단점이 있다.

⑤ 직무평가에서는 직무의 곤란도, 위험도, 중요성을 평가하지는 않는다.

08. 다음 중 SERVQUAL의 항목으로 적절하지 않은 것은?

① 확신성(Assurance) ② 공감성(Empathy) ③ 유사성(Similarity)
④ 유형성(Tangibles) ⑤ 대응성(Responsiveness)

09. 다음 중 CIM에 대한 설명으로 적절하지 않은 것은?

① 로봇이나 기계, 제품디자인과 같은 제조관련 부문이 통합된 컴퓨터 시스템을 의미한다.

② CIM을 통해 통합정보체계를 구축할 수 있다.

③ CIM을 사용하는 조직의 구조는 좁은 감독범위를 갖는다.

④ CIM을 사용하는 조직의 구조는 자기통제적 특징을 가진다.

⑤ CIM을 사용하는 조직은 집권화되어 전반적으로 기계적 조직에 가까운 형태를 보인다.

10. 인사, 생산, 재무, 마케팅 등 경영시스템의 제반요소를 전사적 차원에서 단일 플랫폼으로 통합하는 정보시스템을 일컫는 용어는?

① MRP ② ERP ③ CRM
④ EMS ⑤ BPR

1회 2회 3회 4회 5회 6회 7회 8회 9회 10회 11회 12회 13회 14회 15회 16회

11. 다음 중 기업과 경영에 대한 설명으로 적절하지 않은 것은?

① 동종업종 또는 유사업종 기업들이 법률적, 경제적으로 독립되어 있으면서 기업 간 수평적인 협정을 맺는 것을 카르텔이라고 한다.
② 지주회사는 자회사 주식의 일부 또는 전부를 소유해 자회사의 경영권을 지배하려는 회사로, 기업의 집단화 중 트러스트의 한 형태로 분류한다.
③ 전략적 제휴는 둘 이상의 기업이 서로 간의 이익을 도모하기 위하여 동반자 관계를 맺는 것을 말한다.
④ 주주와 전문경영인 사이의 대리인 문제는 전문경영인에 대한 감시를 강화하거나 유인계약을 통해 이해를 일치시킴으로써 이를 완화할 수 있다.
⑤ 징벌적 손해배상제도는 악의적인 가해자에 대한 손해배상에 있어서 손해 원금과 이자만이 아니라 형벌적 요소로서의 금액을 추가적으로 포함시켜서 배상받을 수 있는 제도이다.

12. 분할로 인한 신설법인의 주식 귀속 여부에 따른 기업의 분할 방법 중 모회사가 영업부문의 일부를 신설된 회사로 이전시키고 모회사의 주주가 자회사의 주식을 보유하는 분할 형태를 의미하는 것은?

① 인적분할　② 물적분할　③ 단순분할
④ 분할합병　⑤ 존속분할

13. 다음 중 기업전략의 수립에 관한 설명으로 옳은 것을 모두 고르면?

> ㉠ 비전(Vision)은 조직의 사명(Mission)을 달성하기 위한 중장기의 전략 목표, 즉 이루고자 하는 미래상을 말한다.
> ㉡ 조직이 추구하는 경영의 방향성은 사업 환경 분석 결과에 근거하여 설정하는 것이 일반적이다.
> ㉢ 경영전략이 수립되면 이를 구체적으로 실천하기 위한 실천과제를 결정한다.

① ㉠　② ㉠, ㉡　③ ㉠, ㉢
④ ㉡, ㉢　⑤ ㉠, ㉡, ㉢

14. 전사적 전략을 수립하기 위한 포트폴리오 방법 중 BCG 매트릭스(Boston Consulting Group Matrix)에 대한 설명으로 옳지 않은 것은?

① BCG 매트릭스는 시장점유율과 시장성장률을 대응시켜 전사적 전략을 수립하는 방법이다.
② 별(Star)의 경우 시장이 더 이상 커지지 않으므로 현상유지 전략이 적절하다.
③ 황금젖소(Cash Cow)에서 나오는 자금으로 물음표(Question Mark)에 투자한다.
④ 물음표의 경우 경쟁력이 확보될 수 있는 부분에 집중투자하고 나머지 부분은 철수를 고려해야 한다.
⑤ 개(Dog)의 경우 시장이 커질 가능성도 낮고 수익도 낮고 장래성도 없다.

15. 다음은 현대 경영에서 경영구조의 혁신을 위해 주로 활용되는 기법에 대한 설명이다. ㉠, ㉡이 설명하는 것을 옳게 연결한 것은?

> ㉠ 지금까지의 업무수행 방식을 단순히 개선 또는 보완하는 차원이 아닌 업무의 흐름을 근본적으로 재구성한다. 이러한 업무 재설계는 기본적으로 고객만족이라는 대명제하에서 이루어진다.
> ㉡ 기업 활동 중 특정 영역을 외부 기업에 대행시킴으로써 경영집중도를 높이기 위해 활용한다. 이는 자체적으로 수행할 능력이 없는 영역만이 아니라 능력이 있더라도 외부기업이 수행하는 것이 더 효율적인 경우에 이루어진다.

	㉠	㉡		㉠	㉡
①	리엔지니어링	아웃소싱	②	리스트럭처링	크레비즈
③	크레비즈	아웃소싱	④	크레비즈	벤치마킹
⑤	리스트럭처링	벤치마킹			

16. 다음 중 목표시장 선정방법에 대한 설명으로 옳은 것을 모두 고르면?

> ㉠ 제품수명주기상 도입기에는 비차별적 마케팅 전략을 활용하는 것이 일반적이다.
> ㉡ 세분화된 시장의 차이를 무시하고 한 제품으로 전체시장을 공략하는 것은 집중적 마케팅에 해당한다.
> ㉢ 목표시장이 여러 개일 때 이들 모두에 개별적인 마케팅 전략을 실시하는 경우는 차별적 마케팅 전략에 해당한다.

① ㉠　② ㉠, ㉡　③ ㉠, ㉢
④ ㉡, ㉢　⑤ ㉠, ㉡, ㉢

17. 다음 가격 및 가격전략에 대한 설명 중 옳은 것을 모두 고르면?

> ㉠ 준거가격(Reference Price)은 가격변화에 대한 지각은 기업이 결정한 가격수준에 따라 달라질 수 있다는 점을 설명한다.
> ㉡ 묶음가격전략은 두 개 이상의 상품을 하나로 묶어 이를 개별적으로도 판매하고 묶음으로도 판매하는 방법이다.
> ㉢ 가격이 10,000원인 제품을 9,990원에 판매하여 소비자들이 9,000원대의 제품으로 인식하게 하는 것을 단수가격전략이라고 한다.
> ㉣ 프리미엄전략은 우수한 품질의 제품에 높은 가격을 매기는 것이다.

① ㉠, ㉡　② ㉡, ㉢　③ ㉠, ㉡, ㉣
④ ㉡, ㉢, ㉣　⑤ ㉠, ㉡, ㉢, ㉣

18. 다음 중 골드랫(Goldratt)의 제약이론에 대한 설명으로 가장 적절한 것은?

① 모든 성과지표 중 가장 중요한 것은 순이익(Net Profit)이다.
② 제약자원에 대한 파악과 능력개선은 필요한 경우에만 실시한다.
③ 생산시스템의 운영에서 활용할 수 있는 성과척도는 재고, 처리량, 운영비용 세 가지이다.
④ 서로 다른 제약자원들이 동시에 존재하는 시스템에서는 투자수익률에 근거한 개선대상의 우선순위를 결정한다.
⑤ 기업의 궁극적인 목표는 고객만족과 사회적 책임 등을 포괄하는 다차원적인 것으로 이해한다.

19. 다음 중 강화이론(Reinforcement Theory)에 대한 설명으로 옳지 않은 것은?

① 적극적 강화는 긍정적인 행동에 따른 보상을 이용한다.
② 도피학습과 회피학습은 소극적 강화에 해당한다.
③ 기존에 주어졌던 혜택이나 이익을 제거하는 것은 소거에 해당한다.
④ 학습 초기 단계에서 연속적 강화는 단속적 강화에 비해 효과적이나 현실 적용이 어렵다.
⑤ 간격법은 비율법에 비해 더 효과적인 강화방법이다.

20. 다음 중 프렌치(French)와 레이븐(Raven)이 제시한 권력의 원천 중 공식적 권력에 해당하는 것을 모두 고르면?

㉠ 합법적 권력	㉡ 준거적 권력
㉢ 전문적 권력	㉣ 보상적 권력
㉤ 강압적 권력	

① ㉠, ㉡, ㉢ ② ㉠, ㉡, ㉣ ③ ㉠, ㉢, ㉣
④ ㉠, ㉣, ㉤ ⑤ ㉡, ㉢, ㉤

21. 다음 중 프로티언 경력(Protean Career)에 대한 설명으로 적절한 것은?

① 경력 관리의 책임이 조직에 있다.
② 심리적 계약관계가 유연하다.
③ 노하우(Know-How)를 중심으로 경력을 쌓는다.
④ 승진과 급여의 인상을 경력목표로 삼는다.
⑤ 승진을 통한 상위계층으로의 이동이 핵심가치로 작용한다.

22. 집단성과분석제도 중 럭커 플랜(Rucker Plan)과 스캔론 플랜(Scanlon Plan)의 인건비 비율을 구하기 위한 지급 기준의 연결로 옳은 것은?

	럭커 플랜	스캔론 플랜
①	부가가치	생산물 판매가치
②	부가가치	작업시간
③	작업시간	생산물 판매가치
④	생산물 판매가치	작업시간
⑤	생산물 판매가치	부가가치

23. 직무분석을 위한 직무정보의 수집방법에 대한 설명으로 옳지 않은 것은?

① 질문지법은 시간과 노력이 절약되나 해석상 차이로 인한 오류가 나타날 수 있다.
② 관찰법은 관찰자의 주관이 개입될 수 있고, 오랜 시간 관찰이 쉽지 않다는 단점이 있다.
③ 체험법은 분석자가 직접 체득함으로써 생생한 직무자료를 얻을 수 있다.
④ 중요사건기록법은 비교적 정밀하고 직무행동과 평가 간의 관계파악에 용이하다.
⑤ 임상적 방법은 비교적 정밀하고 객관적인 자료도출이 가능하나 절차가 복잡하다.

24. 다음 설명에 해당하는 의사결정 과정의 오류로 적절한 것은?

> 특정 집단이 의사결정 후 잘못된 의사결정임을 알게 된 후에도 다양한 이유를 들어 이를 고치지 못하고 최초의 의사결정을 유지하려는 오류

① 과도한 확신
② 과도한 집착
③ 몰입상승 현상
④ 확증 편향
⑤ 더닝–크루거 효과

25. 영향전략(Influence Strategies)이론의 강압적 영향전략과 비강압적 영향전략에 대한 설명으로 옳지 않은 것은?

① 약속은 강압적 전략으로 분류되기는 하지만 실제 효과는 비강압적 전략과 동일하게 나타난다고 본다.
② 일반적으로 비강압적 영향전략은 경로구성원들 간의 상호이해를 촉진하여 잠재갈등(Latent Conflict)의 수준을 낮추고, 반면에 강압적 영향전략의 활용은 경로구성원 간의 목표와 현실인식에서의 양립가능성을 감소시켜 잠재갈등을 증가시킨다.
③ 정보교환, 추천과 같은 비강압적 영향전략에서의 힘의 원천은 합법력(Legitimate Power)이다.
④ 공급자와 유통업자의 상호의존성이 높아 힘의 균형을 이루고 있는 경우, 쌍방은 강압적 전략의 활용을 자제하고 비강압적 전략을 보다 많이 사용하게 된다.
⑤ 강압적 영향전략과 비강압적 영향전략 모두 표출된 갈등(Manifest Conflict)을 증가시킬 수 있다.

10회 코레일 경영학 [전공시험]

기출예상모의고사

수험번호 : ____________________

성　　명 : ____________________

10회 기출예상문제

▶ 정답과 해설 53쪽

01. 다음 중 브랜드에 대한 설명으로 옳지 않은 것은?

① 유통업자 브랜드(Private Brand)는 유통업자가 자체 상표를 제품에 붙이는 것을 말한다.

② 라인 확장(Line Extension)으로 브랜드 희석효과(Dilution Effect)가 발생할 가능성이 더 높은 것은 상향적 라인 확장이다.

③ 제약회사 등에서 각 제품마다 다른 브랜드를 적용하는 전략은 개별 브랜드(Individual Brand) 전략이다.

④ 기존 제품과 전혀 다른 범주의 다른 영역에 동일한 브랜드를 사용하는 것은 범주 확장(Category Extension)이다.

⑤ 복수브랜드(Multibrand) 전략은 경쟁자의 시장진입을 방해하는 효과가 있다.

02. 인사평가에서 발생할 수 있는 오류에 대한 설명으로 옳지 않은 것은?

① 후광효과(Halo Effect)는 피평가자의 일부 호의적인 평가가 다른 평가에까지 영향을 주는 것이다.

② 상동적 태도(Stereotyping)는 피평가자가 속한 사회적 집단 또는 계층을 바탕으로 평가하는 것이다.

③ 선택적 지각(Selective Perception)은 평가자가 관련성이 없는 평가항목들을 높은 상관성이 있다고 인지하고 이와 같이 평가하는 것이다.

④ 최근 효과(Recency Effect)는 평가자가 쉽게 기억할 수 있는 최근의 업적이나 업무수행능력을 중심으로 평가하는 것이다.

⑤ 관대화 경향(Leniency Tendency)은 피평가자를 그 실제 능력이나 실적보다 더 높게 평가하는 것이다.

03. **인력계획에 대한 설명으로 가장 적절하지 않은 것은?**

① 마코프 체인 기법(Marcov Chain Method)에서는 전이확률행렬을 이용하여 인력의 수요량을 예측한다.

② 마코프 체인 기법은 경영환경이 급격하게 변할 경우에는 적합하지 않다.

③ 기술목록(Skill Inventory)에는 종업원 개인의 학력, 직무경험, 기능, 자격증, 교육훈련 경험이 포함된다.

④ 델파이법(Delphi Method)은 전문가들이 면대면(Face to Face) 토론을 통해 인력의 공급망을 예측하는 방법이다.

⑤ 조직의 규모가 급격하게 성장하고 전략적 변화가 필요할 때에는 외부 모집이 적절하다.

04. **다음 프로스펙트 이론에 대한 설명 중 적절하지 않은 것은?**

① 가치판단의 출발점이 어디인가는 가치 결정에 중요한 역할을 수행한다.

② 개인이 준거점을 어디에 두는가에 의해 평가대상의 가치가 결정된다고 본다.

③ 이익이나 손실의 가치가 작을수록 변화에 민감해져 작은 변화가 큰 가치 변동을 가져오게 된다.

④ 손실은 같은 금액의 이득보다 훨씬 더 낮게 평가된다.

⑤ 프로스펙트 이론은 복수이득분리의 법칙과 복수손실통합의 법칙을 설명한다.

05. **경쟁자 분석에 관한 설명으로 적절한 것을 모두 고르면?**

㉠ 마케팅 근시(Marketing Myopia)는 경쟁의 범위를 제품형태 수준이 아닌 본원적 편익 수준에서 바라보는 것이다.

㉡ 제품 제거(Product Deletion)는 고객 지각에 기초한 경쟁자 파악 방법이고, 사용상황별 대체(Substitution In-use)는 고객 행동에 기초한 경쟁자 파악 방법이다.

㉢ 상표전환 매트릭스를 활용한 경쟁자 파악 시, 구입자와 사용자가 동일인이 아닌 경우에도 상표전환이 나타날 수 있기 때문에 결과의 해석에 주의해야 한다.

① ㉠　② ㉡　③ ㉢

④ ㉠, ㉡　⑤ ㉡, ㉢

06. 다음 전략적 제휴에 대한 설명 중 적절하지 않은 것은?

① 기능별 제휴는 지분분배 후 그 기업이 수행하는 여러 가지 업무분야 중 일부에서 협조관계를 갖는다.

② 제품스왑은 판매제휴로 OEM 방식이 이에 포함된다.

③ 기술라이선싱은 한 기업이 다른 기업에게 생산기술을 공유하는 형태를 의미한다.

④ 합작투자는 법률적으로 모기업으로부터 독립된 법인체를 설립한다.

⑤ 합작투자는 연구개발, 판매, 생산에서 이루어질 수 있다.

07. 다음 소비재의 특징에 관한 설명 중 적절하지 않은 것은?

① 편의품은 빈번하게 즉시, 그리고 최소한의 노력으로 구매되는 제품이다.

② 선매품은 선택과 구매과정에서 고객이 적합성, 품질, 가격 등을 기준으로 비교하는 제품이다.

③ 선매품은 광범위한 유통망을 가지고 있다.

④ 전문품은 충분한 수의 구매자들이 구매에 특별한 노력을 기울이는 제품이다.

⑤ 전문품은 제조업체와 유통업체에 의해 특정 고객층을 겨냥해 신중한 촉진활동이 이루어진다.

08. 다음 설명에 해당하는 가격전략은?

고객의 구매 및 이용형태에 따른 맞춤 가격을 제공하며, 긴밀히 연관된 복수의 가격 요소들을 전략적으로 연계하여 차별화하는 방법이다.

① 다차원가격전략
② 구조화가격전략
③ 비선형가격전략
④ 묶음가격전략
⑤ 시장침투가격전략

09. 유통경로구성원에 관한 설명으로 가장 적절하지 않은 것은?

① 소매업 수레바퀴 가설(Wheel of Retailing)은 소매환경 변화에 따른 소매업태 변화를 설명하는 것이다.

② 전문점(Specialty Store)과 비교하여 전문할인점(Specialty Discount Store)은 상대적으로 낮은 수준의 서비스와 저렴한 가격을 갖고 있다.

③ 상인 도매상(Merchant Wholesaler)은 취급하는 상품의 소유권을 가지고 있지 않다.

④ 방문판매(Direct Sales), 자동판매기(Vending Machine), 다이렉트 마케팅(Direct Marketing)은 무점포 소매상에 포함된다.

⑤ 판매 대리점(Selling Agents)은 거래제조업자의 품목을 판매할 수 있는 계약을 맺고 판매활동을 한다.

10. 다음 중 공정성능을 나타내는 지표들에 관한 설명으로 적절한 것은?

① 리틀의 법칙에 따르면 주기시간(Cycle Time)의 변동 없이 처리시간을 감소시키면 재공품의 재고도 감소될 수 있다.

② 병목공정(Bottleneck Process)의 이용률은 비병목공정의 이용률보다 낮다.

③ 생산능력이 증가하면 이용률은 증가하는 경향이 있다.

④ 생산능력이 감소하면 주기시간은 짧아지는 경향이 있다.

⑤ 가동준비가 필요한 배치 공정(Batch Process)에서 가동준비시간이 늘어나면 생산능력이 증가되는 효과가 있다.

11. 다음 인사평가 방법에 대한 설명 중 적절하지 않은 것은?

① 행동평가는 구성원의 일반적인 활동방법 등을 평가하는 방법이다.

② 특성평가는 구성원의 성적이나 조직에 대한 충성도 등의 개인적 특성을 평가하는 방법이다.

③ 순위산정식은 단순서열화와 교대순위매김으로 구분된다.

④ 쌍대비교법은 사전에 일정한 범위와 수를 결정해 두고 구성원 비율에 따라 강제로 할당해 비교하는 방법이다.

⑤ 평가센터법은 다수의 대상자를 특정한 장소에 모아 두고 여러 종목의 평가도구를 동시에 적용하여 종합적으로 평가하는 방법이다.

12. 다음 중 차별화 우위와 관련 있는 요소로 적절하지 않은 것은?

① 시장 점유율
② 제품에 대한 명성
③ 마케팅
④ 제품 기술
⑤ 제품의 연구개발(R&D) 능력

13. 다음 SWOT 분석에 대한 설명 중 적절하지 않은 것은?

① 약점(W)은 조직이 잘하지 못하는 활동이나 필요하지만 소유하지 못한 자원을 포함한다.
② 기회(O)는 내 · 외부 환경요인에서 긍정적인 경향들을 포함한다.
③ SO 전략은 내부의 강점을 이용해 외부의 기회를 포착하는 전략이다.
④ WT 전략은 내부의 약점과 외부의 위협을 최소화하여 사업을 축소하거나 철수하는 전략이다.
⑤ ST 전략은 내부의 강점을 활용하여 외부의 위험을 회피하는 전략이다.

14. 기존 회사의 전부 또는 일부를 분할하거나 신규사업부문을 독립시켜 자회사나 관계회사화하고, 이렇게 형성된 복수의 기업들이 각자의 사업영역을 독립채산제로 운영함으로써 업적책임을 강화시켜 나가는 분권경영방식은 무엇인가?

① 사업부 통합
② 기업 인수
③ 기업 합병
④ 분사경영(Spin–Off)
⑤ 아웃소싱(Outsourcing)

15. 발생 주식이 모회사(지배회사)에 의해서 소유되고 있어, 모회사에 의해 지배 · 종속되고 있는 기업은 무엇인가?

① 집단회사
② 자회사
③ 투자회사
④ 지주회사
⑤ 홀딩컴퍼니(Holding Company)

16. **조직에서 개인의 행동에 대한 설명으로 가장 적절하지 않은 것은?**

① 특정 직무 또는 과업에 대한 일련의 성공경험은 그 과업에 대한 자기효능감(Self-Efficacy)에 긍정적인 영향을 미칠 수 있다.

② 자기감시성향(Self-Monitoring)이 높은 사람은 자기감시성향이 낮은 사람보다 외부환경과 상황에 잘 대처하는 경향이 있다.

③ 타인을 존중하는 개인의 성향은 Big 5 성격유형에서 성실성(Conscientiousness)에 속하며, 이는 개인의 직무성과와는 관련이 없다.

④ 성격유형에서 A 타입(Type A)은 B 타입(Type B)보다 인내심이 적고 조급한 편이다.

⑤ 통제의 위치(Locus of Control)가 내부에 있는 사람(Internals)은 외부에 있는 사람(Externals)보다 자신에게 일어나는 일을 스스로 통제할 수 있다는 믿음이 높다.

17. **기업의 목표를 성공적으로 달성하기 위해 핵심적으로 관리해야 하는 요소들에 대한 성과를 핵심성과지표(KPI)라고 하는데, 이러한 KPI의 특징 및 성격에 대한 설명으로 적절하지 않은 것은 무엇인가?**

① 미래성과에 영향을 주는 여러 핵심자료를 묶은 성과평가의 기준이다.

② KPI를 도출하고 활용하는 궁극적인 목적은 구성원들을 기업이 원하는 방향으로 동기를 부여하는 데 있다.

③ KPI는 권한이 있는 최고경영진에 의해 결정되는 것이 바람직하며, 구성원들이 자신의 업무 범위 내에서 직접 통제하지 못하도록 도출되어야 한다.

④ 경영 활동을 대표할 수 있는 핵심 요인 중심으로 성과지표를 선정해야 한다.

⑤ KPI는 측정이 가능해야 하며, 이를 통해 최종 성과와 문제를 인식해 나갈 수 있다.

18. 경영자가 기업의 생존을 위해서 경영의 악화방지 · 생산성 향상 등 긴박한 경영상의 이유가 있을 경우, 경쟁력 강화와 생존을 위해서 구조조정을 할 때 종업원을 해고할 수 있는 법적 제도는 무엇인가?

① 정리해고 ② 노동쟁의 ③ 정년퇴직
④ 노사협상 ⑤ 임금피크제

19. 다음 중 맥그리거의 X · Y이론에 대한 설명으로 적절하지 않은 것은?

① X이론은 인간은 선천적으로 일하기 싫어함을 가정한다.
② Y이론은 간이 조직의 목표를 달성하기 위해 자율적으로 자기 규제가 가능하다고 본다.
③ X이론은 직무를 통해 욕구가 충족될 수 있게 한다.
④ Y이론은 개인의 목표와 조직의 목표 간 조화를 이끌어내고자 한다.
⑤ X이론은 조직의 목표 달성의 수단으로 타인에 의한 통제가 필수적이라고 본다.

20. 직무기술서에 대한 설명으로 적절하지 않은 것은 무엇인가?

① 직무에서 기대되는 결과와 직무수행 방법을 설명해준다.
② 주로 사무직에 적용되며, 기술직이나 관리직에는 적용하기 어렵다.
③ 인사관리의 기초 자료로 사용될 수 있다.
④ 직무의 성격과 내용, 직무수행 방법 및 절차, 작업조건 등이 기록된다.
⑤ 업무를 중심으로 한 직무의 특성이 강조된다는 점에서 인적요건을 중점적으로 다루는 직무명세서와 차이가 있다.

21. 다음 중 공정설계에 대한 설명으로 알맞지 않은 것은?

① 프로젝트공정의 경우 고객 주문에 따라 일정 기간 동안 단일상품만을 생산한다.
② 묶음생산공정의 경우 제품을 단속적으로 그룹 단위로 생산한다.
③ 대량생산공정의 경우 대규모시장을 대상으로 차별적 제품을 대량 생산한다.
④ 연속생산공정의 경우 고도로 표준화된 제품을 대량 생산한다.
⑤ 반복생산공정의 경우 생산품이 통제된 생산속도로 고정된 경로에 따라 이동한다.

22. 다음 중 공급사슬관리(SCM)에 대한 설명으로 적절하지 않은 것은?

① 수요 변동이 있는 경우 창고의 수를 줄여 재고를 집중하면 수요처별로 여러 창고에 분산하는 경우에 비해 리스크 풀링(Risk Pooling) 효과로 인하여 전체 안전재고는 감소한다.
② 공급사슬의 성과척도인 재고자산회전율을 높이기 위해서는 재고공급일수가 커져야 한다.
③ 지연차별화는 최종 제품으로 차별화하는 생산단계를 지연시키는 것으로 대량고객화(Mass Customization)의 전략으로 활용될 수 있다.
④ 크로스 도킹(Cross Docking)은 입고되는 제품을 창고에 보관하지 않고 재분류를 통해 곧바로 배송하는 것으로 재고비용과 리드타임을 줄일 수 있다.
⑤ 묶음단위 배치주문(Order Batching)과 수량할인으로 인한 선구매는 공급사슬의 채찍효과(Bullwhip Effect)를 초래하는 원인이 된다.

23. 기업이 지속적으로 존재하기 위한 이윤추구활동 이외에 법령과 윤리를 준수하고 기업 이해관계자의 요구에 적절히 대응함으로써 사회에 긍정적 영향을 미치는 책임있는 활동은 무엇인가?

① 기업의 국가적 책임
② 기업의 국제적 책임
③ 기업의 사회적 책임
④ 기업의 수익적 책임
⑤ 기업의 재무적 책임

24. 다음 기업 인수 및 합병에 대한 설명 중 올바르지 못한 것은 모두 몇 개인가?

> 가. 백기사(White Knight) 제도는 적대적 M&A의 공격 방법에 해당한다.
> 나. 적대적 M&A에 대응하기 위하여 기존 보통주 1주에 대해 저렴한 가격으로 한 개 또는 다수의 신주를 매입하거나 전환할 수 있는 권리를 부여하는 방어적 수단은 왕관의 보석(Crown Jewel)이다.
> 다. 진입장벽을 쉽게 뛰어넘을 수 있다는 점은 기업이 다른 기업을 인수합병하는 이유 중 하나로 볼 수 있다.
> 라. 보유지분이 불충분하더라도 백지위임장 투쟁(Proxy Fight)을 통해 경영권을 취득할 수 있다.

① 0개 ② 1개 ③ 2개
④ 3개 ⑤ 4개

25. 다음 〈보기〉 중 자원거점적 이론(Resource-Based View)에서 언급하고 있는 경쟁 우위를 차지할 수 있는 자원의 특성을 모두 고르면?

> 보기
>
> ㉠ 가치(Value) 있는 자원 ㉡ 무형(Intangible)의 자원
> ㉢ 희소성(Rare)이 있는 자원 ㉣ 모방가능성(Imitable)이 없는 자원

① ㉠, ㉢ ② ㉡, ㉣ ③ ㉠, ㉢, ㉣
④ ㉡, ㉢, ㉣ ⑤ ㉠, ㉡, ㉢, ㉣

11 회 코레일 경영학 [전공시험]

기출예상모의고사

수험번호 : ________________

성　　명 : ________________

11회 기출예상문제

▶ 정답과 해설 59쪽

01. 기업의 주요 세부 기능 중에서 제품이나 서비스의 홍보 및 판매를 담당하는 분야는 무엇인가?

① 생산관리 ② 마케팅관리 ③ 재무관리
④ 인적자원관리 ⑤ 정보시스템관리

02. 테일러의 과학적 관리법에 대한 설명으로 옳은 것은?

① 보상은 생산성과 연공, 팀워크와 능력에 비례하여 주어져야 한다고 주장하였다.
② 임파워먼트(Empowerment)와 상향적 커뮤니케이션을 강조하였다.
③ 동작연구, 감정연구, 인간관계연구가 활발히 진행되었다.
④ 능률적 작업과 생산성 향상을 주 목표로 하였다.
⑤ 직무설계가 전문화, 분권화, 개성화, 자율화되었다.

03. 외부환경분석에 대한 다음 설명 중 옳지 않은 것은?

① 포터의 산업구조분석기법에서는 경쟁의 범위가 너무 넓다는 지적이 있으나 전략군 분석은 이를 보완한 방법으로 경쟁상대를 좁혀볼 수 있다는 장점이 있다.
② 외부환경분석을 통하여 기업이 진출하려는 사업의 기회요인과 위험요인을 파악할 수 있다.
③ 외부환경에 기회와 내부요인에 약점이 있을 경우, 내부에서 보유하고 있는 기술과 마케팅 등을 활용하여 시장을 넓혀 나가야 한다.
④ 포터의 5 Force Model은 정적인 분석도구임에 비해 다이내믹 산업분석모델은 기술, 제품, 고객이 경쟁 공간 내에서 보이는 끊임없는 변화를 분석하는 도구이다.
⑤ 포터의 산업구조분석에 보완재 요소를 추가한 것을 6 Force Model이라고 한다.

04. 비슷한 선호와 취향을 가진 소비자를 묶어서 몇 개의 고객집단으로 나누고 이 중에서 특정 집단을 골라 기업의 마케팅 자원과 노력을 집중하는 것으로, 기업의 한정적 자원을 효율적으로 집행하는데 필요한 마케팅전략은 무엇인가?

① 시장분석 ② 시장조사 ③ 시장결합
④ 시장통합화 ⑤ 시장세분화

05. 구직자를 임시적으로 고용한 후에 수습기간을 거쳐 적격자를 정식으로 채용하는 방법은 무엇인가?

① 경쟁선발 ② 테뉴어(Tenure)
③ 인턴제도(Internship) ④ 헤드헌팅(Headhunting)
⑤ 파트타임(Part–Time Job)

06. 다음 중 인력계획에 대한 설명으로 옳지 않은 것은 모두 몇 개인가?

보기

가. 인력개발에 관한 계획 활동에는 종업원의 현재 및 잠재능력의 측정과 종업원의 개발욕구분석, 경력욕구분석을 포함한다.
나. 조직의 규모가 급격하게 성장하고 전략적 변화가 필요할 때에는 외부모집이 적절하다.
다. 시계열 분석에 의한 양적 인력수요 예측은 경영환경의 변화를 반영하기 어렵다.
라. 다양한 배경을 가진 사람들을 모집할 수 있다는 점은 내부모집의 장점에 해당한다.

① 0개 ② 1개 ③ 2개
④ 3개 ⑤ 4개

07. 다음 교육훈련에 대한 설명 중 적절하지 않은 것은?

① 액션러닝(Action Learning)은 현장경험을 중시하는 경험 위주의 교육훈련 학습 방법이다.

② 교육훈련의 프로세스는 크게 필요성 분석(수요조사), 계획설계, 실시, 평가의 과정을 거친다.

③ Off-JT는 동시에 많은 인원들에게 통일된 훈련을 할 수 있고 실시가 용이하고 비용이 적게 발생하는 장점이 있으나 훈련결과가 실제적이지 못할 수 있다는 단점이 있다.

④ 커크패트릭(Kirkpatrick)은 교육훈련이 반응, 학습, 행동, 결과의 4가지 기준으로 평가하는 것이 필요하다고 주장하였다.

⑤ OJT는 훈련 과정에서 잘못된 관행이 전수되는 문제가 발생할 수 있다.

08. 종업원을 평가할 때 평가자가 평가대상에 대한 긍정 혹은 부정의 판단을 기피하고 중간 정도의 점수를 주는 중심화 경향을 방지할 수 있는 방법으로 가장 적절한 것은?

① 중요사건서술법　② 행동기준평가법　③ 대조리스트법
④ 강제할당법　⑤ 평가센터법

09. 노사관계에 관한 설명으로 옳지 않은 것은?

① 좁은 의미의 노사관계는 집단적 노사관계를 의미한다.

② 메인티넌스 숍(Maintenance Shop)은 조합원이 아닌 종업원에게도 노동조합비를 징수하는 제도이다.

③ 우리나라 노동조합의 조직형태는 기업별 노조가 대부분이다.

④ 사용자는 노동조합의 파업에 대응하여 직장을 폐쇄할 수 있다.

⑤ 유니온 숍(Union Shop)은 채용 이후 자동적으로 노동조합에 가입되는 제도이다.

10. **시장에서 상품과 관련된 각종 이슈를 요란스럽게 화제화함으로써 소비자 또는 대중의 이목을 끌어들여 판매를 늘리려는 마케팅 기법의 한 종류로, 상품의 홍보를 위하여 고의적으로 좋지 않은 자극적 이슈를 만들어 파급력을 크게 하는 기법은 무엇인가?**

① 노이즈 마케팅(Noise Marketing)
② 넛지 마케팅(Nudge Marketing)
③ 니치 마케팅(Niche Marketing)
④ 다이렉트 마케팅(Direct Marketing)
⑤ 에코 마케팅(Eco Marketing)

11. **마케팅조사에 대한 설명으로 옳지 않은 것은?**

① 타당성은 측정 도구가 측정하고자 하는 개념이나 속성을 얼마나 정확하게 측정할 수 있는가를 나타내는 지표이다.
② 표적집단면접(FGI), 문헌조사, 전문가 의견조사는 기술조사방법에 포함된다.
③ 척도에 따라 변수가 갖게 되는 정보량의 크기는 서열척도보다 등간척도가 더 크다.
④ 단순무작위표본추출과 군집표본추출은 확률표본추출방법이다.
⑤ 조사현장의 오류와 자료처리의 오류는 관찰오류에 포함된다.

12. **소비자행동에 대한 설명으로 적절하지 않은 것은?**

① 자주 구매하지 않는 고가의 제품을 고를 땐 상표 간의 큰 차이가 없을 경우 주로 습관적인 구매행동을 하게 된다.
② 고관여제품은 구매 후 불만족 인지 시 부조화현상이 매우 크게 나타난다.
③ 소비자가 여러 가지 자극들을 조직화하고 전체적으로 의미를 부여하는 과정을 지각(Perception)이라고 한다.
④ 관여도는 제품요인뿐만 아니라 상황요인에도 영향을 받는다.
⑤ 소비자는 관여도가 높은 제품에 대해서도 특정 상표의 제품에 대한 과거의 만족스러운 경험으로 인해 습관적인 구매행동을 한다.

13. 기업전략에 대한 설명으로 옳지 않은 것은?

① 다각화 전략이란 신제품을 신시장에 판매하는 전략을 의미한다.
② GE 매트릭스는 산업의 매력도와 사업의 강점으로 전략사업단위를 평가하는 방법이다.
③ 시장침투전략이란 광고확대, 가격인하 등을 통하여 기존 제품의 매출을 증진시키는 전략이다.
④ 수직적 통합성장을 하는 목적은 시장지배력 강화에 있고, 수평적 통합성장을 하는 목적은 경영합리화에 있다.
⑤ 생산업체가 원재료를 안정적으로 공급하기 위한 목적 등으로 공급업체의 사업을 인수하는 수직적 통합전략을 후방통합이라고 한다.

14. 다음 중 갈등과 협상에 관한 설명으로 적절하지 않은 것은?

① 분배적 협상(Distributive Negotiation)의 동기는 제로섬(Zero Sum)에 초점을 맞추고 있고, 통합적 협상(Integrative Negotiation)의 동기는 포지티브섬(Positive Sum)에 초점을 맞추고 있다.
② 분배적 협상보다 통합적 협상에서 정보의 공유가 상대적으로 많이 이루어진다.
③ BATNA(Best Alternative To a Negotiated Agreement)가 얼마나 매력적인가에 따라서 협상 당사자의 협상력이 달라진다.
④ 통합적 협상에서는 제시된 협상의 이슈(Issue)뿐만 아니라 협상 당사자의 관심사에도 초점을 맞추어야 좋은 협상결과가 나온다.
⑤ 갈등관리유형 중 회피형(Avoiding)은 자기에 대한 관심과 자기주장의 정도가 높고 상대에 대한 관심과 협력의 정도가 낮은 경우이다.

15. 조직형태에 대한 설명으로 적절하지 않은 것은?

① 기능별 조직은 환경이 비교적 안정적일 때 조직관리의 효율성을 높일 수 있다.
② 라인 조직은 이익중심점으로 구성된 신축성 있는 조직이다.
③ 제품 조직은 사업부 내의 기능 간 조정이 용이하지만 기능부서별 규모의 경제효과를 상실할 수 있다.
④ 기계적 조직은 유기적 조직에 비하여 공식화의 정도가 높다.
⑤ 프로젝트 조직은 특정 과제를 달성하기 위해 구성되는 임시 조직이다.

16. 제품 생산과 관련하여 제품의 규격, 치수, 원자재 등을 일정한 규격으로 통일하고 필요한 표준을 정함으로써 대량생산과 비용절감을 가능하게 하는 것은?

① 고급화 ② 특성화 ③ 개별화
④ 소량화 ⑤ 표준화

17. 소비자행동에서 아래의 주장과 관련성이 가장 높은 것은?

> 고관여 소비자를 대상으로 하는 광고의 경우 구체적인 제품정보를 설득력 있게 제시하는 것이 효과적이다. 반면에 저관여 소비자를 표적으로 하는 경우에는 제품정보보다 광고모델에 초점을 두는 것이 더 효과적이다.

① 정교화가능성모델(Elaboration Likelihood Model)
② 수단－목적사슬모델(Means－end Chain Model)
③ 동화효과(Assimilation Effect)와 대조효과(Contrast Effect)
④ 계획적 행동이론(Theory of Planned Behavior)
⑤ 저관여 하이어라키모델(Low Involvement Hierarchy Model)

18. 리더십이론에 대한 설명으로 적절하지 않은 것은?

① 피들러(Fiedler)는 리더에게 유리한 상황부터 불리한 상황까지 8가지 상황으로 분류하였다.
② 경로－목표이론은 리더십 상황이론에 속한다.
③ 슈퍼리더십(Super－Leadership)을 발휘하는 리더는 부하를 강력하게 지도하고 통제하는 데 역점을 둔다.
④ 변혁적 리더십은 부하들에 대한 지적 자극을 포함하기도 한다.
⑤ 거래적 리더십은 행동과 보상이라는 교환관계를 통해 부하들이 바람직한 행동을 하도록 유도한다.

19. 상황적합이론에 대한 다음 설명 중 틀린 것은?

① 로렌스(Lawrence)와 로쉬(Lorsch)는 환경의 불확실성을 조직구조의 상황변수로 보았다.
② 번즈(Burns)와 스토커(Stalker)는 조직과 관련된 환경에 의하여 야기된 많은 변화조건들이 조직에 깊은 영향을 미친다는 것을 밝혔다.
③ 페로우(Perrow)는 기술을 과업다양성과 분석가능성에 따라 공학적 기술, 비일상적 기술, 일상적 기술, 장인 기술로 유형화하였다.
④ 우드워드(J. Woodward)는 기술은 단지 업무적 수준의 구조에만 영향을 미치고 조직 전체로 보면 규모가 더 큰 영향을 미친다는 것을 발견하였다.
⑤ 톰슨(J. D. Thompson)은 과업의 상호의존성을 집합적 · 순차적 · 교호적 상호의존성으로 분류하였다.

20. 다음 중 베버(Weber)의 관료제 특성에 해당하는 것을 모두 고르면?

㉠ 분업	㉡ 문서주의
㉢ 개방적인 환경	㉣ 권한의 명확성
㉤ 국민에 대한 책임	㉥ 공식적인 조직

① ㉠, ㉡, ㉢, ㉣　② ㉠, ㉡, ㉣, ㉥　③ ㉠, ㉢, ㉤, ㉥
④ ㉡, ㉣, ㉤, ㉥　⑤ ㉢, ㉣, ㉤, ㉥

21. 경영자의 역할 및 능력에 대한 다음 설명 중 옳지 않은 것은?

① 사고를 통해 추상적인 관계를 다룰 수 있는 정신적인 능력으로서 조직을 거시적이고 전체적인 안목에서 바라볼 수 있는 개념적 능력이 요구된다.
② 경영자의 수직적 위계에 따른 분류로서 최고경영자, 중간경영자, 하위경영자로 나눌 수 있다.
③ 고용경영자는 기업의 규모가 커지고 기능과 역할이 확대됨에 따라 소유경영자를 보조하여 특정 분야에 대한 지원역할을 수행하는 경영자이다.
④ 경영자는 소유권과 경영권을 동시에 가지고 최고의 의사를 결정하여 하부에 지시하는 역할을 한다.
⑤ 경영자는 기업 외부로부터 투자를 유치하고 기업을 홍보하기 위해 기업 내부의 객관적인 사실을 대변하는 대변인 역할을 수행한다.

22. 적대적 M&A와 이에 대한 방어책으로 옳지 않은 설명은?

① 황금낙하산(Golden Parachute)은 임원이 임기 전 사임하게 될 경우 거액의 보수를 지급할 것을 사전에 정관에 약정하면서 인수비용의 부담을 가중시키는 사전적 방어 전략이다.

② 차입자본 재구축(Leveraged Recapitalization)은 적대적 M&A 시도가 있을 때 외부주주에게는 차입으로 조달된 자금으로 거액의 현금배당을, 내부주주나 경영진에게는 현금배당 대신 신주를 발행하여 지분율을 증가시키는 사후적 방어 전략이다.

③ 독소조항(Poison Pill)은 사전 경고 없이 매수자가 목표기업의 경영진에 매력적인 매수 제의를 함과 동시에 위협적으로 신속한 의사결정을 요구하는 적대적 M&A 전략이다.

④ 공개매수(Tender Offer)는 공격자가 인수대상기업을 매수하겠다고 공개적으로 의사를 표명하고 주식인수에 나서는 적대적 M&A 전략이다.

⑤ 왕관의 보석(Crown Jewel)은 기업의 핵심이 되는 부문을 처분함으로써 대상 회사의 가치 및 매력을 감소시켜 M&A를 방지하는 전략이다.

23. 성격에 대한 다음 설명 중 틀린 것은?

① 프로이트는 인간의 성격은 본능(Id), 자아(Ego), 초자아(Superego)의 체계로 구성되며 인간의 행동은 이 3가지 체계 간의 상호작용에 의해 지배된다고 하였다.

② 내재론자는 자기통제와 참여적 리더십이 발달하였다.

③ 나르시시즘은 자신을 실제보다 과장하고 그러한 이미지를 유지하기 위해서라면 무슨 일이든 저지르는 유형이다.

④ 프리드먼과 로센만에 의하면 B형 성격의 사람은 A형 성격의 사람에 비해 참을성이 없고 과업성취에 몰두하는 경향이 있다.

⑤ 성격은 개인의 행동에 영향을 주는 다른 여러 요소 중에 한 가지이다.

24. 동기부여이론에 대한 다음 설명 중 틀린 것은?

① 매슬로우(Maslow)는 인간의 욕구를 생리적 욕구, 안전 욕구, 사회적 욕구, 존경 욕구, 자아실현 욕구의 5단계로 구분하였다.

② 아담스(Adams)의 공정성이론은 인지부조화이론을 동기부여와 연관시킨 이론이다.

③ 알더퍼(Alderfer)의 ERG이론은 동기부여가 되는 과정을 설명한 과정이론이다.

④ 브룸(Vroom)의 기대이론은 개인에 대한 동기부여의 강도를 기대감, 수단성, 유의성의 곱으로 보는 이론이다.

⑤ 목표설정이론에 따르면 일반적인 목표보다 구체적인 목표를 제시하는 것이 구성원들의 동기부여에 더 효과적이다.

25. 배치설계에 대한 다음 설명 중 틀린 것은?

① 제품별 배치에서는 생산계획과 통제가 용이하다.

② 모듈 셀 배치에서는 컨베이어 벨트와 같은 고정 통로용 자재 운반 장비가 필요하다.

③ 공정별 배치에서는 범용설비를 이용한다.

④ 대형 선박 제조회사에 가장 적합한 설비배치형태는 고정위치형 배치이다.

⑤ 제품별 배치는 운반 거리가 직선이며 짧아 원활하고 신속한 이동으로 생산 기간이 짧다는 장점이 있다.

12회 코레일 경영학 [전공시험]

기출예상모의고사

수험번호 : ____________________

성　　명 : ____________________

12회 기출예상문제

▶ 정답과 해설 65쪽

01. 다음 중 조직 내의 권한(Authority)과 권력(Power)에 대한 설명으로 옳지 않은 것은 모두 몇 개인가?

> ⓐ 권한은 조직 내 직위에서 비롯된 합법적인 권리를 말한다.
> ⓑ 권력을 휘두르기 위해서 반드시 많은 권한을 가질 필요는 없다.
> ⓒ 권력은 공식적 역할과 지위에 관계없이 형성될 수 있다.
> ⓓ 사장이 누구를 만날지, 언제 만날지를 결정할 수 있는 비서의 권력은 작으나 권한은 크다.
> ⓔ 관리자는 종업원에게 권한을 이양할 때, 그에 상응하는 책임을 부여하여 권한이 남용되지 않도록 해야 한다.
> ⓕ 조직의 권한이 집중되는 정도는 규모가 커질수록 증가하게 된다.

① ⓐ, ⓑ　② ⓐ, ⓒ　③ ⓑ, ⓓ
④ ⓓ, ⓔ　⑤ ⓓ, ⓕ

02. 다음 중 생산시설 배치(Facility Layout)에 대한 설명으로 옳지 않은 것은?

① 제품형 시설배치(Product Layout)는 특정 제품을 생산하는 데 필요한 작업순서에 따라 시설을 배치하는 방식이다.
② 공정형 시설배치(Process Layout)는 다품종 소량생산에 적합하고 범용기계 설비의 배치에 많이 이용된다.
③ 항공기, 선박의 생산에 효과적인 생산시설 배치의 유형은 고정형 시설배치(Fixed-Position Layout)이다.
④ 제품형 시설배치는 재공품 재고의 수준이 상대적으로 높으며 작업기술이 복잡하다.
⑤ 셀룰러 배치(Cellular Layout)는 제조셀을 이용한 제품별 배치의 한 유형이다.

03. 다음 〈보기〉에서 (A)와 (B)가 각각 설명하는 기법은?

보기

(A) 비구조적인 문제를 다루는 데 유용한 기법으로, 경험을 체계화하고 정형화하여 해결책을 발견한다.

(B) 집단 간 종속변수 값의 평균들이 통계적으로 유의한 차이가 있는지를 분석하는 기법으로, 3개 이상의 집단 간 평균이 서로 다른지를 검정한다.

	(A)	(B)
①	팀빌딩	고든법
②	휴리스틱	분산분석
③	분산분석	회귀분석
④	회귀분석	고든법
⑤	고든법	휴리스틱

04. 다음 중 비공식조직의 특징에 해당하지 않는 것은?

① 구성원간의 지식이나 경험의 공유를 통해서 지도자의 능력을 보완해준다.

② 비공식조직의 커뮤니케이션을 공식적 정책결정에 이용함으로써 공식조직의 기능을 보완 할 수 있다.

③ 불만과 갈등 극복을 통해 구성원들의 심리적 안정감 형성에 기여한다.

④ 모든 비공식조직은 공식 조직의 응집력을 높이는 작용을 한다.

⑤ 각 구성원이 지켜야할 행동규범을 확립하여 사회적 통제의 기능을 수행한다.

05. 다음 〈보기〉 (A), (B)와 관련된 이론이 적절하게 짝지어진 것은?

보기

(A) 제품 메시지의 수용영역과 기각영역에 대한 것으로 동화효과(Assimilation Effect) 혹은 대조효과(Contrast Effect)를 다룬다.

(B) 소비자는 자신이 물품을 구매하는 것에 있어서 어떠한 의도를 가지고 이를 구매하며, 이러한 의도를 결정하는 데에는 행동적 신념, 규범적 신념, 통제적 신념의 영향을 받는다.

	(A)	(B)
①	사회판단이론	계획적 행동이론
②	균형이론	수단-목적사슬모델
③	합리적 행동이론	사회판단이론
④	인지부조화이론	정교화가능성 모형
⑤	식역하지각이론	저관여 하이어라키모델

06. 매슬로우(A. H. Maslow)가 제시한 욕구단계이론의 내용이 아닌 것은?

① 자아실현의 욕구
② 신체적 안정에 대한 욕구
③ 소속감이나 애정에 대한 욕구
④ 의식주에 대한 욕구
⑤ 권한위임에 대한 욕구

07. 성격과 태도에 관한 다음 설명 중 적절하지 않은 것은?

① Big 5 성격유형 중 경험에 대한 개방성(Openness to Experience)이란 다른 사람들과 잘 어울리고 남을 신뢰하는 성향을 의미한다.
② 자기효능감(Self-Efficacy)이란 특정한 일을 성공적으로 수행할 수 있는지에 대한 스스로의 믿음을 의미한다.
③ 성공의 원인은 자신의 능력이나 노력 등의 내재적 요인에서 찾고, 실패의 원인은 과업의 난이도나 운 등의 외재적 요인에서 찾으려는 경향을 자존적 편견(Self-Serving Bias)이라고 한다.
④ 성격유형을 A형과 B형으로 구분할 때, A형의 성격을 지닌 사람은 B형의 성격을 지닌 사람보다 경쟁적이고 조급한 편이다.
⑤ 대상이 속한 집단의 특성을 근거로 대상을 판단하는 것을 상동적 태도(Stereotyping)이라고 한다.

08. 다음 중 임금수준의 관리에 관한 설명으로 옳지 않은 것은?

① 대외적 공정성을 확보하기 위해서는 노동시장의 임금수준 파악이 필요하다.
② 기업의 임금 지불능력을 파악하는 기준으로 생산성과 수익성을 들 수 있다.
③ 임금수준 결정 시 선도전략은 유능한 종업원을 유인하는 효과가 크다.
④ 임금수준의 하한선은 기업의 지급능력에 의하여 결정된다.
⑤ 사회일반의 임금기준선 이하로의 임금설정은 생산성 하락의 원인이 될 수 있다.

09. 리더십 이론에 관한 다음 설명 중 적절한 것은?

① 허쉬(Hersey)와 블랜차드(Blanchard)는 리더와 부하의 관계가 나쁠수록 엄격하게 감독하고 관리하는 지시형 리더십이 적절하다고 하였다.
② 리더－구성원 교환관계이론(Leader－Member Exchange Theory) 또는 수직쌍관계이론(Vertical Dyad Linkage Theory)에 의하면 리더와 부하가 내집단(In－Group)의 관계일 때, 상사는 부하와 공식적인 범위 내에서만 관계를 유지하는 경향이 있다.
③ PM(Performance and Maintenance)이론에서는 성과지향(P)형보다 유지지향(M)형을 더 우선시한다.
④ 거래적 리더십(Transactional Leadership) 스타일을 지닌 리더는 부하의 역할과 목표를 명확하게 제시하고 부하 개개인의 욕구에 관심을 가지며, 부하들을 지속적으로 격려하는 행동을 한다.
⑤ 블레이크(Blake)와 머튼(Mouton)의 관리격자모형(Managerial Grid Model)에서는 상황의 특성과 관계없이 생산과 인간 모두에 높은 관심을 가지는 팀형(9, 9)을 이상적인 리더십 스타일로 정의하고 있다.

10. 다음 중 허즈버그(F. Herzberg)의 2요인이론에서 동기요인은 모두 몇 개인가?

㉠ 상사와의 관계	㉡ 성취
㉢ 회사 정책 및 관리방침	㉣ 작업 조건
㉤ 인정	

① 0개　② 1개　③ 2개
④ 3개　⑤ 4개

11. 직무관리에 관한 다음 설명 중 적절한 것은?

① 서열법(Ranking Method)은 직무의 수가 많을 때, 시간과 비용을 절약하기 위해 도입하는 직무평가방법이다.

② 핵크만(Hackman)과 올드햄(Oldham)의 직무특성이론에 의하면, 과업중요성이 높은 직무를 수행할수록 직무에 대한 책임감을 적게 느끼게 된다.

③ 직무충실화(Job Enrichment)는 재량권과 책임은 변화시키지 않고 수행하는 작업의 종류만 증가시키는 직무재설계 방법이다.

④ 요소비교법(Factor Comparison Method)은 기준 직무를 선정하고 평가하려는 직무의 평가요소를 기준 직무의 평가요소와 비교하는 직무평가방법이다.

⑤ 분류법(Classification Method)은 평가기준의 설정이 유동적이므로 사회적 변화에 따른 판단기준의 변화요구에 대응하기 용이하다는 이점을 가진다.

12. 다음의 (A) ~ (D)에 해당하는 개념이 적절하게 짝지어진 것은?

- (A)는 전문화된 단일 과업을 수평적으로 확대하여 과업의 수를 늘리는 것인 반면, (B)는 종업원의 직무를 수직적으로 확대하여 직무의 책임을 증가시키는 것이다.
- (C)에는 교육 경험, 지적 능력과 지식, 직무 경험, 업무 기술이 명시되는 데 비해 (D)는 직무의 명칭, 직무개요, 직무의무와 책임이 명시된다.

	(A)	(B)	(C)	(D)
①	직무확대	직무명세서	직무기술서	직무충실화
②	직무명세서	직무기술서	직무충실화	직무확대
③	직무기술서	직무충실화	직무확대	직무명세서
④	직무충실화	직무명세서	직무기술서	직무확대
⑤	직무확대	직무충실화	직무명세서	직무기술서

13. 마케팅 분석방법 중 소비자가 제품을 구매할 때 중요시하는 제품속성(Product Attribute)과 속성수준(Attribute Level)에 부여하는 가치를 산출해 냄으로써 최적 신제품의 개발을 지원해 주는 분석방법은?

① 컨조인트 분석(Conjoint Analysis)
② 상관관계 분석(Correlation Analysis)
③ 군집분석(Cluster Analysis)
④ SWOT 분석
⑤ 시계열분석(Time Series Analysis)

14. 보상관리에 관한 다음 설명 중 옳지 않은 것은?

① 임금수준을 결정할 때에는 최저임금액, 경쟁기업의 임금수준, 종업원의 생계비, 손익분기점 등을 고려할 필요가 있다.
② 우리나라의 법정 복리후생에는 국민건강보험, 산업재해보상보험, 고용보험, 국민연금 등이 포함되는데, 국민건강보험과 고용보험은 전액을 회사에서 지원하여야 한다.
③ 직능급을 적용할 경우 동일한 직무를 수행하더라도 임금액이 달라질 수 있다.
④ 직무급 도입을 위해서는 직무수행을 위해 필요한 숙련의 정도, 책임의 정도, 작업조건 등을 평가할 필요가 있다.
⑤ 연봉제는 직무성과에 따라 사용자와 근로자가 1년 단위로 봉급을 협상하여 결정하는 것이다.

15. 다음 중 보스턴 컨설팅 그룹(BCG)의 사업포트폴리오 매트릭스에 관한 설명으로 옳은 것은?

① 황금젖소(Cash Cow)에 속해 있는 사업단위는 수익이 높고 안정적이다.
② 물음표(Question Mark)에 속해 있는 사업단위는 투자가 필요하나 성장가능성은 낮다.
③ 개(Dog)에 속해 있는 사업단위는 확대전략이 필수적이다.
④ 별(Star)에 속해 있는 사업단위는 철수나 매각이 필수적이다.
⑤ BCG 매트릭스는 시장매력도와 기업의 경쟁적 위치에 따라 사업을 네 가지로 분류한다.

16. 다음 인사고과에 대한 설명 중 가장 적절하지 않은 것은?

① 프로브스트(Probst)법을 사용하게 되면 현혹효과를 제거할 수 있게 된다.
② 다면평가는 특정 계층의 고과자들에 의하여 평가가 좌우된다.
③ 인사평가 시 발생하는 오류 중 평가자 자신의 감정이나 경향을 피평가자의 능력을 평가하는 데 귀속시키거나 전가하는 오류를 주관의 객관화(Projection)라고 한다.
④ 고과의 일관성은 동일한 고과대상자에 대한 반복고과에서 같은 결과를 얻는 정도를 의미한다.
⑤ 인사고과제도는 이를 실시함에 있어서의 비용과 편익 측면도 고려해야 한다.

17. 다음 중 재고관리에서 안전재고(Safety Stock)에 관한 설명 중 옳지 않은 것은?

① 수요, 공급 및 리드타임(Lead Time) 등의 변동성이 작을수록 안전재고의 필요성이 감소한다.
② 과다한 안전재고의 보유는 불필요한 재고보유비용을 발생시킨다.
③ 수요예측의 정확도를 향상시키려는 노력과 납품업체와의 생산계획 공유를 통해 공급의 불확실성을 감소시키려는 노력은 안전재고를 감축하는 데 도움이 된다.
④ 고정주문량 모형(Q－모형)을 이용하는 경우, 리드타임 동안에 재고부족이 발생할 수 있으므로 리드타임 동안의 품절 위험에 대비한 안전재고를 고려해야 한다.
⑤ 기업에서 요구되는 서비스 수준(Service Level)이 낮을수록 서비스 수준을 달성하는 데 필요한 안전재고의 수준이 높아진다.

18. 다음 중 주식에 관한 설명으로 옳지 않은 것은?

① 기업의 이익 중 일부를 주주에게 분배하는 것을 배당이라고 한다.
② 기업은 발행한 보통주에 대한 상환의무를 갖지 않는다.
③ 주식은 주식회사의 의사결정에서 의결권의 기능을 한다.
④ 주주는 투자한 금액 내에서 유한책임을 진다.
⑤ 모든 주식은 채권과 달리 액면가가 없다.

19. 테일러(Taylor)와 포드(Ford) 시스템에 대한 설명으로 가장 적절하지 않은 것은?

① 포드는 생산의 표준화를 강조하였다.
② 테일러는 차별적 성과급제의 직능성 조직을 강조하였다.
③ 테일러는 조직의 관리과정을 계획, 조직, 지휘, 조정, 통제의 단계로 구분하였다.
④ 포드는 봉사주의와 저가격, 고임금의 원리를 중심으로 하는 경영이념을 강조하였다.
⑤ 포드는 기업을 양질의 제품을 사회에 공급하는 역할을 수행한다고 보았다.

20. 해리스(F. W. Harris)가 제시한 EOQ(경제적 주문량) 모형의 가정으로 옳은 것은?

① 단일 품목만을 대상으로 한다.
② 조달기간은 분기 단위로 변동한다.
③ 수량할인이 적용된다.
④ 주문비용은 주문량에 정비례한다.
⑤ 단위 기간 중의 수요는 예측할 수 없다.

21. 마케팅에서 사용되는 용어에 관한 다음 설명 중 옳은 것은?

① 마케팅 근시안(Marketing Myopia)이란 고객에게 제공될 구체적인 제품에 주의를 기울이지 않고, 그 제품으로 고객이 얻게 될 편익과 경험의 중요성만을 중요하게 여기는 실수를 의미한다.
② 스키밍가격(Market-Skimming Pricing)이란 신상품이 출시되었을 때는 가격을 높게 설정하고 점차 가격을 낮추는 가격정책을 말한다.
③ 리베이트(Rebates)란 상품을 구입하지 않은 고객에게 견본품을 반복하여 제공하는 것을 말한다.
④ 소비자의 고려 대상에 포함된 상품이나 브랜드를 FCB(Foote, Cone and Belding)라고 부른다.
⑤ 스놉 효과(Snob Effect)란 대중적으로 유행하고 있다는 정보와 사실이 소비자의 선택을 이끌어 내어 수요가 수요를 만드는 현상을 의미한다.

22. 기회비용(Opportunity Cost)에 관한 다음 설명 중 옳지 않은 것은?

① 기회비용이란 어떤 것이 선택되었을 때 그로 인해 선택되지 않은 자신의 대안(Nextbest Alternative) 값을 말한다.
② 시장에서 구입하는 재화의 기회비용은 해당 재화의 가격이다.
③ 재화를 생산하는 기업이 생산을 증가할 때 추가로 발생하는 기회비용은 항상 고정되어 있다.
④ 자신의 집을 페인트칠할 때 소요되는 기회비용은 페인트와 붓 등의 직접비용과 소요된 시간비용을 포함한다.
⑤ 마케팅에서의 가치(Value)를 결정하는 기준인 비용(Cost)은 기회비용을 포함한다.

23. 유통의 가치 중 제품의 종류와 양에 관한 제조업체와 소비자 간의 불일치를 해소하는 것으로 창출되는 가치는?

① 거래 횟수와 비용의 감소 ② 거래 장소의 가치 ③ 탐색의 가치
④ 형태의 가치 ⑤ 촉진의 가치

24. 다음 중 노동조합에 대한 설명으로 적절하지 않은 것은?

① 노동조합은 근로조건을 개선하고 유지하려는 목적으로 운영된다.
② 노동조합에는 경제적 기능과 공제적 기능, 정치적 기능이 있다.
③ 노동쟁의는 조정과 중재의 절차를 거친다.
④ 노동조합은 단체교섭을 통해 임금이나 근로시간 등에 관한 협약을 체결할 수 있다.
⑤ 채용에 있어 조합인에게 우선순위를 주는 제도는 에이전시 숍(Agency Shop)이다.

25. 다음 중 전사적 품질경영(TQM)에 대한 설명으로 옳은 것은?

① 품질관리에 있어서 예방을 강조하는 접근법으로, 처음부터 결점이 없는 완전한 제품을 생산할 것을 지향하는 품질향상운동이다.
② 표본 수와 크기를 결정하는 샘플링 검사를 활용하여 품질관리를 하는 방식이다.
③ 고객만족을 높이기 위해 품질의 지속적 개선과 전략적 차원에서 전 종업원의 참여를 추구한다.
④ 프로세스에 불량과 변동성은 최소화하고 기업의 성과는 최대화하는 종합적이고 유연한 제조방식이다.
⑤ 생산라인에서의 데이터를 분석하여 비능률적인 요소를 제거하여 품질을 확보한다.

13회 코레일 경영학 [전공시험]

기출예상모의고사

수험번호 : ____________________

성　　명 : ____________________

13회 기출예상문제

▶ 정답과 해설 69쪽

01. 경영이론의 주창자와 그 내용이 옳지 않은 것은?

① 테일러(Taylor) : 차별성과급제
② 메이요(Mayo) : 비공식적 조직의 중시
③ 베버(Weber) : 규칙과 절차의 중시
④ 페이욜(Fayol) : 경영의 일반관리원칙
⑤ 포드(Ford) : 고임금 고가격의 원칙

02. 브랜드관리에 관한 설명으로 적절한 것을 〈보기〉에서 모두 고르면?

보기

㉠ 기존 브랜드와 다른 제품 범주에 속하는 신제품에 기존 브랜드를 붙이는 것은 라인 확장(Line Extension)이다.
㉡ 라인 확장을 할 때 자기잠식(Cannibalization)의 위험성은 하향 확장보다 상향 확장에서 더 높다.
㉢ 기존의 제품 카테고리에 여러 개의 브랜드를 운영하는 것은 복수브랜드(Multibrand)이다.
㉣ 카테고리확장은 동일한 제품군 내에서 형태나 포장크기 등을 변경해 동일한 브랜드의 신제품을 개발하는 경우이다.

① ㉠
② ㉡
③ ㉢
④ ㉠, ㉡
⑤ ㉡, ㉣

03. 조직구조와 조직설계에 관한 내용의 연결로 적절하지 않은 것은?

① 매트릭스 조직(Matrix Structure) : 이중적인 보고체계로 인하여 보고담당자가 역할갈등을 느낄 수 있다.
② 부문별 조직(Divisional Structure) : 시장과 고객의 요구에 대응할 수 있으나 각 사업부 내에서 규모의 경제를 달성하기가 쉽지 않다.
③ 라인-스태프 조직(Line and Staff Organization) : 제조와 영업을 담당하는 라인과 관리업무를 담당하는 스태프로 구성한다.

④ 통제의 범위(Span of Control) : 부문 간의 협업에 필요한 업무담당자의 자율권을 보장해 줄 수 있도록 하는 부서별 권한과 책임의 범위를 말한다.

⑤ 기능별 조직(Functional Structure) : 기능별 전문성을 확보할 수 있으나 기능 부서들 간의 조정이 어렵고 시장의 변화에 즉각적으로 대응하기가 쉽지 않다.

04. 지각, 귀인, 의사결정에 관한 설명으로 옳지 않은 것은?

> ㉠ 10명의 후보자가 평가위원과 일대일 최종 면접을 볼 때 피평가자의 면접순서는 최근효과 및 대비효과를 유발할 수 있다.
> ㉡ 집단사고는 지나치게 이질적인 집단이 그 이질성으로 인해 지나치게 비합리적인 의사결정을 하는 경우를 말한다.
> ㉢ 사람들은 자신의 행동에 대한 원인을 찾을 때와 타인의 행동에 대한 원인을 찾을 때 서로 다른 경향을 보인다.
> ㉣ 제한된 합리성하에서 개인은 만족할 만한 수준의 대안을 찾는 의사결정을 한다.
> ㉤ 통제의 환상은 사람이 자신과 환경을 완전히 통제할 수 있다고 믿는 심리를 의미한다.
> ㉥ 다이어트를 하는 학생들이 하지 않는 학생들에 비해 과거보다 식품 관련 광고가 더 많아졌다고 느끼는 것은 지각적 방어(Perceptual Defense)에 해당된다.

① 1개　② 2개　③ 3개
④ 4개　⑤ 5개

05. 다음 중 목표에 의한 관리(MBO)에 대한 설명으로 옳지 않은 것은?

① 상사와 부하 간의 의사소통 증진에 기여한다.
② 통제기준으로서의 목표를 명확히 제시함으로써 효과적인 통제에 기여한다.
③ 신축성 있는 목표변경을 허용하기 때문에 과업환경의 변화에 유연하게 대처할 수 있다.
④ 목표의 달성 여부를 기준으로 하는 체계적인 평가기준을 제공한다.
⑤ 자기통제에 의한 자기개발과 능력개발을 촉진함으로써 목표달성 의욕을 향상시킨다.

06. 신제품의 가격 책정 방법에 대한 설명으로 옳지 않은 것은?

① 수요탄력성이 낮아 가격 인하가 수요에 영향을 크게 영향을 주지 못하는 경우 스키밍가격전략(Skimming Pricing)이 효과적이다.

② 목표 소비자들의 가격 민감도가 높은 경우 시장침투가격전략(Market Penetration Pricing)이 효과적이다.

③ 시장 진입장벽이 높아 경쟁자의 진입이 어려운 경우 시장침투가격전략이 많이 활용된다.

④ 특허기술 등의 이유로 제품이 보호되는 경우 스키밍가격전략이 많이 활용된다.

⑤ 신제품 출시 초기 높은 가격에도 잠재 수요가 충분히 형성되어 있는 경우 스키밍가격전략이 효과적이다.

07. 유통관리에 관한 설명으로 적절하지 않은 것은?

① 완전기능 도매상은 거래, 유통, 촉진 등의 모든 도매상의 활동을 수행한다.

② 방문판매는 영업사원에 의해 판매되는 무점포형 소매상이고, 다단계판매도 무점포 판매의 한 형태이다.

③ 경매상은 제품의 소유권 획득 없이 공급자로부터 판매위탁만을 받아 경매를 통해 최고 입찰자에게 판매를 하는 방식의 대리상을 의미한다.

④ 전문품에 적합한 경로 커버리지는 집약적 유통이다.

⑤ 광의의 유통은 재화의 유통뿐만 아니라 정보의 유통과 금융의 유통을 모두 포함하는 개념이다.

08. 품질경영에 관한 설명으로 적절하지 않은 것은?

① QC 서클은 품질, 생산성, 원가 등과 관련된 문제를 해결하기 위해 모이는 작업자 그룹이다.

② ZD(Zero Defect) 프로그램은 불량이 발생되지 않도록 통계적 품질관리의 적용을 강조한다.

③ 품질비용은 일반적으로 통제비용과 실패비용의 합으로 계산된다.

④ 관리도는 정기적으로 추출한 표본자료의 움직임으로 공정의 이상유무를 판단하는 통계적 관리기법이다.

⑤ 6시그마 품질수준은 공정평균이 규격의 중심에서 '1.5×공정표준편차'만큼 벗어났다고 가정하였을 때 100만 개당 3.4개 정도의 불량이 발생하는 수준을 의미한다.

09. 수직적 마케팅시스템 중 소유권의 정도와 통제력이 강한 유형에 해당하는 것은?

① 계약형 VMS ② 기업형 VMS ③ 관리형 VMS
④ 협력형 VMS ⑤ 개별형 VMS

10. 서비스 단계별 '고객의 행동, 종업원의 행동, 종업원 지원 프로세스'에 대해 가시선을 기준으로 나누어서 제시하는 플로 차트는?

① 피쉬본 다이어그램(Fishbone Diagram) ② LOB(Line Of Balance)
③ 마인드 맵(Mind Map) ④ 서비스 청사진(Service Blueprint)
⑤ 간트 차트(Gantt Chart)

11. 다음 중 기업의 환경분석에 관한 설명으로 적절하지 않은 것은?

① PEST 분석은 거시환경 영향요인을 추출하여 기업의 현재와 미래에 영향을 미치는 기회와 위험 요인을 분석하는 것이 목적이다.
② SWOT 분석은 기업의 내부자원 및 능력과 외부의 가능성 사이의 적합도를 평가하기 위해 사용되며 복잡하고 불확실한 변수에 대한 핵심 정보를 제공하고 있다.
③ 비즈니스 모델분석은 기업이 제품 또는 서비스 등 수익모델을 창출하는 시장에서의 상대적 경쟁우위 요소를 체계적으로 분석하는 방법이다.
④ 7S 분석(전략, 시스템, 구조, 스타일, 능력, 직원, 공유가치)은 조직을 이해하고 설계하는 데 중요한 사항을 밝혀내는 것에 유용하며 조직의 강점과 약점 그리고 기업문화와의 일체성 여부를 확인하는 데 도움을 준다.
⑤ 5 Force 분석은 신규진입자 위협, 공급자 협상력, 구매자 협상력, 대체 상품, 서비스 위협, 기존 경쟁사 간의 경쟁 강도를 분석하여 기업의 전략과제와 시사점을 도출할 수 있다.

12. 생산수량과 일정을 토대로 필요한 자재소요계획을 수립하는 관리시스템은?

① TQM　　② FMS　　③ MRP
④ SCM　　⑤ SPC

13. 동기부여이론에 대한 설명으로 옳지 않은 것은?

① 허즈버그(Herzberg)의 2요인이론에서 위생요인에는 임금, 안정된 직업, 작업조건, 지위, 경영방침, 관리, 대인관계 등이 있고, 동기요인에는 성취감, 인정, 책임감, 성장, 발전, 보람있는 직무내용, 존경 등이 있다.
② 강화이론에서 벌과 소거는 바람직하지 못한 행동의 빈도를 감소시키지만 부정적 강화와 긍정적 강화는 바람직한 행동의 빈도를 증가시킨다.
③ 브룸(Vroom)의 기대이론에 따르면 과업성취에 대한 기대, 보상의 유의성 및 수단성이 클수록 동기부여의 강도도 커지게 된다.
④ 포터(Porter)와 롤러(Lawler)의 기대이론은 성취감, 책임감 등의 내재적 보상이 성과에 큰 영향을 미친다는 점에 주목하였다.
⑤ 매슬로우(Maslow)의 욕구이론에 따르면 생리 욕구, 친교 욕구, 안전 욕구, 성장 욕구, 자아실현 욕구의 순서로 욕구가 충족된다.

14. 리더십이론에 관한 설명으로 옳은 것은?

① 리더-부하 교환이론(LMX ; Leader-Member Exchange Theory)에서는 리더와 부하의 관계 질에 따라서 부하를 내집단과 외집단으로 구분한다.
② 허쉬(Hersey)와 블랜차드(Blanchard)의 상황이론에 따르면 설득형 리더십 스타일의 리더보다 참여형 리더십 스타일의 리더가 과업지향적 행동을 더 많이 한다.
③ 피들러(Fiedler)의 상황이론에 따르면 개인의 리더십 스타일이 고정되어 있지 않다는 가정하에 리더는 상황이 변할 때마다 자신의 리더십 스타일을 바꾸어 상황에 적응한다.
④ 블레이크(Blake)와 머튼(Mouton)의 관리격자이론은 리더십의 상황이론에 해당된다.
⑤ 하우스(House)의 경로-목표이론에서 리더의 역할은 주도적으로 경로를 제안하고 목표 달성을 위한 적극적 행위를 보인다.

15. **마케팅에 관련된 다음 설명 중 적절한 항목은 모두 몇 개인가?**

> ㉠ 자기 상품에 대한 수요를 감소시키기 위해 활동하는 것을 교차판매(Cross Selling)라고 한다.
> ㉡ 표본추출과정에서는 표본프레임을 결정한 이후에 모집단을 설정한다.
> ㉢ 효과적인 시장세분화를 위해 세분시장이 갖추어야 할 요건 중의 하나는 세분시장의 규모가 최대한 작아야 한다는 것이다.
> ㉣ 3C 분석의 3C는 기업의 마케팅 환경을 분석하기 위한 분석 대상인 협력사(Cooperator), 소비자(Customer), 경쟁사(Competitor)를 의미한다.
> ㉤ 상표전환 매트릭스는 고객행동에 기초한 경쟁자 파악방법이다.

① 1개　　② 2개　　③ 3개
④ 4개　　⑤ 5개

16. **생산공정 및 설비배치에 관한 설명으로 적절하지 않은 것은?**

① 선박 건조나 항공기 제조 등 제품의 크기가 크고 무거운 경우에는 고정위치배치가 효율적이다.
② 주문생산공정은 계획생산공정보다 유연성이 높지만 최종제품의 재고수준이 높아지는 단점이 있다.
③ 공정별 배치에서는 제품별 배치에 비해 설비의 고장이나 작업자의 결근 등이 발생할 경우 생산시스템 전체가 중단될 가능성이 낮으며 노동 및 설비의 이용률이 높다.
④ 그룹테크놀로지(GT)를 이용하여 설계된 셀룰러 배치는 공정별 배치에 비해 가동준비시간과 재공품 재고가 감소되는 등의 장점이 있다.
⑤ 제품이 다양하고 배치 크기(Batch Size)가 작을수록 라인공정보다는 잡숍공정(Job Shop Process)이 선호된다.

17. 재고관리에 관한 설명으로 옳지 않은 것은?

① 재고란 수요에 대응하기 위해 물품이나 자원을 보관하는 물량을 의미한다.
② 재고유지비는 재고를 보관하는 데 소요되는 비용으로 고정비의 성격을 갖는다.
③ 재고입고비용, 입하품의 검사비용, 거래선 및 가격조사비용 등은 재고주문비에 해당한다.
④ 준비비용은 재고를 자체 제작할 경우 생산공장에서 그 제품을 제조하기 위하여 생산라인을 준비하는데 소요되는 비용을 의미한다.
⑤ 안전재고란 불확실한 수요에 대처하기 위한 재고로 품절 혹은 미납주문을 예방하고 납기수준의 향상을 목적으로 보유한다.

18. 다음 설명에 해당하는 직무설계는?

- 직무성과가 경제적 보상보다는 개인의 심리적 만족에 있다고 전제한다.
- 종업원에게 직무의 정체성과 중요성을 높여 주고 일의 보람과 성취감을 느끼게 한다.
- 종업원에게 많은 자율성과 책임을 부여하여 직무경험의 기회를 제공한다.

① 직무충실화　② 직무전문화　③ 직무순환
④ 직무동기화　⑤ 수평적 직무확대

19. 종업원 선발을 위한 면접에 관한 설명으로 옳은 것은?

① 구조화 면접은 표준화된 질문지를 사용한다.
② 스트레스 면접은 여러 시기에 걸쳐 여러 사람을 면접하는 방식이다.
③ 면접의 신뢰성과 타당성을 높이기 위해 면접 내용 개발 단계에서 면접관이나 경영진을 배제한다.
④ 위원회 면접은 한 명의 면접자가 여러 명의 피면접자를 평가하는 방식이다.
⑤ 프레젠테이션 면접은 다수의 지원자들을 대상으로 특정 주제에 대한 토론회를 진행하여 그 내용과 토론 과정에서의 태도를 관찰하고 평가하는 방식이다.

1회 2회 3회 4회 5회 6회 7회 8회 9회 10회 11회 12회 13회 14회 15회 16회

20. 여수시에 위치한 석유화학단지와 같이 일정한 지역에서 기초 원료부터 제품에 이르기까지 생산 단계가 다른 각종 생산 부문과 기술적으로 결합되어 집약적인 계열을 형성한 기업의 지역적 결합체는?

① 콘체른(Konzern)
② 콤비나트(Kombinat)
③ 트러스트(Trust)
④ 컨소시엄(Consortium)
⑤ 조인트벤처(Joint Venture)

21. 가격관리에서 다음 A와 B의 심리를 가장 잘 설명하는 이론으로 순서대로 연결된 것은?

> A는 얼마 전 200만 원짜리 노트북을 선택할 때 10 ~ 20만 원의 옵션 추가 비용은 크게 신경 쓰지 않았으나, 500원짜리 캔커피의 1 ~ 200원 가격변동에는 민감하게 반응하였다.
> B는 1,000원짜리 제품에서 150원 미만의 가격인상은 느끼지 못했지만, 150원 이상의 가격인상은 알아차렸다.

① 준거가격(Reference Price) – 스키밍가격(Market – Skimming Pricing)
② 손실회피성(Loss Aversion) – 단수가격(Odd – Number Pricing)
③ 이부가격제(Two – part Tariff) – 유보가격(Reservation Price)
④ 베버의 법칙(Weber's Law) – JND(Just Noticeable Difference)
⑤ JND(Just Noticeable Difference) – 베버의 법칙(Weber's Law)

22. 마이클 포터의 산업의 경쟁강도분석에 관한 내용으로 적절하지 않은 것은?

① 산업 내 경쟁업체가 많을수록 수익률은 낮아진다.
② 구매자의 교섭력이 낮을수록 수익률은 낮아진다.
③ 해당 산업의 진입장벽이 낮을수록 수익률은 낮아진다.
④ 산업 내 대체품이 적을수록 수익률은 높아진다.
⑤ 구매자가 부담하는 전환비용이 높을수록 수익률은 높아진다.

23. 마케팅 커뮤니케이션에 관한 설명으로 틀린 것은?

① 인적판매는 비용이 높지만 즉각적 피드백이 가능하다.
② PR은 신뢰도는 높지만 내용을 통제할 수 없다.
③ 판매촉진은 상품의 단기적인 판매증진에 효과적이다.
④ 인적판매나 중간상을 대상으로 한 판매촉진은 대표적인 풀(Pull) 전략이다.
⑤ 푸시(Push) 전략은 풀 전략에 비해 제조업체가 가지는 주도권이 약하다.

24. 직무급의 특징에 관한 설명으로 옳지 않은 것은?

① 직무의 상대적 가치에 따라 개별임금이 결정된다.
② 능력주의 인사풍토 조성에 유리하다.
③ 동일노동 동일임금 실현이 가능해진다.
④ 시행절차가 간단하고 적용이 용이하다.
⑤ 업무효율과 무관한 장기근속에 따른 고임금화를 억제할 수 있다.

25. 학습조직에 관한 설명 중 적절하지 않은 것은?

① 조직의 보상체계는 개인별 성과급 위주로 구성되어 있다.
② 불확실한 환경에 필요한 신축성을 제고하기 위해 네트워크 조직과 가상조직을 활용한다.
③ 문제해결을 위한 조직의 공식자료는 항상 조직구성원이 접근 가능해야 하며, 조직구성원 간의 광범위한 의사소통을 장려한다.
④ 부서 간 경계를 최소화하는 조직문화를 중시하며, 구성원 상호 간의 동정과 지원의 정서를 강조한다.
⑤ 학습조직의 리더는 구성원들을 통제하는 역할보다 구성원들의 변화를 촉진하는 역할을 수행한다.

14 회 코레일 경영학 [전공시험]

기출예상모의고사

수험번호 : ____________________

성　　명 : ____________________

14회 기출예상문제

▶ 정답과 해설 74쪽

01. 경영이론에 대한 설명으로 옳은 것은?

① 테일러(F. Taylor)의 과학적 관리론에서는 고정적 성과급제를 통한 조직관리를 강조하였다.

② 페이욜(H. Fayol)은 기업의 관리활동으로 계획, 조직, 지휘, 조정, 통제 등을 제시하였다.

③ 바나드(C. Barnard)의 학습조직이론에서는 인간을 제한된 합리성을 갖는 의사결정자로 보았다.

④ 호손 실험을 계기로 활발하게 전개된 인간관계론은 공식적 작업 집단만이 작업자의 생산성에 큰 영향을 미친다고 주장하였다.

⑤ 베버(M. Weber)의 관료제에서 관리자는 전문경영인이며 관리자의 권한과 책임은 관리자 개인의 능력에 따라 달라진다고 보았다.

02. 핵크만(Hackman)과 올드햄(Oldham)의 직무특성이론에 관한 설명으로 옳지 않은 것은?

① 다양한 기술이 필요하도록 직무를 설계함으로써 직무수행자가 해당 직무에서 의미감을 경험하게 한다.

② 자율성을 부여함으로써 직무수행자가 해당 직무에서 책임감을 경험하게 한다.

③ 도전적인 목표를 제시함으로써 직무수행자가 해당 직무에서 성장욕구와 성취감을 경험하게 한다.

④ 직무수행과정에서 피드백을 제공함으로서 직무수행자가 해당 직무에서 직무수행 결과에 대한 지식을 가지게 한다.

⑤ 직무다양성을 통해 종업원이 가진 다양한 기술과 재능을 다양한 직무에 활용할 수 있도록 한다.

03. 신제품 확산과 제품수명주기에 관한 설명으로 옳은 것을 〈보기〉에서 모두 고르면?

보기

A. 후기 다수 수용자(Late Majority)는 조기 수용자(Early Adopters) 바로 다음에 신제품을 수용하는 소비자 집단이다.
B. 단순성(Simplicity)은 신제품의 이해나 사용상의 용이한 정도를 의미하며 신제품 수용에 영향을 미치는 요인들 중의 하나이다.
C. 시장규모는 성숙기보다 성장기에서 더 크고, 제품원가는 도입기보다 성장기에서 더 높다.
D. 전형적인 제품수명주기는 도입기, 성장기, 성숙기, 쇠퇴기 단계를 갖는다.
E. 최종수용층(Laggards)는 제품수명주기상 쇠퇴기에 제품을 주로 수용한다.

① A, B, C ② B, D, E ③ B, C, E
④ A, D, E ⑤ C, D, E

04. 다음 중 변혁적 리더십에 대한 설명으로 거리가 먼 것은?

① 리더는 성공이나 성취에 대한 비전을 심어 주고 낙관적인 전망을 제시한다.
② 리더는 구성원 개개인의 니즈에 관심을 가지며 그들을 믿고 신뢰한다.
③ 리더는 구성원들이 과거의 문제해결 방식에서 벗어나 보다 혁신적이고 창의적으로 변화할 수 있도록 자극한다.
④ 리더와 하위직 간에 각자의 책임과 기대하는 바를 명확하게 제시한다.
⑤ 부하의 정서, 가치관, 윤리, 행동규범 그리고 장기적 목표 등을 바꾸어 줌으로써 개인을 변화시킨다.

05. 소비자 의사결정과정에 관한 설명으로 옳지 않은 것은?

① 분리식(Disjunctive Rule)은 소비자가 특히 중요시 여기는 특정 속성에 집중하는 방식이다.
② 사전편집식(Lexicographic Rule)은 비보완적 대안평가방식이다.
③ 결합식(Conjunctive Rule)은 비보완적 대안평가방식이다.
④ 특정 브랜드에 대해 호의적 태도를 가지고 반복 구매하는 것은 브랜드 충성도와 관련이 있다.
⑤ 상기상표군(Evoked Set)은 외적 정보탐색과 관련이 있다.

06. 장기적인 생산능력의 측정과 평가에 대한 설명으로 옳지 않은 것은?

① 유효생산능력(Effective Capacity)은 설계생산능력(Design Capacity)을 초과할 수 없다.
② 실제 산출률(실제 생산능력)은 유효생산능력을 초과할 수 없다.
③ 생산능력 이용률은 생산능력 효율을 초과할 수 없다.
④ 보통 실제생산능력이 유효생산능력보다 낮아지는 이유는 보통 관리자가 통제할 수 없는 사유에 기인한다.
⑤ 효과적인 생산관리 활동(제품 및 공정설계, 품질관리 등)을 통해 실제 산출률은 증가하지만 유효생산능력은 변하지 않는다.

07. 테일러(F. Taylor)의 과학적 관리법에 관한 내용으로 옳지 않은 것은?

① 시간 및 동작 연구
② 차별적 성과급제도
③ 집단중심의 보상
④ 고임금 저노무비 지향
⑤ 일일 작업량 설정

08. 아담스(J. S. Adams)의 공정성이론에서 조직구성원들이 개인적 불공정성을 시정하기 위한 방법으로 제시된 것이 아닌 것은?

① 투입의 변경
② 산출의 변경
③ 투입과 산출의 인지적 왜곡
④ 준거인물 유지
⑤ 직장의 이동

09. 직무만족 및 불만족에 대한 설명으로 옳은 것은?

① 직무불만족을 증가시키는 개인적 성향은 긍정적 정서와 긍정적 자기평가이다.
② 역할 모호성, 역할 갈등, 역할 과다를 경험한 사람들의 직무 만족이 높다.
③ 직무만족이란 직무를 통해 그 가치를 느끼고 업무 성취감을 느끼는 긍정적 감정 상태를 말한다.
④ 종업원과 상사 사이의 공유된 가치관은 직무만족을 감소시킨다.
⑤ 비자발적 업무순환은 직무만족을 증대시킨다.

10. 다음 중 사내공모제(Job Posting System)에 관한 설명으로 옳지 않은 것은 몇 개인가?

> A. 종업원의 상위직급 승진 기회가 제한된다.
> B. 외부 인력의 영입이 차단되어 조직이 정체될 가능성이 있다.
> C. 지원자의 소속부서 상사와의 인간관계가 훼손될 수 있다.
> D. 선발과정에서 여러 번 탈락되었을 때 지원자의 심리적 위축감이 고조된다.
> E. 사내의 인재 육성 방안으로 활용이 가능하다.
> F. 기존 조직구성원들의 만족도를 제고시킨다.
> G. 기존의 구성원에게 동기부여를 제공하나 모집범위가 제한되고 승진을 위한 과다경쟁이 생길 수 있다.

① 1개　② 2개　③ 3개
④ 4개　⑤ 5개

11. 가격결정 유형에 대한 설명으로 바르지 않은 것은?

① 종속제품 가격결정은 주요 제품과 함께 사용되는 제품을 동시에 생산하는 경우 기본제품은 높은 가격으로, 종속제품은 낮은 가격으로 가격을 결정하는 것이다.

② 상층흡수 가격결정법은 제품도입기에 투자비 회수와 시장 확대를 위해 고가의 가격설정을 하는 방법으로 수요의 가격탄력성이 낮은 제품에 많이 이용된다.

③ 침투가격결정은 제품도입기에 시장성장률 확대를 위해 저가의 가격설정을 하는 방법으로 수요의 가격탄력성이 높은 제품에 많이 이용된다.

④ 명성가격 결정방법은 가격이 높으면 품질이 좋을 것이라고 느끼는 효과를 이용하여 고급상품의 가격결정에 많이 이용된다.

⑤ 손실유도 가격결정법은 특정 제품의 가격을 대폭 인하하여 다른 품목의 수익성을 확보하기 위한 일종의 심리가격결정이다.

12. 임금 및 보상에 관한 설명으로 옳지 않은 것은?

① 직무급은 해당기업에 존재하는 직무들을 평가하여 상대적 가치에 따라 임금을 결정하는 방식이다.

② 기업의 지불능력, 종업원의 생계비 수준, 노동시장에서의 수요와 공급 등은 기업의 임금수준을 결정하는 요인이다.

③ 노동조합의 존재와 그 조직률은 임금결정에 영향을 미친다.

④ 직능급은 종업원의 보유하고 있는 직무수행능력을 고려하여 임금을 결정하는 방식이다.

⑤ 내재적 보상이 클수록 임금의 내부공정성이 높아지고, 외재적 보상이 클수록 임금의 외부공정성이 높아진다.

13. 품질경영에 대한 다음 설명 중 가장 옳은 것은?

① TQM은 최고책임자의 강력한 리더십에 의해 추진되는 장기적 품질혁신 프로그램이다.

② 통계적 품질관리에서 모든 품질관리는 통제가 가능함을 전제한다.

③ 싱고(Shingo) 시스템은 통계적 품질관리(SQC)기법을 활용한 경영기법이다.

④ ISO 12000 시리즈는 품질 프로그램에 대한 일련의 표준으로 유해물질의 생성과 처리 및 처분에 대한 자료의 추적을 포함하고 있다.

⑤ SERVQUAL은 기업이 제공하는 서비스가 기업의 입장에서 얼마나 자체품질기준에 부합되는지 측정하는 도구이다.

14. **경영전략에 대한 다음 설명 중 가장 적절하지 않은 것은?**

> ㉠ 경영전략을 통해 기업은 환경의 변화에 대처하고 기업의 장 · 단기목표를 수립한다.
> ㉡ BCG 매트릭스는 GE 매트릭스의 문제점을 보완하기 위해 개발되었다.
> ㉢ BCG 매트릭스에서 시장점유율이 높고, 시장성장률이 높은 사업부를 별(Star)이라고 한다.
> ㉣ 균형성과표(BSC)는 재무적 측정치와 비재무적 측정치를 함께 검토한다.
> ㉤ 포터(Porter)의 산업구조분석은 기업의 주변 환경에 따른 수익률의 변동에 주목한다.
> ㉥ 보스톤 컨설팅 그룹(BCG)의 사업포트폴리오 매트릭스에서 문제아(Problem Child, Question Marks)의 경우에 자금을 투입하기도 한다.
> ㉦ 관련다각화 전략을 사용하면 반드시 규모의 경제(Economy of Scale)가 실현된다.

① ㉠, ㉢　② ㉡, ㉦　③ ㉢, ㉤
④ ㉣, ㉥　⑤ ㉥, ㉦

15. **다음 설명에 해당하는 마케팅 조사의 척도는?**

> • 관찰대상을 상호 배타적인 범주로 구분하기 위하여 사용한다.
> • 운동선수의 등번호에는 선수들을 구분하는 기능만이 존재하고 그 우열이나 산술적 의미를 담지 않는다.

① 서열척도　② 등간척도　③ 명목척도
④ 비율척도　⑤ 리커트 척도

16. **인사고과의 오류 중 피고과자가 속한 사회적 집단에 대한 평가에 기초하여 판단하는 것은?**

① 현혹효과(Halo Effect)　② 논리적 오류(Logical Errors)
③ 대비오류(Contrast Errors)　④ 근접오류(Proximity Errors)
⑤ 상동적 태도(Stereotyping)

17. 다음은 상사 A에 대한 나의 태도를 기술한 것이다. 이에 해당하는 태도의 구성요소를 옳게 연결한 것은?

> ㄱ. 나의 상사 A는 권위적이다.
> ㄴ. 나는 상사 A가 권위적이어서 좋아하지 않는다.
> ㄷ. 나는 권위적인 상사 A의 지시를 따르지 않겠다.

	ㄱ	ㄴ	ㄷ
①	감정적 요소	인지적 요소	행동적 요소
②	감정적 요소	행동적 요소	인지적 요소
③	인지적 요소	행동적 요소	감정적 요소
④	인지적 요소	감정적 요소	행동적 요소
⑤	행동적 요소	감정적 요소	인지적 요소

18. 잠재된 수요 상태에 있는 잠재고객들이 원하는 바를 충족시키는 것을 목적으로 하는 마케팅관리 기법은?

① 전환적 마케팅(Conversional Marketing)
② 동시화 마케팅(Synchro Marketing)
③ 자극적 마케팅(Stimulative Marketing)
④ 개발적 마케팅(Developmental Marketing)
⑤ 디마케팅(Demarketing)

19. 다음 중 기업이 집단화하는 목적에 해당하지 않는 것은?

① 출자관계를 통해 다른 기업을 지배하기 위해
② 생산 공정이나 유통경로의 전후방에 있는 기업들의 합리적으로 운용하기 위해
③ 사업의 전문화 및 효율화, 기업내분의 효과적인 해결, 기업 간 경쟁관계의 해소를 목적으로
④ 시장 내 경쟁을 회피하거나 시장통제력을 강화하기 위해
⑤ 기업들이 가진 독자적인 기술을 획득, 이용하기 위해

20. MRP(자재소요계획)에 관한 설명 중 옳은 것을 〈보기〉에서 모두 고르면?

보기

a. MRP를 위해서는 재고기록, MPS(기준생산계획), BOM(자재명세서)의 입력 자료가 필요하다.
b. 각 품목의 발주시점은 그 품목에 대한 리드타임을 고려하여 정한다.
c. MRP는 BOM의 나무구조(Tree Structure)상 하위품목에서 시작하여 상위품목 방향으로 순차적으로 작성한다.
d. MRP를 위해서는 BOM에 표시된 하위품목에 대한 별도의 수요예측(Forecasting) 과정이 필요하다.
e. 자재소요계획(MRP)은 최종제품을 언제, 얼마만큼 생산할 것인지를 나타내며 자재명세서(BOM) 등과 함께 기준생산계획(MPS)의 주요 입력자료이다.

① a, b ② a, c ③ b, c
④ b, d ⑤ c, d

21. 강화계획(Schedules of Reinforcement) 중 불규칙한 횟수의 바람직한 행동 후 강화요인을 제공하는 기법은?

① 고정간격법 ② 변동간격법 ③ 고정비율법
④ 변동비율법 ⑤ 연속법

22. 집단의사결정의 특징으로 옳지 않은 것은?

① 개인에 비해 보다 많은 정보와 지식으로 아이디어를 창출할 수 있다.
② 의사결정에 참여한 구성원들의 교육효과가 높게 나타난다.
③ 구성원의 합의에 의한 것이므로 수용도와 응집력이 높아진다.
④ 서로의 의견에 비판 없이 동의하는 경향이 있다.
⑤ 차선책을 채택하는 오류가 발생하지 않는다.

23. 다음 중 허즈버그(Frederick Herzberg)의 2요인이론의 동기요인(Motivator)에 해당하는 것을 모두 고르면?

ㄱ. 발전	ㄴ. 봉급
ㄷ. 성취	ㄹ. 지위

① ㄱ, ㄷ ② ㄱ, ㄹ ③ ㄴ, ㄷ
④ ㄴ, ㄹ ⑤ ㄷ, ㄹ

24. 교량, 도로, 대형선박 등 생산수량이 1 ~ 2인 대규모 생산에 적절한 공정으로 고객화가 높고 생산기간이 장기인 생산공정은?

① 프로젝트공정 ② 개별공정 ③ 라인공정
④ 연속공정 ⑤ 배치공정

25. 다음에서 설명하는 A 기업과 B 기업의 SWOT 분석의 전략유형으로 가장 적절하게 연결된 것은?

- A 기업은 이미 보유하고 있던 온라인 포털의 강력한 마케팅 채널을 활용해 현재 수요가 증가하고 있는 모바일 쇼핑시장의 판매율을 높이는 전략을 구사하고자 한다.
- B 기업은 기회 활용을 위해 약점을 보완해야 하는 상황이다.

	A 기업	B 기업
①	WT 전략	WO 전략
②	SO 전략	WO 전략
③	ST 전략	WT 전략
④	SO 전략	WT 전략
⑤	WO 전략	WT 전략

15회 코레일 경영학 [전공시험]

기출예상모의고사

수험번호 : ____________________

성　　명 : ____________________

15회 기출예상문제

▶ 정답과 해설 78쪽

01. 다음 중 테일러(Taylor)의 과학적 관리법에 대한 설명으로 옳지 않은 것은?

① 동작연구를 통하여 직무별 요소작업을 세분화하였다.

② 작업에 불필요한 동작을 제거하여 최선의 작업방법을 찾아냈다.

③ 요소별 시간연구를 통해 요소별 표준작업시간을 산정하였다.

④ 표준품을 제조하기 위해 부품의 규격화, 제품 및 작업의 단순화, 제조공정의 전문화의 개념을 정립하였다.

⑤ 과업관리와 차별성과급제의 목표를 높은 임금과 낮은 노무비의 원리에 두었다.

02. 다음 중 블루오션(Blue Ocean)의 특징에 해당되는 것을 모두 고르면?

㉠ 경쟁자가 없는 새로운 시장창출	㉡ 차별화와 원가 우위를 통한 가치혁신
㉢ 경쟁에서의 승리가 우선	㉣ 기존 수요의 증대

① ㉠, ㉡　　② ㉠, ㉢　　③ ㉡, ㉢
④ ㉡, ㉣　　⑤ ㉢, ㉣

03. 다음 ㉠, ㉡에 들어갈 성장전략 유형으로 옳게 짝지어진 것은?

구분	기존제품	신제품
기존시장		㉡
신시장	㉠	

	㉠	㉡
①	제품개발전략	시장개발전략
②	시장개발전략	제품개발전략
③	시장개발전략	다각화전략
④	시장침투전략	다각화전략
⑤	시장침투전략	제품개발전략

04. 다음에서 설명하고 있는 지각과정에서 발생하는 오류는?

> 주관식 시험 답안지를 채점함에 있어서 앞사람의 답안지에 영향을 받아 뒷사람의 답안지 채점이 달라지는 현상이나, 면접 시 앞사람의 면접결과가 뒷사람의 면접결과에 영향을 미치는 현상

① 대조효과 ② 나중효과 ③ 관대화 경향
④ 임의오류 ⑤ 선택적 지각

05. 다음 중 허즈버그의 2요인이론에서 개인의 불만족을 방지해 주는 효과를 가져오는 위생요인은 모두 몇 개인가?

> • 임금 • 작업조건
> • 자아실현 기회 • 성취감
> • 안정된 직업 • 지위

① 0개 ② 1개 ③ 2개
④ 3개 ⑤ 4개

06. 다음 중 집단의사결정과 관련한 설명으로 가장 적절하지 않은 것은?

① 집단사고는 집단구성원들 간의 합의에 대한 요구가 지나치게 커서 다른 대안의 탐색을 저해하는 현상이다.
② 집단 내 응집력이 강하고 리더가 민주적인 경우에 집단사고가 발생할 가능성이 더 커진다.
③ 명목집단법은 구성원들이 한자리에 모여서 의견을 서면으로 제출받아 각 의견들의 장단점을 파악한 후 투표로 결정하는 방법이다.
④ 브레인스토밍은 자유롭게 의견을 개진할 수 있는 분위기를 조성하는 것이 중요하다.
⑤ 일반적으로 집단적 의사결정은 개인적 의사결정에 비해 시간적 효율성은 낮지만 효과성이 높다.

07. 다음의 특징을 갖는 임금체계로 옳은 것은?

> • 종업원이 직무를 수행하는 데 요구되는 능력을 기준으로 임금을 결정하는 체계이다.
> • 이를 도입하기 위해서는 직무수행에 필요한 능력이 인정되면 승진, 급여 인상 등을 결정하는 인사제도의 확립이 전제되어야 한다.

① 직무급　② 연공급　③ 성과급
④ 직능급　⑤ 수당

08. 다음 사례에서 발생하는 유통의 기능을 〈보기〉에서 모두 고르면?

> 감자를 재배하는 A 씨는 매점상인 B 씨에게 자신의 밭에 심은 감자를 1,000만 원에 판매하였다. B 씨는 구매한 감자를 중앙 도매시장으로 가져가 경매를 통해 도매인인 C 씨에게 1,500만 원에 판매하였다.

보기

a. 정보 불일치를 해소하는 기능　b. 소유권을 이전시키는 기능
c. 장소적 불일치를 해소하는 기능　d. 품질적 거리를 조절하는 기능

① a, b　② a, c　③ b, c
④ b, d　⑤ c, d

09. 경쟁관계에 있는 기업들이 시장에서 경쟁우위를 확보하고 상호이익을 추구하기 위해 기술제휴, 공동 연구개발 및 생산 등과 같이 경영자원의 공유 또는 교환을 통해서 일시적으로 협조관계를 맺는 것은 무엇인가?

① 기업 합병　② 전략적 제휴
③ 적대적 인수　④ 지배경영권 확보를 통한 수직계열화
⑤ 아웃소싱(Outsourcing)

10. **다음은 소비자 구매의사결정의 사례이다. 구매의사결정과정에 따라 차례대로 나열한 것은?**

> a. 구매하지 않은 브랜드의 소비자평가가 낮게 나왔다는 기사를 찾아보았다.
> b. 인터넷을 통해 소파광고를 유심히 살펴보았다.
> c. 나의 소파가 너무 낡았다는 생각이 들었다.
> d. 가구점에 갔지만 구매하고자 하는 제품이 없어 다른 제품을 구매하였다.
> e. 저렴한 제품보다는 디자인이 독특한 제품을 구매하기로 결정하였다.

① b－c－a－d－e ② c－b－e－d－a ③ c－d－e－b－a
④ e－a－c－b－d ⑤ e－c－a－d－b

11. **다음 중 주식회사의 주주와 채권자에 대한 설명으로 틀린 것은?**

① 주주는 의결권을 가지고 경영에 참여할 수 있으나, 채권자는 경영에 참여할 수 없다.
② 주주는 기업에 대해 무한책임을 지지만 채권자는 빌려준 자금의 범위 내에서 책임을 진다.
③ 기업의 법적인 소유자는 주주이며, 주주와 채권자는 기업에 대한 자금의 공급자이다.
④ 회사가 파산했을 경우 채권자는 주주에 우선하여 자기의 몫을 찾아갈 수 있으나 주주는 여러 청구권자들에게 지불된 후 남는 금액만을 갖는 잔여청구권자이다.
⑤ 전환사채(Convertible Bond)를 보유한 채권자는 조건에 의해 채권을 주식으로 전환하는 것을 선택하여 주주가 될 수 있다.

12. **생산되는 제품 100만 개당 불량품의 개수를 3.4개 이하로 생산할 수 있는 공정능력으로, 품질개선을 목적으로 모토로라에 의해 개발된 개념은?**

① FMS ② ERP ③ 6시그마
④ 종합적 품질경영 ⑤ JIT

13. 다음의 특징을 갖는 조직구조는?

> 특정한 목표를 달성하기 위하여 일시적으로 구성되는 조직구조로 목표가 달성되면 해체된다. 기동성이 높고, 탄력성이 좋다. 관리자의 지휘 능력에 크게 의존하며, 팀의 조직구성원과 소속 부문 간의 관계 조정에 어려움이 따른다.

① 네트워크 조직　② 기능식 조직　③ 사업부제 조직
④ 프로젝트 조직　⑤ 라인 조직

14. 다음은 직위분류제의 수립과 관련된 내용이다. 이를 바탕으로 한 질문에 대한 대답으로 옳지 않은 것은?

> 직무조사
> ↓
> 직무분석 및 평가
> ↓
> 직급명세서 작성
> ↓
> 직급별 분류

①	Q : 직무조사란 무엇인가요? A : 직무의 내용, 책임도, 곤란도, 자격요건 등에 관한 자료들을 수집하는 것입니다.
②	Q : 직무평가를 통해 무엇을 결정하나요? A : 조직 내 직무의 상대적인 가치를 결정합니다.
③	Q : 직무평가의 방법 중 비계량적 방법에는 어떤 것들이 있나요? A : 직무평가의 비계량적 방법에는 서열법과 요소비교법이 있습니다.
④	Q : 직급명세서는 어떤 용도로 활용될 수 있을까요? A : 직급명세서는 채용 · 승진 · 보수 등 인사관리의 기초 자료로 사용됩니다.
⑤	Q : 직위분류제 채택 시의 단점은 어떤 것들이 있을까요? A : 인사관리의 탄력성과 신축성 확보가 곤란할 수 있습니다.

15. 다음 중 기업의 사회적 책임에 포함되지 않는 것은?

① 법적 책임 ② 경제적 책임 ③ 윤리적 책임
④ 생산적 책임 ⑤ 자선적 책임

16. 경영관리에 관하여 다음 〈보기〉의 괄호 안에 들어갈 내용으로 적절한 것은?

보기

테일러(F. Taylor)의 (   )에서는 동작연구와 시간연구를 기초로 작업 수행과정의 능률을 극대화할 수 있는 합리적인 방법을 찾고자 하였다.

① 과학적 관리법 ② 혁신적 관리법 ③ 전략적 관리법
④ 기술적 관리법 ⑤ 효율적 관리법

17. 다음에서 설명하는 개념은?

사회서비스 또는 일자리를 제공하여 지역주민의 삶의 질을 높이는 등의 사회적 목적을 추구하면서 재화 및 서비스 생산 · 판매 등 영업활동을 하는 기업이다.

① 벤처기업 ② 협동조합 ③ 사회적기업
④ 합자회사 ⑤ 재단법인

18. 다음 중 본원적 경쟁전략에 대한 설명으로 적절하지 않은 것은?

① 원가우위 전략은 집중도가 높은 성숙 산업에서 유용하게 활용되는 전략이다.
② 원가우위 전략은 소품종 대량생산 제품에 적용하는 것이 유리하다.
③ 원가우위 전략은 노동력에 대한 감독보다 창의성을 확대하는 것이 중요하다.
④ 차별화 전략은 고객에게 이전에 제공받지 못했던 새로운 경험을 제공하는 전략이다.
⑤ 집중화 전략은 기업이 현재 가장 잘할 수 있는 사업에 집중하는 전략이다.

19. 다음에서 설명하는 마케팅조사의 표본 설계방법으로 적절한 것은?

> ㉠ 확률표본추출방법으로 모집단을 하위 집단으로 구분하고 각 집단에서 무작위로 표본을 추출하는 방식
> ㉡ 비확률표본추출방법으로 응답자가 범주별로 미리 정해진 수의 사람을 추출하는 방식

	㉠	㉡
①	군집표본추출	할당표본추출
②	군집표본추출	판단표본추출
③	군집표본추출	층화표본추출
④	층화표본추출	할당표본추출
⑤	층화표본추출	판단표본추출

20. 다음에서 설명하는 가격전략으로 적절한 것은?

> ㉠ 경쟁기업이 시장에 진입하는 것을 억제시키기 위해 신제품 도입 초기에 낮은 가격을 설정하여 시장에 진출하는 전략
> ㉡ 자아민감도가 높고, 품질의 객관적 평가가 어려운 상품을 판매하고 있는 기업이 가격이 품질과 제품의 지위를 반영한다고 믿는 소비자의 심리를 활용하는 전략

	㉠	㉡
①	스키밍가격전략	준거가격전략
②	스키밍가격전략	명성가격전략
③	시장침투가격전략	준거가격전략
④	시장침투가격전략	명성가격전략
⑤	시장침투가격전략	단수가격전략

21. 다음 중 포지셔닝 전략을 수립하는 절차로 적절한 것은?

㉠ 경쟁자 확인	㉡ 소비자 분석
㉢ 경쟁제품 포지션 분석	㉣ 자사제품 포지션 개발
㉤ 포지셔닝의 확인 및 리포지셔닝	

① ㉠-㉡-㉢-㉣-㉤
② ㉠-㉢-㉡-㉣-㉤
③ ㉡-㉠-㉢-㉣-㉤
④ ㉡-㉢-㉠-㉣-㉤
⑤ ㉢-㉡-㉠-㉣-㉤

22. 다음 중 STP 전략과 관련한 개념 설명으로 적절한 것을 모두 고르면?

> ㉠ 시장세분화에서 세분된 시장 내에서는 동질성이 극대화되어야 한다.
> ㉡ 수요의 동질성이 높은 제품은 비차별적 마케팅 전략을 활용하는 것이 적합하다.
> ㉢ 포지셔닝 기법에서 다차원척도법은 소비자의 인지상태를 기하학적 공간에 표시하는 기법을 의미한다.

① ㉠
② ㉠, ㉡
③ ㉠, ㉢
④ ㉡, ㉢
⑤ ㉠, ㉡, ㉢

23. 다음 중 적대적 M&A의 방어전략으로 적절하지 않은 것은?

① 역공개매수
② 차입매수
③ 독소조항
④ 의결정족수 특약
⑤ 차등의결권제도

24. MRP 시스템에 대한 다음 설명 중 옳지 않은 것은?

① 독립적 수요를 갖는 품목의 재고 및 생산계획과 관련된 컴퓨터 기반의 정보시스템이다.

② 주 보고서로는 계획된 주문일정, 계획된 주문변경 등에 대한 보고서가 포함된다.

③ 주요 입력요소로는 MPS(Master Production Schedule), BOM(Bill Of Materials), IR(Inventory Record) 등이 있다.

④ 운영체계로는 재생형(Regenerative) MRP와 순변화(Net Change) MRP 시스템이 있다.

⑤ MRP는 MRP II(Manufacturing Resource Planning), ERP(Enterprise Resource Planning) 등으로 확대 발전하였다.

25. 전통적으로 상품은 그 가격대에 따라 시장이 나누어져 있는데, 최근 새로운 소비 경향이 나타나면서 이러한 구분이 다소 희석되고 있다. 다음 중 소비자가 가치 있다고 판단하는 특정 상품에 대하여 자신의 소득수준을 훨씬 초과하는 가격을 지불하면서도 구입하는 소비패턴을 의미하는 용어는?

① 그로스 업(Gross Up)

② 마크 다운(Mark Down)

③ 마크 업(Mark Up)

④ 트레이딩 다운(Trading Down)

⑤ 트레이딩 업(Trading Up)

16회 코레일 경영학 [전공시험]

기출예상모의고사

수험번호 : ____________________

성　　명 : ____________________

16회 기출예상문제

▶ 정답과 해설 83쪽

01. 인사평가와 선발에 대한 설명으로 적절한 것은?

① 관대화(Leniency)와 중심화 경향(Central Tendency)은 인사 선발에 나타날 수 있는 분포의 오류이다.

② 현재의 종업원을 대상으로 선발 도구를 적용하여 예측치를 얻는 동시에 종업원의 직무성과와 비교하는 타당성은 예측타당성이다.

③ 선발도구의 내용타당도는 선발 문제가 얼마나 정확한가를 의미한다.

④ 서로 다른 선발도구를 통해 얻는 측정치가 동일한 결과를 얻는지는 측정치의 타당성과 관련이 있다.

⑤ 선발도구의 타당성을 측정하기 위한 크론바흐 알파 계수를 통해 측정 대상 항목 중 타당성이 가장 낮은 항목을 제외한다.

02. 다음 중 마이클 포터의 산업구조분석에 대한 설명으로 적절한 것을 모두 고르면?

> ㉠ 기존 기업 간의 경쟁관계, 신규진입자의 위협, 대체재의 위협, 공급자 교섭력, 구매자 교섭력 등 5가지 요인을 분석한다.
> ㉡ 현재의 산업구조를 판단할 뿐만 아니라 동적인 경쟁상황을 분석할 수 있는 모델이다.
> ㉢ 산업구조분석은 기업 간 경쟁전략에 대한 상호 영향을 고려할 수 있어 유용하게 활용된다.

① ㉠　　② ㉠, ㉡　　③ ㉠, ㉢
④ ㉡, ㉢　　④ ㉠, ㉡, ㉢

03. 제품이나 서비스를 생산하는 데 필요한 자원, 즉 생산 · 운영관리의 대상이 되는 자원을 크게 4가지로 분류하고 그 머리글자를 따서 '4M'이라고 하는데, 다음 중 여기에 해당되지 않은 것은?

① 인력(Man)　　② 시장(Market)　　③ 설비(Machine)
④ 원자재(Material)　　⑤ 작업방법(Method)

04. 의사결정과 관련된 설명 중 적절하지 않은 것은?

① 합리적 의사결정은 합리성에 기초하여 최적의 의사결정을 하는 것이다.

② 쓰레기통 모형은 의사결정이 합리적 과정보다는 자유로운 상황이나 예기치 못한 상황에서 이루어진다는 개념이다.

③ 집단의사결정은 구성원 상호 간의 지적 자극을 통한 시너지 효과를 높일 수 있으나 집단사고라는 부정적 현상이 나타날 수 있다.

④ 집단의사결정에 있어서 리더는 정보를 공개하여 자신의 의견을 명확하게 밝히는 것이 효과적이다.

⑤ 집단양극화는 집단토의의 결과 의견에 대한 찬성과 반대의견이 더욱 확고해져 대립이 심화되는 현상을 의미한다.

05. 제조 설비를 갖추지 않은 유통 전문 업체가 독자적으로 상품을 기획한 후 생산만 제조업자에 의뢰하여 판매하는 상품을 뜻하며, 자사상표, 유통업자 브랜드, 유통업자 주도형 상표라고도 불리는 것은 무엇인가?

① 프라이스 브랜드(Price Brand)

② 프라이드 브랜드(Pride Brand)

③ 프라이빗 브랜드(Private Brand)

④ 프로덕트 브랜드(Product Brand)

⑤ 프라이어리티 브랜드(Priority Brand)

06. 다음 중 시장세분화(Market Segmentation)의 목적으로 적절하지 않은 것은?

① 시장에 전문화된 집중적 마케팅 수행

② 소비자 권리의 보호

③ 세분화한 시장에 적합한 제품 개발

④ 세분화한 시장별 차별적 마케팅의 전개

⑤ 소비자의 욕구 충족을 통한 경쟁 우위의 확보

07. 다음 중 유기적 조직(Organic Organization)의 특징이 아닌 것은?

① 수평적 의사소통구조를 가지고 있다.
② 비공식적 커뮤니케이션이 이루어진다.
③ 외부 환경의 변화에 대한 적응력이 높다.
④ 의사결정구조가 집중화되어 있다.
⑤ 업무의 구분이 불명확하고 권한의 이양이 자주 일어난다.

08. 다음 중 대리인 문제를 해결하는 대리인 비용에서 감시비용(Monitoring Cost)에 해당하는 것을 모두 고르면?

ㄱ. 스톡옵션(주식매수선택권)	ㄴ. 사외이사(비상임이사) 선임비용
ㄷ. 외부회계감사	ㄹ. 확증비용
ㅁ. 잔여손실	

① ㄱ, ㄴ, ㄷ　　② ㄱ, ㄴ, ㅁ　　③ ㄴ, ㄷ, ㄹ
④ ㄴ, ㄹ, ㅁ　　⑤ ㄷ, ㄹ, ㅁ

09. 눈으로 식별되진 않으나 기업이 입지조건, 브랜드 충성도, 기술, 조직의 우수성 등에 의해 동종업계의 다른 기업들에 비하여 초과수익력을 갖는 배타적 권리는 무엇인가?

① 투자권　　② 영업권　　③ 우선권
④ 배당권　　⑤ 수익권

10. 다음 글에서 설명하는 기업 활동에 해당하는 용어는?

기업이 수익 활동과 사회적 기여를 동시에 수행하는 것으로, 특히 기술 지원과 협력을 통해 경제적 · 사회적 조건을 개선시키면서 비즈니스 핵심 경쟁력을 강화하는 일련의 기업 정책 및 경영 활동

① 기업의 사회적 책임(CSR ; Corporate Social Responsibility)
② 공익연계 마케팅(CRM ; Cause-Related Marketing)
③ 공유가치창출(CSV ; Creating Shared Value)
④ 기업 자선활동(CP ; Corporate Philanthropy)
⑤ 환경 · 사회 · 지배구조(ESG ; Environmental, Social and Governance)

11. 평가센터법(Accessment Center)에 관한 설명으로 옳지 않은 것은?

① 평가에 대한 신뢰성이 양호하다.
② 승진에 대한 의사결정에 유용하다.
③ 평가센터에 초대받지 못한 종업원의 심리적 저항이 예상된다.
④ 교육훈련에 대한 타당성이 높다.
⑤ 다른 평가기법에 비해 상대적으로 비용과 시간이 적게 소요된다.

12. 기업이 사용하는 마케팅 전략 중 멀티브랜드(Multibrand) 전략에 대한 설명으로 적절하지 않은 것은?

① 기업이 동일 시장 내에서 두 가지 이상의 브랜드를 출시하는 전략이다.
② 자사의 시장점유율을 올리고 경쟁사에 대한 진입 장벽을 높이는 전략이다.
③ 경쟁사의 제품으로 고객이 유출되는 것을 막을 수 있다는 이점이 있다.
④ 특정한 니즈(Needs)를 가진 소수의 단일 고객층에 집중하기 위해 사용하는 전략이다.
⑤ 브랜드 간에 이미지가 겹칠 경우 자사 제품 간의 경쟁이 유도된다는 위험이 있다.

13. 다음 중 권력에 대한 설명으로 옳은 것을 모두 고르면?

ㄱ. 강압적 권력은 권력 행사자에게 복종하지 않으면 처벌이 가해질 수 있다고 인식함으로 발생하는 권력이다.
ㄴ. 합법적 권력은 어떤 일을 한 것에 대한 정당한 대가로 보상이 주어지는 경우에 발생하는 권력이다.
ㄷ. 준거적 권력은 어떤 사람의 특질을 닮아 가고 싶어서 발생하는 권력이다.
ㄹ. 전문적 권력은 특정 분야에 대한 전문적인 지식으로 발생하는 권력이다.

① ㄱ, ㄷ
② ㄴ, ㄹ
③ ㄱ, ㄴ, ㄹ
④ ㄱ, ㄷ, ㄹ
④ ㄴ, ㄷ, ㄹ

14. 조직의 효율성을 높이고 성과를 개선하기 위하여 주력 사업을 기준으로 조직의 규모나 사업 구조, 운용 내용을 대대적으로 재구성하는 것을 말하며, 최근 경영환경이 치열해지고 불투명해지면서 경영이 양호한 상태에서도 행하여지고 있는 기업의 전략은?

① 전략적 제휴(Strategic Alliance)
② 집중화 전략(Focus Strategy)
③ 리스트럭처링(Restructuring)
④ 아웃소싱(Outsourcing)
⑤ 벤치마킹(Benchmarking)

15. 다음 글에서 설명하는 마케팅 용어는?

소비자가 온라인, 오프라인, 모바일 등 다양한 경로를 넘나들며 상품을 검색하고 구매할 수 있도록 한 서비스

① 계열확장(Line Extension)
② 옴니채널(Omnichannel)
③ 공동상표(Cooperative Brand)
④ 리포지셔닝(Repositioning)
⑤ 수직적 마케팅 시스템(Vertical Marketing System)

16. 다음 중 인적분할에 대한 설명이 아닌 것은?

① 기존 회사 주주들이 자신들의 주식 소유비율대로 신설회사와 주식을 나누어 갖기 때문에 신설회사 간에 모(母)－자(子) 관계가 성립되지 않는다.
② 신설된 기업의 주식을 기존 회사가 전부 소유하며 실적과 자산가치 역시 기존 회사에 그대로 연결되기 때문에 두 회사는 모(母)－자(子) 관계가 성립된다.
③ 기존 회사가 가지고 있던 사업부분의 업무를 신설된 회사로 이전시키면서 지주회사 체제로의 전환에 주로 이용된다.
④ 기존 회사의 주주들은 기존 회사와 신설회사까지 두 회사의 주주가 된다.
⑤ 기존 회사의 지분구조가 신설회사에 그대로 이어진다는 점에서 물적분할과 구분된다.

17. 다음 중 관계마케팅(Relationship Marketing)의 일반적인 특징으로 볼 수 없는 것은 무엇인가?

① 고객과의 상호이익 추구
② 장기적인 관점에 대한 고려
③ 고객과의 지속적인 유대관계 형성
④ 생산자 중심의 마케팅 활동에 집중
⑤ 상호 신뢰를 통한 긍정적인 기업이미지 전파

18. 기업의 재고자산 관리와 관련하여 주문비용과 재고유지비가 최소가 되게 하는 1회 주문량은 무엇인가?

① 최소주문량　② 최대주문량　③ 완충주문량
④ 정기적 주문량　⑤ 경제적 주문량

19. **가격전략에 대한 설명으로 옳지 않은 것은?**

① 고객들이 제품의 품질, 명성 또는 한정성이 높다고 판단할 경우 고객의 가격민감도는 감소한다.

② 강력한 브랜드는 소비자들의 탄력적 반응을 가격인상에 대해 증가시키고 가격 인하에 대해서는 감소시킬 것이다.

③ 규모의 경제를 통한 이득이 미미하다고 판단되면 고가전략을 사용하는 것이 유리하다.

④ 자사의 제품이 경쟁기업의 제품에서 제공하지 않는 특성을 제공하고 있다면 경쟁자보다 상대적으로 높은 가격을 책정하는 것이 바람직하다.

⑤ 종속가격전략을 적용할 때 종속제품의 가격을 너무 높게 책정하면 불법복제 부속품이 등장할 가능성이 높아진다.

20. **다음 ㉠ ~ ㉢의 내용에 대응하는 경영전략의 수준(Level)을 바르게 연결한 것은?**

㉠ 어떤 사업을 할 것인가? ㉡ 우리의 주력 사업 부문에서 어떻게 경쟁할 것인가? ㉢ 각 사업전략을 어떻게 잘 지원할 것인가?

	㉠	㉡	㉢
①	전사적 수준	기능부 수준	사업부 수준
②	사업부 수준	전사적 수준	기능부 수준
③	전사적 수준	사업부 수준	기능부 수준
④	기능부 수준	사업부 수준	전사적 수준
⑤	사업부 수준	기능부 수준	전사적 수준

21. 상품에 대한 불완전한 정보를 제공하여 소비자들에게 꾸준히 의문점을 유발시키면서 상품에 대한 관심을 유도하는 광고기법은 무엇인가?

① 협동광고(Cooperative Advertising)
② 티저 광고(Teaser Advertising)
③ 시즐 광고(Sizzle Advertising)
④ PPL 광고(Product Placement Advertising)
⑤ 더블업 광고(Double Effect of Advertisement)

22. 시그마(σ)는 경영학에서 제품의 불량률을 나타낸다. 다음 중 무결점 작업을 수행하기 위한 전방위 경영혁신 운동인 6시그마의 의미로 옳은 것은?

① 제품 1천 개 중 3.4개의 불량품이 발생하는 것
② 제품 1만 개 중 3.4개의 불량품이 발생하는 것
③ 제품 10만 개 중 3.4개의 불량품이 발생하는 것
④ 제품 100만 개 중 3.4개의 불량품이 발생하는 것
⑤ 제품 1,000만 개 중 3.4개의 불량품이 발생하는 것

23. 일반 판매가보다 훨씬 싼 가격에 제품을 팔아 해당 상품에서는 손해를 보지만 전체적으로는 많은 고객을 유인해 이익을 내는 마케팅 전략은 무엇인가?

① V자형 가격　② 단수가격　③ 선형가격
④ 명성가격　⑤ 유인가격

24. 기술이 발전하고 경제가 성장함에 따라 기존의 산업 중에서 침체에 빠지거나 경제 여건상 쇠퇴해 가는 산업을 말하는 것으로, 구조조정이나 경영혁신이 필요한 산업은 무엇인가?

① 장치산업 ② 사양산업 ③ 전방산업
④ 후방산업 ⑤ 기간산업

25. PERT-CPM에서 주경로(Critical Path)에 대한 설명으로 옳지 않은 것은?

① 모든 경로들 중 소요시간이 가장 긴 경로를 의미한다.
② 각 프로젝트별로 오직 하나만 존재한다.
③ 영의 여유(Zero Slack)로 연결되어 있는 경로이다.
④ 예정된 기간 내에 프로젝트를 완수하기 위해서 집중적으로 관리해야 하는 경로이다.
⑤ 프로젝트가 예상 완료시간에 끝나기 위해서는 주경로상의 활동들이 지체 없이 이루어져야 한다.

KORAIL

감독관 확인란	

1회 기출예상문제

성명표기란

수험번호

(주민등록 앞자리 생년제외) 월일

수험생 유의사항

※ 답안은 반드시 컴퓨터용 사인펜으로 보기와 같이 바르게 표기해야 합니다.
〈보기〉 ① ② ③ ❹ ⑤

※ 성명표기란 위 칸에는 성명을 한글로 쓰고 아래 칸에는 성명을 정확하게 표기하십시오. (맨 왼쪽 칸부터 성과 이름은 붙여 씁니다)

※ 수험번호/월일 위 칸에는 아라비아 숫자로 쓰고 아래 칸에는 숫자와 일치하게 표기하십시오.

※ 월일은 반드시 본인 주민등록번호의 생년을 제외한 월 두 자리, 일 두 자리를 표기하십시오.
〈예〉 1994년 1월 12일 → 0112

※ 검사문항 : 1～25

문번	답란	문번	답란
1	① ② ③ ④ ⑤	16	① ② ③ ④ ⑤
2	① ② ③ ④ ⑤	17	① ② ③ ④ ⑤
3	① ② ③ ④ ⑤	18	① ② ③ ④ ⑤
4	① ② ③ ④ ⑤	19	① ② ③ ④ ⑤
5	① ② ③ ④ ⑤	20	① ② ③ ④ ⑤
6	① ② ③ ④ ⑤	21	① ② ③ ④ ⑤
7	① ② ③ ④ ⑤	22	① ② ③ ④ ⑤
8	① ② ③ ④ ⑤	23	① ② ③ ④ ⑤
9	① ② ③ ④ ⑤	24	① ② ③ ④ ⑤
10	① ② ③ ④ ⑤	25	① ② ③ ④ ⑤
11	① ② ③ ④ ⑤		
12	① ② ③ ④ ⑤		
13	① ② ③ ④ ⑤		
14	① ② ③ ④ ⑤		
15	① ② ③ ④ ⑤		

잘라서 활용하세요.

KORAIL

감독관 확인란	

2회 기출예상문제

성명표기란

수험번호

(주민등록 앞자리 생년제외) 월일

수험생 유의사항

※ 답안은 반드시 컴퓨터용 사인펜으로 보기와 같이 바르게 표기해야 합니다.
〈보기〉 ① ② ③ ❹ ⑤

※ 성명표기란 위 칸에는 성명을 한글로 쓰고 아래 칸에는 성명을 정확하게 표기하십시오. (맨 왼쪽 칸부터 성과 이름은 붙여 씁니다)

※ 수험번호/월일 위 칸에는 아라비아 숫자로 쓰고 아래 칸에는 숫자와 일치하게 표기하십시오.

※ 월일은 반드시 본인 주민등록번호의 생년을 제외한 월 두 자리, 일 두 자리를 표기하십시오.
〈예〉 1994년 1월 12일 → 0112

※ 검사문항 : 1～25

문번	답란	문번	답란
1	① ② ③ ④ ⑤	16	① ② ③ ④ ⑤
2	① ② ③ ④ ⑤	17	① ② ③ ④ ⑤
3	① ② ③ ④ ⑤	18	① ② ③ ④ ⑤
4	① ② ③ ④ ⑤	19	① ② ③ ④ ⑤
5	① ② ③ ④ ⑤	20	① ② ③ ④ ⑤
6	① ② ③ ④ ⑤	21	① ② ③ ④ ⑤
7	① ② ③ ④ ⑤	22	① ② ③ ④ ⑤
8	① ② ③ ④ ⑤	23	① ② ③ ④ ⑤
9	① ② ③ ④ ⑤	24	① ② ③ ④ ⑤
10	① ② ③ ④ ⑤	25	① ② ③ ④ ⑤
11	① ② ③ ④ ⑤		
12	① ② ③ ④ ⑤		
13	① ② ③ ④ ⑤		
14	① ② ③ ④ ⑤		
15	① ② ③ ④ ⑤		

KORAIL

감독관 확인란	

3회 기출예상문제

성명표기란

ㄱ	ㅏ	ㄱ	ㄱ	ㅏ	ㄱ	ㄱ	ㅏ	ㄱ	ㄱ	ㅏ	ㄱ
ㄴ	ㅑ	ㄴ	ㄴ	ㅑ	ㄴ	ㄴ	ㅑ	ㄴ	ㄴ	ㅑ	ㄴ
ㄷ	ㅓ	ㄷ	ㄷ	ㅓ	ㄷ	ㄷ	ㅓ	ㄷ	ㄷ	ㅓ	ㄷ
ㄹ	ㅕ	ㄹ	ㄹ	ㅕ	ㄹ	ㄹ	ㅕ	ㄹ	ㄹ	ㅕ	ㄹ
ㅁ	ㅗ	ㅁ	ㅁ	ㅗ	ㅁ	ㅁ	ㅗ	ㅁ	ㅁ	ㅗ	ㅁ
ㅂ	ㅛ	ㅂ	ㅂ	ㅛ	ㅂ	ㅂ	ㅛ	ㅂ	ㅂ	ㅛ	ㅂ
ㅅ	ㅜ	ㅅ	ㅅ	ㅜ	ㅅ	ㅅ	ㅜ	ㅅ	ㅅ	ㅜ	ㅅ
ㅇ	ㅠ	ㅇ	ㅇ	ㅠ	ㅇ	ㅇ	ㅠ	ㅇ	ㅇ	ㅠ	ㅇ
ㅈ	ㅡ	ㅈ	ㅈ	ㅡ	ㅈ	ㅈ	ㅡ	ㅈ	ㅈ	ㅡ	ㅈ
ㅊ	ㅣ	ㅊ	ㅊ	ㅣ	ㅊ	ㅊ	ㅣ	ㅊ	ㅊ	ㅣ	ㅊ
ㅋ	ㅐ	ㅋ	ㅋ	ㅐ	ㅋ	ㅋ	ㅐ	ㅋ	ㅋ	ㅐ	ㅋ
ㅌ	ㅒ	ㅌ	ㅌ	ㅒ	ㅌ	ㅌ	ㅒ	ㅌ	ㅌ	ㅒ	ㅌ
ㅍ	ㅔ	ㅍ	ㅍ	ㅔ	ㅍ	ㅍ	ㅔ	ㅍ	ㅍ	ㅔ	ㅍ
ㅎ	ㅖ	ㅎ	ㅎ	ㅖ	ㅎ	ㅎ	ㅖ	ㅎ	ㅎ	ㅖ	ㅎ
	ㅘ		ㄲ	ㅘ	ㄲ	ㄲ	ㅘ	ㄲ	ㄲ	ㅘ	ㄲ
	ㅙ		ㄸ	ㅙ	ㄸ	ㄸ	ㅙ	ㄸ	ㄸ	ㅙ	ㄸ
	ㅚ		ㅃ	ㅚ	ㅃ	ㅃ	ㅚ	ㅃ	ㅃ	ㅚ	ㅃ
	ㅝ		ㅆ	ㅝ	ㅆ	ㅆ	ㅝ	ㅆ	ㅆ	ㅝ	ㅆ
	ㅞ		ㅉ	ㅞ	ㅉ	ㅉ	ㅞ	ㅉ	ㅉ	ㅞ	ㅉ
	ㅟ			ㅟ	ㄺ		ㅟ	ㄺ		ㅟ	ㄺ
	ㅢ			ㅢ	ㄻ		ㅢ	ㄻ		ㅢ	ㄻ

수험번호

⓪	⓪	⓪	⓪	⓪	⓪
①	①	①	①	①	①
②	②	②	②	②	②
③	③	③	③	③	③
④	④	④	④	④	④
⑤	⑤	⑤	⑤	⑤	⑤
⑥	⑥	⑥	⑥	⑥	⑥
⑦	⑦	⑦	⑦	⑦	⑦
⑧	⑧	⑧	⑧	⑧	⑧
⑨	⑨	⑨	⑨	⑨	⑨

(주민등록 앞자리 생년제외) 월일

⓪	⓪	⓪	⓪
①	①	①	①
②	②	②	②
③	③	③	③
④	④	④	④
⑤	⑤	⑤	⑤
⑥	⑥	⑥	⑥
⑦	⑦	⑦	⑦
⑧	⑧	⑧	⑧
⑨	⑨	⑨	⑨

수험생 유의사항

※ 답안은 반드시 컴퓨터용 사인펜으로 보기와 같이 바르게 표기해야 합니다.
〈보기〉 ① ② ③ ❹ ⑤

※ 성명표기란 위 칸에는 성명을 한글로 쓰고 아래 칸에는 성명을 정확하게 표기하십시오. (맨 왼쪽 칸부터 성과 이름은 붙여 씁니다)

※ 수험번호/월일 위 칸에는 아라비아 숫자로 쓰고 아래 칸에는 숫자와 일치하게 표기하십시오.

※ 월일은 반드시 본인 주민등록번호의 생년을 제외한 월 두 자리, 일 두 자리를 표기하십시오.
〈예〉 1994년 1월 12일 → 0112

※ 검사문항 : 1～25

문번	답란	문번	답란
1	① ② ③ ④ ⑤	16	① ② ③ ④ ⑤
2	① ② ③ ④ ⑤	17	① ② ③ ④ ⑤
3	① ② ③ ④ ⑤	18	① ② ③ ④ ⑤
4	① ② ③ ④ ⑤	19	① ② ③ ④ ⑤
5	① ② ③ ④ ⑤	20	① ② ③ ④ ⑤
6	① ② ③ ④ ⑤	21	① ② ③ ④ ⑤
7	① ② ③ ④ ⑤	22	① ② ③ ④ ⑤
8	① ② ③ ④ ⑤	23	① ② ③ ④ ⑤
9	① ② ③ ④ ⑤	24	① ② ③ ④ ⑤
10	① ② ③ ④ ⑤	25	① ② ③ ④ ⑤
11	① ② ③ ④ ⑤		
12	① ② ③ ④ ⑤		
13	① ② ③ ④ ⑤		
14	① ② ③ ④ ⑤		
15	① ② ③ ④ ⑤		

잘라서 활용하세요.

KORAIL

감독관 확인란	

4회 기출예상문제

성명표기란

ㄱ ㄴ ㄷ ㄹ ㅁ ㅂ ㅅ ㅇ ㅈ ㅊ ㅋ ㅌ ㅍ ㅎ	ㅏ ㅑ ㅓ ㅕ ㅗ ㅛ ㅜ ㅠ ㅡ ㅣ ㅐ ㅒ ㅔ ㅖ ㅘ ㅙ ㅚ ㅝ ㅞ ㅟ ㅢ	ㄱ ㄴ ㄷ ㄹ ㅁ ㅂ ㅅ ㅇ ㅈ ㅊ ㅋ ㅌ ㅍ ㅎ	ㄱ ㄴ ㄷ ㄹ ㅁ ㅂ ㅅ ㅇ ㅈ ㅊ ㅋ ㅌ ㅍ ㅎ ㄲ ㄸ ㅃ ㅆ ㅉ	ㅏ ㅑ ㅓ ㅕ ㅗ ㅛ ㅜ ㅠ ㅡ ㅣ ㅐ ㅒ ㅔ ㅖ ㅘ ㅙ ㅚ ㅝ ㅞ ㅟ ㅢ	ㄱ ㄴ ㄷ ㄹ ㅁ ㅂ ㅅ ㅇ ㅈ ㅊ ㅋ ㅌ ㅍ ㅎ ㄲ ㄸ ㅃ ㅆ ㅉ ㄺ ㄻ	ㄱ ㄴ ㄷ ㄹ ㅁ ㅂ ㅅ ㅇ ㅈ ㅊ ㅋ ㅌ ㅍ ㅎ ㄲ ㄸ ㅃ ㅆ ㅉ	ㅏ ㅑ ㅓ ㅕ ㅗ ㅛ ㅜ ㅠ ㅡ ㅣ ㅐ ㅒ ㅔ ㅖ ㅘ ㅙ ㅚ ㅝ ㅞ ㅟ ㅢ	ㄱ ㄴ ㄷ ㄹ ㅁ ㅂ ㅅ ㅇ ㅈ ㅊ ㅋ ㅌ ㅍ ㅎ ㄲ ㄸ ㅃ ㅆ ㅉ ㄺ ㄻ	ㄱ ㄴ ㄷ ㄹ ㅁ ㅂ ㅅ ㅇ ㅈ ㅊ ㅋ ㅌ ㅍ ㅎ ㄲ ㄸ ㅃ ㅆ ㅉ	ㅏ ㅑ ㅓ ㅕ ㅗ ㅛ ㅜ ㅠ ㅡ ㅣ ㅐ ㅒ ㅔ ㅖ ㅘ ㅙ ㅚ ㅝ ㅞ ㅟ ㅢ	ㄱ ㄴ ㄷ ㄹ ㅁ ㅂ ㅅ ㅇ ㅈ ㅊ ㅋ ㅌ ㅍ ㅎ ㄲ ㄸ ㅃ ㅆ ㅉ ㄺ ㄻ

수험번호

0 1 2 3 4 5 6 7 8 9	0 1 2 3 4 5 6 7 8 9	0 1 2 3 4 5 6 7 8 9	0 1 2 3 4 5 6 7 8 9	0 1 2 3 4 5 6 7 8 9	0 1 2 3 4 5 6 7 8 9

(주민등록 앞자리 생년제외) 월일

0 1 2 3 4 5 6 7 8 9	0 1 2 3 4 5 6 7 8 9	0 1 2 3 4 5 6 7 8 9	0 1 2 3 4 5 6 7 8 9

수험생 유의사항

※ 답안은 반드시 컴퓨터용 사인펜으로 보기와 같이 바르게 표기해야 합니다.
〈보기〉 ① ② ③ ❹ ⑤

※ 성명표기란 위 칸에는 성명을 한글로 쓰고 아래 칸에는 성명을 정확하게 표기하십시오. (맨 왼쪽 칸부터 성과 이름은 붙여 씁니다)

※ 수험번호/월일 위 칸에는 아라비아 숫자로 쓰고 아래 칸에는 숫자와 일치하게 표기하십시오.

※ 월일은 반드시 본인 주민등록번호의 생년을 제외한 월 두 자리, 일 두 자리를 표기하십시오.
〈예〉 1994년 1월 12일 → 0112

※ 검사문항 : 1～25

문번	답란	문번	답란
1	① ② ③ ④ ⑤	16	① ② ③ ④ ⑤
2	① ② ③ ④ ⑤	17	① ② ③ ④ ⑤
3	① ② ③ ④ ⑤	18	① ② ③ ④ ⑤
4	① ② ③ ④ ⑤	19	① ② ③ ④ ⑤
5	① ② ③ ④ ⑤	20	① ② ③ ④ ⑤
6	① ② ③ ④ ⑤	21	① ② ③ ④ ⑤
7	① ② ③ ④ ⑤	22	① ② ③ ④ ⑤
8	① ② ③ ④ ⑤	23	① ② ③ ④ ⑤
9	① ② ③ ④ ⑤	24	① ② ③ ④ ⑤
10	① ② ③ ④ ⑤	25	① ② ③ ④ ⑤
11	① ② ③ ④ ⑤		
12	① ② ③ ④ ⑤		
13	① ② ③ ④ ⑤		
14	① ② ③ ④ ⑤		
15	① ② ③ ④ ⑤		

KORAIL

감독관 확인란	

5회 기출예상문제

성명표기란

수험번호

(주민등록 앞자리 생년제외) 월일

수험생 유의사항

※ 답안은 반드시 컴퓨터용 사인펜으로 보기와 같이 바르게 표기해야 합니다.
〈보기〉 ① ② ③ ❹ ⑤

※ 성명표기란 위 칸에는 성명을 한글로 쓰고 아래 칸에는 성명을 정확하게 표기하십시오. (맨 왼쪽 칸부터 성과 이름은 붙여 씁니다)

※ 수험번호/월일 위 칸에는 아라비아 숫자로 쓰고 아래 칸에는 숫자와 일치하게 표기하십시오.

※ 월일은 반드시 본인 주민등록번호의 생년을 제외한 월 두 자리, 일 두 자리를 표기하십시오.
〈예〉 1994년 1월 12일 → 0112

※ 검사문항 : 1～25

문번	답란	문번	답란
1	① ② ③ ④ ⑤	16	① ② ③ ④ ⑤
2	① ② ③ ④ ⑤	17	① ② ③ ④ ⑤
3	① ② ③ ④ ⑤	18	① ② ③ ④ ⑤
4	① ② ③ ④ ⑤	19	① ② ③ ④ ⑤
5	① ② ③ ④ ⑤	20	① ② ③ ④ ⑤
6	① ② ③ ④ ⑤	21	① ② ③ ④ ⑤
7	① ② ③ ④ ⑤	22	① ② ③ ④ ⑤
8	① ② ③ ④ ⑤	23	① ② ③ ④ ⑤
9	① ② ③ ④ ⑤	24	① ② ③ ④ ⑤
10	① ② ③ ④ ⑤	25	① ② ③ ④ ⑤
11	① ② ③ ④ ⑤		
12	① ② ③ ④ ⑤		
13	① ② ③ ④ ⑤		
14	① ② ③ ④ ⑤		
15	① ② ③ ④ ⑤		

잘라서 활용하세요.

KORAIL

감독관 확인란	

6회 기출예상문제

성명표기란

수험번호

0	0	0	0	0	0
1	1	1	1	1	1
2	2	2	2	2	2
3	3	3	3	3	3
4	4	4	4	4	4
5	5	5	5	5	5
6	6	6	6	6	6
7	7	7	7	7	7
8	8	8	8	8	8
9	9	9	9	9	9

(주민등록 앞자리 생년제외) 월일

0	0	0	0
1	1	1	1
2	2	2	2
3	3	3	3
4	4	4	4
5	5	5	5
6	6	6	6
7	7	7	7
8	8	8	8
9	9	9	9

수험생 유의사항

※ 답안은 반드시 컴퓨터용 사인펜으로 보기와 같이 바르게 표기해야 합니다.
〈보기〉 ① ② ③ ❹ ⑤

※ 성명표기란 위 칸에는 성명을 한글로 쓰고 아래 칸에는 성명을 정확하게 표기하십시오. (맨 왼쪽 칸부터 성과 이름은 붙여 씁니다)

※ 수험번호/월일 위 칸에는 아라비아 숫자로 쓰고 아래 칸에는 숫자와 일치하게 표기하십시오.

※ 월일은 반드시 본인 주민등록번호의 생년을 제외한 월 두 자리, 일 두 자리를 표기하십시오.
〈예〉 1994년 1월 12일 → 0112

※ 검사문항 : 1～25

문번	답란	문번	답란
1	① ② ③ ④ ⑤	16	① ② ③ ④ ⑤
2	① ② ③ ④ ⑤	17	① ② ③ ④ ⑤
3	① ② ③ ④ ⑤	18	① ② ③ ④ ⑤
4	① ② ③ ④ ⑤	19	① ② ③ ④ ⑤
5	① ② ③ ④ ⑤	20	① ② ③ ④ ⑤
6	① ② ③ ④ ⑤	21	① ② ③ ④ ⑤
7	① ② ③ ④ ⑤	22	① ② ③ ④ ⑤
8	① ② ③ ④ ⑤	23	① ② ③ ④ ⑤
9	① ② ③ ④ ⑤	24	① ② ③ ④ ⑤
10	① ② ③ ④ ⑤	25	① ② ③ ④ ⑤
11	① ② ③ ④ ⑤		
12	① ② ③ ④ ⑤		
13	① ② ③ ④ ⑤		
14	① ② ③ ④ ⑤		
15	① ② ③ ④ ⑤		

KORAIL

감독관 확인란	

7회 기출예상문제

성명표기란

수험번호

(주민등록 앞자리 생년제외) 월일

수험생 유의사항

※ 답안은 반드시 컴퓨터용 사인펜으로 보기와 같이 바르게 표기해야 합니다.
〈보기〉 ① ② ③ ❹ ⑤

※ 성명표기란 위 칸에는 성명을 한글로 쓰고 아래 칸에는 성명을 정확하게 표기하십시오. (맨 왼쪽 칸부터 성과 이름은 붙여 씁니다)

※ 수험번호/월일 위 칸에는 아라비아 숫자로 쓰고 아래 칸에는 숫자와 일치하게 표기하십시오.

※ 월일은 반드시 본인 주민등록번호의 생년을 제외한 월 두 자리, 일 두 자리를 표기하십시오.
〈예〉 1994년 1월 12일 → 0112

※ 검사문항 : 1～25

문번	답란	문번	답란
1	① ② ③ ④ ⑤	16	① ② ③ ④ ⑤
2	① ② ③ ④ ⑤	17	① ② ③ ④ ⑤
3	① ② ③ ④ ⑤	18	① ② ③ ④ ⑤
4	① ② ③ ④ ⑤	19	① ② ③ ④ ⑤
5	① ② ③ ④ ⑤	20	① ② ③ ④ ⑤
6	① ② ③ ④ ⑤	21	① ② ③ ④ ⑤
7	① ② ③ ④ ⑤	22	① ② ③ ④ ⑤
8	① ② ③ ④ ⑤	23	① ② ③ ④ ⑤
9	① ② ③ ④ ⑤	24	① ② ③ ④ ⑤
10	① ② ③ ④ ⑤	25	① ② ③ ④ ⑤
11	① ② ③ ④ ⑤		
12	① ② ③ ④ ⑤		
13	① ② ③ ④ ⑤		
14	① ② ③ ④ ⑤		
15	① ② ③ ④ ⑤		

잘라서 활용하세요.

KORAIL

감독관 확인란	

8회 기출예상문제

성명표기란

ㄱ	ㅏ	ㄱ	ㄱ	ㅏ	ㄱ	ㄱ	ㅏ	ㄱ	ㄱ	ㅏ	ㄱ
ㄴ	ㅑ	ㄴ	ㄴ	ㅑ	ㄴ	ㄴ	ㅑ	ㄴ	ㄴ	ㅑ	ㄴ
ㄷ	ㅓ	ㄷ	ㄷ	ㅓ	ㄷ	ㄷ	ㅓ	ㄷ	ㄷ	ㅓ	ㄷ
ㄹ	ㅕ	ㄹ	ㄹ	ㅕ	ㄹ	ㄹ	ㅕ	ㄹ	ㄹ	ㅕ	ㄹ
ㅁ	ㅗ	ㅁ	ㅁ	ㅗ	ㅁ	ㅁ	ㅗ	ㅁ	ㅁ	ㅗ	ㅁ
ㅂ	ㅛ	ㅂ	ㅂ	ㅛ	ㅂ	ㅂ	ㅛ	ㅂ	ㅂ	ㅛ	ㅂ
ㅅ	ㅜ	ㅅ	ㅅ	ㅜ	ㅅ	ㅅ	ㅜ	ㅅ	ㅅ	ㅜ	ㅅ
ㅇ	ㅠ	ㅇ	ㅇ	ㅠ	ㅇ	ㅇ	ㅠ	ㅇ	ㅇ	ㅠ	ㅇ
ㅈ	ㅡ	ㅈ	ㅈ	ㅡ	ㅈ	ㅈ	ㅡ	ㅈ	ㅈ	ㅡ	ㅈ
ㅊ	ㅣ	ㅊ	ㅊ	ㅣ	ㅊ	ㅊ	ㅣ	ㅊ	ㅊ	ㅣ	ㅊ
ㅋ	ㅐ	ㅋ	ㅋ	ㅐ	ㅋ	ㅋ	ㅐ	ㅋ	ㅋ	ㅐ	ㅋ
ㅌ	ㅒ	ㅌ	ㅌ	ㅒ	ㅌ	ㅌ	ㅒ	ㅌ	ㅌ	ㅒ	ㅌ
ㅍ	ㅔ	ㅍ	ㅍ	ㅔ	ㅍ	ㅍ	ㅔ	ㅍ	ㅍ	ㅔ	ㅍ
ㅎ	ㅖ	ㅎ	ㅎ	ㅖ	ㅎ	ㅎ	ㅖ	ㅎ	ㅎ	ㅖ	ㅎ
	ㅘ		ㄲ	ㅘ	ㄲ	ㄲ	ㅘ	ㄲ	ㄲ	ㅘ	ㄲ
	ㅙ		ㄸ	ㅙ	ㄸ	ㄸ	ㅙ	ㄸ	ㄸ	ㅙ	ㄸ
	ㅚ		ㅃ	ㅚ	ㅃ	ㅃ	ㅚ	ㅃ	ㅃ	ㅚ	ㅃ
	ㅝ		ㅆ	ㅝ	ㅆ	ㅆ	ㅝ	ㅆ	ㅆ	ㅝ	ㅆ
	ㅞ		ㅉ	ㅞ	ㅉ	ㅉ	ㅞ	ㅉ	ㅉ	ㅞ	ㅉ
	ㅟ			ㅟ	ㄺ		ㅟ	ㄺ		ㅟ	ㄺ
	ㅢ			ㅢ	ㄻ		ㅢ	ㄻ		ㅢ	ㄻ

수험번호

0	0	0	0	0	0
1	1	1	1	1	1
2	2	2	2	2	2
3	3	3	3	3	3
4	4	4	4	4	4
5	5	5	5	5	5
6	6	6	6	6	6
7	7	7	7	7	7
8	8	8	8	8	8
9	9	9	9	9	9

(주민등록 앞자리 생년제외) 월일

0	0	0	0
1	1	1	1
2	2	2	2
3	3	3	3
4	4	4	4
5	5	5	5
6	6	6	6
7	7	7	7
8	8	8	8
9	9	9	9

수험생 유의사항

※ 답안은 반드시 컴퓨터용 사인펜으로 보기와 같이 바르게 표기해야 합니다.
〈보기〉 ① ② ③ ❹ ⑤

※ 성명표기란 위 칸에는 성명을 한글로 쓰고 아래 칸에는 성명을 정확하게 표기하십시오. (맨 왼쪽 칸부터 성과 이름은 붙여 씁니다)

※ 수험번호/월일 위 칸에는 아라비아 숫자로 쓰고 아래 칸에는 숫자와 일치하게 표기하십시오.

※ 월일은 반드시 본인 주민등록번호의 생년을 제외한 월 두 자리, 일 두 자리를 표기하십시오.
〈예〉 1994년 1월 12일 → 0112

※ 검사문항 : 1～25

문번	답란	문번	답란
1	① ② ③ ④ ⑤	16	① ② ③ ④ ⑤
2	① ② ③ ④ ⑤	17	① ② ③ ④ ⑤
3	① ② ③ ④ ⑤	18	① ② ③ ④ ⑤
4	① ② ③ ④ ⑤	19	① ② ③ ④ ⑤
5	① ② ③ ④ ⑤	20	① ② ③ ④ ⑤
6	① ② ③ ④ ⑤	21	① ② ③ ④ ⑤
7	① ② ③ ④ ⑤	22	① ② ③ ④ ⑤
8	① ② ③ ④ ⑤	23	① ② ③ ④ ⑤
9	① ② ③ ④ ⑤	24	① ② ③ ④ ⑤
10	① ② ③ ④ ⑤	25	① ② ③ ④ ⑤
11	① ② ③ ④ ⑤		
12	① ② ③ ④ ⑤		
13	① ② ③ ④ ⑤		
14	① ② ③ ④ ⑤		
15	① ② ③ ④ ⑤		

KORAIL

감독관 확인란	

9회 기출예상문제

성명표기란

수험번호

(주민등록 앞자리 생년제외) 월일

수험생 유의사항

※ 답안은 반드시 컴퓨터용 사인펜으로 보기와 같이 바르게 표기해야 합니다.
〈보기〉 ① ② ③ ❹ ⑤
※ 성명표기란 위 칸에는 성명을 한글로 쓰고 아래 칸에는 성명을 정확하게 표기하십시오. (맨 왼쪽 칸부터 성과 이름은 붙여 씁니다)
※ 수험번호/월일 위 칸에는 아라비아 숫자로 쓰고 아래 칸에는 숫자와 일치하게 표기하십시오.
※ 월일은 반드시 본인 주민등록번호의 생년을 제외한 월 두 자리, 일 두 자리를 표기하십시오.
〈예〉 1994년 1월 12일 → 0112

※ 검사문항 : 1～25

문번	답란	문번	답란
1	① ② ③ ④ ⑤	16	① ② ③ ④ ⑤
2	① ② ③ ④ ⑤	17	① ② ③ ④ ⑤
3	① ② ③ ④ ⑤	18	① ② ③ ④ ⑤
4	① ② ③ ④ ⑤	19	① ② ③ ④ ⑤
5	① ② ③ ④ ⑤	20	① ② ③ ④ ⑤
6	① ② ③ ④ ⑤	21	① ② ③ ④ ⑤
7	① ② ③ ④ ⑤	22	① ② ③ ④ ⑤
8	① ② ③ ④ ⑤	23	① ② ③ ④ ⑤
9	① ② ③ ④ ⑤	24	① ② ③ ④ ⑤
10	① ② ③ ④ ⑤	25	① ② ③ ④ ⑤
11	① ② ③ ④ ⑤		
12	① ② ③ ④ ⑤		
13	① ② ③ ④ ⑤		
14	① ② ③ ④ ⑤		
15	① ② ③ ④ ⑤		

잘라서 활용하세요.

KORAIL

감독관 확인란	

10회 기출예상문제

성명표기란

(ㄱ ㄴ ㄷ ㄹ ㅁ ㅂ ㅅ ㅇ ㅈ ㅊ ㅋ ㅌ ㅍ ㅎ ㄲ ㄸ ㅃ ㅆ ㅉ ㄺ ㄻ / ㅏ ㅑ ㅓ ㅕ ㅗ ㅛ ㅜ ㅠ ㅡ ㅣ ㅐ ㅒ ㅔ ㅖ ㅘ ㅙ ㅚ ㅝ ㅞ ㅟ ㅢ)

수험번호

(⓪ ① ② ③ ④ ⑤ ⑥ ⑦ ⑧ ⑨)

(주민등록 앞자리 생년제외) 월일

(⓪ ① ② ③ ④ ⑤ ⑥ ⑦ ⑧ ⑨)

수험생 유의사항

※ 답안은 반드시 컴퓨터용 사인펜으로 보기와 같이 바르게 표기해야 합니다.
〈보기〉 ① ② ③ ❹ ⑤

※ 성명표기란 위 칸에는 성명을 한글로 쓰고 아래 칸에는 성명을 정확하게 표기하십시오. (맨 왼쪽 칸부터 성과 이름은 붙여 씁니다)

※ 수험번호/월일 위 칸에는 아라비아 숫자로 쓰고 아래 칸에는 숫자와 일치하게 표기하십시오.

※ 월일은 반드시 본인 주민등록번호의 생년을 제외한 월 두 자리, 일 두 자리를 표기하십시오.
〈예〉 1994년 1월 12일 → 0112

※ 검사문항 : 1～25

문번	답란	문번	답란
1	① ② ③ ④ ⑤	16	① ② ③ ④ ⑤
2	① ② ③ ④ ⑤	17	① ② ③ ④ ⑤
3	① ② ③ ④ ⑤	18	① ② ③ ④ ⑤
4	① ② ③ ④ ⑤	19	① ② ③ ④ ⑤
5	① ② ③ ④ ⑤	20	① ② ③ ④ ⑤
6	① ② ③ ④ ⑤	21	① ② ③ ④ ⑤
7	① ② ③ ④ ⑤	22	① ② ③ ④ ⑤
8	① ② ③ ④ ⑤	23	① ② ③ ④ ⑤
9	① ② ③ ④ ⑤	24	① ② ③ ④ ⑤
10	① ② ③ ④ ⑤	25	① ② ③ ④ ⑤
11	① ② ③ ④ ⑤		
12	① ② ③ ④ ⑤		
13	① ② ③ ④ ⑤		
14	① ② ③ ④ ⑤		
15	① ② ③ ④ ⑤		

KORAIL

감독관 확인란	

11회 기출예상문제

성명표기란

수험번호

(주민등록 앞자리 생년제외) 월일

수험생 유의사항

※ 답안은 반드시 컴퓨터용 사인펜으로 보기와 같이 바르게 표기해야 합니다.
〈보기〉 ① ② ③ ❹ ⑤

※ 성명표기란 위 칸에는 성명을 한글로 쓰고 아래 칸에는 성명을 정확하게 표기하십시오. (맨 왼쪽 칸부터 성과 이름은 붙여 씁니다)

※ 수험번호/월일 위 칸에는 아라비아 숫자로 쓰고 아래 칸에는 숫자와 일치하게 표기하십시오.

※ 월일은 반드시 본인 주민등록번호의 생년을 제외한 월 두 자리, 일 두 자리를 표기하십시오.
〈예〉 1994년 1월 12일 → 0112

※ 검사문항 : 1~25

문번	답란	문번	답란
1	① ② ③ ④ ⑤	16	① ② ③ ④ ⑤
2	① ② ③ ④ ⑤	17	① ② ③ ④ ⑤
3	① ② ③ ④ ⑤	18	① ② ③ ④ ⑤
4	① ② ③ ④ ⑤	19	① ② ③ ④ ⑤
5	① ② ③ ④ ⑤	20	① ② ③ ④ ⑤
6	① ② ③ ④ ⑤	21	① ② ③ ④ ⑤
7	① ② ③ ④ ⑤	22	① ② ③ ④ ⑤
8	① ② ③ ④ ⑤	23	① ② ③ ④ ⑤
9	① ② ③ ④ ⑤	24	① ② ③ ④ ⑤
10	① ② ③ ④ ⑤	25	① ② ③ ④ ⑤
11	① ② ③ ④ ⑤		
12	① ② ③ ④ ⑤		
13	① ② ③ ④ ⑤		
14	① ② ③ ④ ⑤		
15	① ② ③ ④ ⑤		

잘라서 활용하세요.

KORAIL

감독관 확인란	

12회 기출예상문제

성명표기란

ㄱ ㄴ ㄷ ㄹ ㅁ ㅂ ㅅ ㅇ ㅈ ㅊ ㅋ ㅌ ㅍ ㅎ	ㅏ ㅑ ㅓ ㅕ ㅗ ㅛ ㅜ ㅠ ㅡ ㅣ ㅐ ㅒ ㅔ ㅖ ㅘ ㅙ ㅚ ㅝ ㅞ ㅟ ㅢ	ㄱ ㄴ ㄷ ㄹ ㅁ ㅂ ㅅ ㅇ ㅈ ㅊ ㅋ ㅌ ㅍ ㅎ	ㄱ ㄴ ㄷ ㄹ ㅁ ㅂ ㅅ ㅇ ㅈ ㅊ ㅋ ㅌ ㅍ ㅎ ㄲ ㄸ ㅃ ㅆ ㅉ	ㅏ ㅑ ㅓ ㅕ ㅗ ㅛ ㅜ ㅠ ㅡ ㅣ ㅐ ㅒ ㅔ ㅖ ㅘ ㅙ ㅚ ㅝ ㅞ ㅟ ㅢ	ㄱ ㄴ ㄷ ㄹ ㅁ ㅂ ㅅ ㅇ ㅈ ㅊ ㅋ ㅌ ㅍ ㅎ ㄲ ㄸ ㅃ ㅆ ㅉ ㄺ ㄻ	ㄱ ㄴ ㄷ ㄹ ㅁ ㅂ ㅅ ㅇ ㅈ ㅊ ㅋ ㅌ ㅍ ㅎ ㄲ ㄸ ㅃ ㅆ ㅉ	ㅏ ㅑ ㅓ ㅕ ㅗ ㅛ ㅜ ㅠ ㅡ ㅣ ㅐ ㅒ ㅔ ㅖ ㅘ ㅙ ㅚ ㅝ ㅞ ㅟ ㅢ	ㄱ ㄴ ㄷ ㄹ ㅁ ㅂ ㅅ ㅇ ㅈ ㅊ ㅋ ㅌ ㅍ ㅎ ㄲ ㄸ ㅃ ㅆ ㅉ ㄺ ㄻ	ㄱ ㄴ ㄷ ㄹ ㅁ ㅂ ㅅ ㅇ ㅈ ㅊ ㅋ ㅌ ㅍ ㅎ ㄲ ㄸ ㅃ ㅆ ㅉ	ㅏ ㅑ ㅓ ㅕ ㅗ ㅛ ㅜ ㅠ ㅡ ㅣ ㅐ ㅒ ㅔ ㅖ ㅘ ㅙ ㅚ ㅝ ㅞ ㅟ ㅢ	ㄱ ㄴ ㄷ ㄹ ㅁ ㅂ ㅅ ㅇ ㅈ ㅊ ㅋ ㅌ ㅍ ㅎ ㄲ ㄸ ㅃ ㅆ ㅉ ㄺ ㄻ

수험번호

0 1 2 3 4 5 6 7 8 9	0 1 2 3 4 5 6 7 8 9	0 1 2 3 4 5 6 7 8 9	0 1 2 3 4 5 6 7 8 9	0 1 2 3 4 5 6 7 8 9	0 1 2 3 4 5 6 7 8 9

(주민등록 앞자리 생년제외) 월일

0 1 2 3 4 5 6 7 8 9	0 1 2 3 4 5 6 7 8 9	0 1 2 3 4 5 6 7 8 9	0 1 2 3 4 5 6 7 8 9

수험생 유의사항

※ 답안은 반드시 컴퓨터용 사인펜으로 보기와 같이 바르게 표기해야 합니다.
〈보기〉 ① ② ③ ❹ ⑤

※ 성명표기란 위 칸에는 성명을 한글로 쓰고 아래 칸에는 성명을 정확하게 표기하십시오. (맨 왼쪽 칸부터 성과 이름은 붙여 씁니다)

※ 수험번호/월일 위 칸에는 아라비아 숫자로 쓰고 아래 칸에는 숫자와 일치하게 표기하십시오.

※ 월일은 반드시 본인 주민등록번호의 생년을 제외한 월 두 자리, 일 두 자리를 표기하십시오.
〈예〉 1994년 1월 12일 → 0112

※ 검사문항 : 1～25

문번	답란	문번	답란
1	① ② ③ ④ ⑤	16	① ② ③ ④ ⑤
2	① ② ③ ④ ⑤	17	① ② ③ ④ ⑤
3	① ② ③ ④ ⑤	18	① ② ③ ④ ⑤
4	① ② ③ ④ ⑤	19	① ② ③ ④ ⑤
5	① ② ③ ④ ⑤	20	① ② ③ ④ ⑤
6	① ② ③ ④ ⑤	21	① ② ③ ④ ⑤
7	① ② ③ ④ ⑤	22	① ② ③ ④ ⑤
8	① ② ③ ④ ⑤	23	① ② ③ ④ ⑤
9	① ② ③ ④ ⑤	24	① ② ③ ④ ⑤
10	① ② ③ ④ ⑤	25	① ② ③ ④ ⑤
11	① ② ③ ④ ⑤		
12	① ② ③ ④ ⑤		
13	① ② ③ ④ ⑤		
14	① ② ③ ④ ⑤		
15	① ② ③ ④ ⑤		

KORAIL

감독관 확인란	

13회 기출예상문제

성명표기란

ㄱ	ㅏ	ㄱ	ㄱ	ㅏ	ㄱ	ㄱ	ㅏ	ㄱ	ㄱ	ㅏ	ㄱ
ㄴ	ㅑ	ㄴ	ㄴ	ㅑ	ㄴ	ㄴ	ㅑ	ㄴ	ㄴ	ㅑ	ㄴ
ㄷ	ㅓ	ㄷ	ㄷ	ㅓ	ㄷ	ㄷ	ㅓ	ㄷ	ㄷ	ㅓ	ㄷ
ㄹ	ㅕ	ㄹ	ㄹ	ㅕ	ㄹ	ㄹ	ㅕ	ㄹ	ㄹ	ㅕ	ㄹ
ㅁ	ㅗ	ㅁ	ㅁ	ㅗ	ㅁ	ㅁ	ㅗ	ㅁ	ㅁ	ㅗ	ㅁ
ㅂ	ㅛ	ㅂ	ㅂ	ㅛ	ㅂ	ㅂ	ㅛ	ㅂ	ㅂ	ㅛ	ㅂ
ㅅ	ㅜ	ㅅ	ㅅ	ㅜ	ㅅ	ㅅ	ㅜ	ㅅ	ㅅ	ㅜ	ㅅ
ㅇ	ㅠ	ㅇ	ㅇ	ㅠ	ㅇ	ㅇ	ㅠ	ㅇ	ㅇ	ㅠ	ㅇ
ㅈ	ㅡ	ㅈ	ㅈ	ㅡ	ㅈ	ㅈ	ㅡ	ㅈ	ㅈ	ㅡ	ㅈ
ㅊ	ㅣ	ㅊ	ㅊ	ㅣ	ㅊ	ㅊ	ㅣ	ㅊ	ㅊ	ㅣ	ㅊ
ㅋ	ㅐ	ㅋ	ㅋ	ㅐ	ㅋ	ㅋ	ㅐ	ㅋ	ㅋ	ㅐ	ㅋ
ㅌ	ㅒ	ㅌ	ㅌ	ㅒ	ㅌ	ㅌ	ㅒ	ㅌ	ㅌ	ㅒ	ㅌ
ㅍ	ㅔ	ㅍ	ㅍ	ㅔ	ㅍ	ㅍ	ㅔ	ㅍ	ㅍ	ㅔ	ㅍ
ㅎ	ㅖ	ㅎ	ㅎ	ㅖ	ㅎ	ㅎ	ㅖ	ㅎ	ㅎ	ㅖ	ㅎ
	ㅘ		ㄲ	ㅘ	ㄲ	ㄲ	ㅘ	ㄲ	ㄲ	ㅘ	ㄲ
	ㅙ		ㄸ	ㅙ	ㄸ	ㄸ	ㅙ	ㄸ	ㄸ	ㅙ	ㄸ
	ㅚ		ㅃ	ㅚ	ㅃ	ㅃ	ㅚ	ㅃ	ㅃ	ㅚ	ㅃ
	ㅝ		ㅆ	ㅝ	ㅆ	ㅆ	ㅝ	ㅆ	ㅆ	ㅝ	ㅆ
	ㅞ		ㅉ	ㅞ	ㅉ	ㅉ	ㅞ	ㅉ	ㅉ	ㅞ	ㅉ
	ㅟ			ㅟ	ㄺ		ㅟ	ㄺ		ㅟ	ㄺ
	ㅢ			ㅢ	ㄻ		ㅢ	ㄻ		ㅢ	ㄻ

수험번호

⓪	⓪	⓪	⓪	⓪	⓪
①	①	①	①	①	①
②	②	②	②	②	②
③	③	③	③	③	③
④	④	④	④	④	④
⑤	⑤	⑤	⑤	⑤	⑤
⑥	⑥	⑥	⑥	⑥	⑥
⑦	⑦	⑦	⑦	⑦	⑦
⑧	⑧	⑧	⑧	⑧	⑧
⑨	⑨	⑨	⑨	⑨	⑨

(주민등록 앞자리 생년제외) 월일

⓪	⓪	⓪	⓪
①	①	①	①
②	②	②	②
③	③	③	③
④	④	④	④
⑤	⑤	⑤	⑤
⑥	⑥	⑥	⑥
⑦	⑦	⑦	⑦
⑧	⑧	⑧	⑧
⑨	⑨	⑨	⑨

수험생 유의사항

※ 답안은 반드시 컴퓨터용 사인펜으로 보기와 같이 바르게 표기해야 합니다.
〈보기〉 ① ② ③ ❹ ⑤

※ 성명표기란 위 칸에는 성명을 한글로 쓰고 아래 칸에는 성명을 정확하게 표기하십시오. (맨 왼쪽 칸부터 성과 이름은 붙여 씁니다)

※ 수험번호/월일 위 칸에는 아라비아 숫자로 쓰고 아래 칸에는 숫자와 일치하게 표기하십시오.

※ 월일은 반드시 본인 주민등록번호의 생년을 제외한 월 두 자리, 일 두 자리를 표기하십시오.
〈예〉 1994년 1월 12일 → 0112

※ 검사문항 : 1～25

문번	답란	문번	답란
1	① ② ③ ④ ⑤	16	① ② ③ ④ ⑤
2	① ② ③ ④ ⑤	17	① ② ③ ④ ⑤
3	① ② ③ ④ ⑤	18	① ② ③ ④ ⑤
4	① ② ③ ④ ⑤	19	① ② ③ ④ ⑤
5	① ② ③ ④ ⑤	20	① ② ③ ④ ⑤
6	① ② ③ ④ ⑤	21	① ② ③ ④ ⑤
7	① ② ③ ④ ⑤	22	① ② ③ ④ ⑤
8	① ② ③ ④ ⑤	23	① ② ③ ④ ⑤
9	① ② ③ ④ ⑤	24	① ② ③ ④ ⑤
10	① ② ③ ④ ⑤	25	① ② ③ ④ ⑤
11	① ② ③ ④ ⑤		
12	① ② ③ ④ ⑤		
13	① ② ③ ④ ⑤		
14	① ② ③ ④ ⑤		
15	① ② ③ ④ ⑤		

잘라서 활용하세요.

KORAIL

감독관 확인란	

14회 기출예상문제

성명표기란

ㄱ	ㅏ	ㄱ	ㄱ	ㅏ	ㄱ	ㄱ	ㅏ	ㄱ	ㄱ	ㅏ	ㄱ
ㄴ	ㅑ	ㄴ	ㄴ	ㅑ	ㄴ	ㄴ	ㅑ	ㄴ	ㄴ	ㅑ	ㄴ
ㄷ	ㅓ	ㄷ	ㄷ	ㅓ	ㄷ	ㄷ	ㅓ	ㄷ	ㄷ	ㅓ	ㄷ
ㄹ	ㅕ	ㄹ	ㄹ	ㅕ	ㄹ	ㄹ	ㅕ	ㄹ	ㄹ	ㅕ	ㄹ
ㅁ	ㅗ	ㅁ	ㅁ	ㅗ	ㅁ	ㅁ	ㅗ	ㅁ	ㅁ	ㅗ	ㅁ
ㅂ	ㅛ	ㅂ	ㅂ	ㅛ	ㅂ	ㅂ	ㅛ	ㅂ	ㅂ	ㅛ	ㅂ
ㅅ	ㅜ	ㅅ	ㅅ	ㅜ	ㅅ	ㅅ	ㅜ	ㅅ	ㅅ	ㅜ	ㅅ
ㅇ	ㅠ	ㅇ	ㅇ	ㅠ	ㅇ	ㅇ	ㅠ	ㅇ	ㅇ	ㅠ	ㅇ
ㅈ	ㅡ	ㅈ	ㅈ	ㅡ	ㅈ	ㅈ	ㅡ	ㅈ	ㅈ	ㅡ	ㅈ
ㅊ	ㅣ	ㅊ	ㅊ	ㅣ	ㅊ	ㅊ	ㅣ	ㅊ	ㅊ	ㅣ	ㅊ
ㅋ	ㅐ	ㅋ	ㅋ	ㅐ	ㅋ	ㅋ	ㅐ	ㅋ	ㅋ	ㅐ	ㅋ
ㅌ	ㅒ	ㅌ	ㅌ	ㅒ	ㅌ	ㅌ	ㅒ	ㅌ	ㅌ	ㅒ	ㅌ
ㅍ	ㅔ	ㅍ	ㅍ	ㅔ	ㅍ	ㅍ	ㅔ	ㅍ	ㅍ	ㅔ	ㅍ
ㅎ	ㅖ	ㅎ	ㅎ	ㅖ	ㅎ	ㅎ	ㅖ	ㅎ	ㅎ	ㅖ	ㅎ
	ㅘ		ㄲ	ㅘ	ㄲ	ㄲ	ㅘ	ㄲ	ㄲ	ㅘ	ㄲ
	ㅙ		ㄸ	ㅙ	ㄸ	ㄸ	ㅙ	ㄸ	ㄸ	ㅙ	ㄸ
	ㅚ		ㅃ	ㅚ	ㅃ	ㅃ	ㅚ	ㅃ	ㅃ	ㅚ	ㅃ
	ㅝ		ㅆ	ㅝ	ㅆ	ㅆ	ㅝ	ㅆ	ㅆ	ㅝ	ㅆ
	ㅞ		ㅉ	ㅞ	ㅉ	ㅉ	ㅞ	ㅉ	ㅉ	ㅞ	ㅉ
	ㅟ			ㅟ	ㄺ		ㅟ	ㄺ		ㅟ	ㄺ
	ㅢ			ㅢ	ㄻ		ㅢ	ㄻ		ㅢ	ㄻ

수험번호

0	0	0	0	0	0
1	1	1	1	1	1
2	2	2	2	2	2
3	3	3	3	3	3
4	4	4	4	4	4
5	5	5	5	5	5
6	6	6	6	6	6
7	7	7	7	7	7
8	8	8	8	8	8
9	9	9	9	9	9

(주민등록 앞자리 생년제외) 월일

0	0	0	0
1	1	1	1
2	2	2	2
3	3	3	3
4	4	4	4
5	5	5	5
6	6	6	6
7	7	7	7
8	8	8	8
9	9	9	9

수험생 유의사항

※ 답안은 반드시 컴퓨터용 사인펜으로 보기와 같이 바르게 표기해야 합니다.
〈보기〉 ① ② ③ ❹ ⑤

※ 성명표기란 위 칸에는 성명을 한글로 쓰고 아래 칸에는 성명을 정확하게 표기하십시오. (맨 왼쪽 칸부터 성과 이름은 붙여 씁니다)

※ 수험번호/월일 위 칸에는 아라비아 숫자로 쓰고 아래 칸에는 숫자와 일치하게 표기하십시오.

※ 월일은 반드시 본인 주민등록번호의 생년을 제외한 월 두 자리, 일 두 자리를 표기하십시오.
〈예〉 1994년 1월 12일 → 0112

※ 검사문항 : 1～25

문번	답란	문번	답란
1	① ② ③ ④ ⑤	16	① ② ③ ④ ⑤
2	① ② ③ ④ ⑤	17	① ② ③ ④ ⑤
3	① ② ③ ④ ⑤	18	① ② ③ ④ ⑤
4	① ② ③ ④ ⑤	19	① ② ③ ④ ⑤
5	① ② ③ ④ ⑤	20	① ② ③ ④ ⑤
6	① ② ③ ④ ⑤	21	① ② ③ ④ ⑤
7	① ② ③ ④ ⑤	22	① ② ③ ④ ⑤
8	① ② ③ ④ ⑤	23	① ② ③ ④ ⑤
9	① ② ③ ④ ⑤	24	① ② ③ ④ ⑤
10	① ② ③ ④ ⑤	25	① ② ③ ④ ⑤
11	① ② ③ ④ ⑤		
12	① ② ③ ④ ⑤		
13	① ② ③ ④ ⑤		
14	① ② ③ ④ ⑤		
15	① ② ③ ④ ⑤		

KORAIL

감독관 확인란	

15회 기출예상문제

성명표기란

수험번호

(주민등록 앞자리 생년제외) 월일

수험생 유의사항

※ 답안은 반드시 컴퓨터용 사인펜으로 보기와 같이 바르게 표기해야 합니다.
〈보기〉 ① ② ③ ❹ ⑤

※ 성명표기란 위 칸에는 성명을 한글로 쓰고 아래 칸에는 성명을 정확하게 표기하십시오. (맨 왼쪽 칸부터 성과 이름은 붙여 씁니다)

※ 수험번호/월일 위 칸에는 아라비아 숫자로 쓰고 아래 칸에는 숫자와 일치하게 표기하십시오.

※ 월일은 반드시 본인 주민등록번호의 생년을 제외한 월 두 자리, 일 두 자리를 표기하십시오.
〈예〉 1994년 1월 12일 → 0112

※ 검사문항 : 1～25

문번	답란	문번	답란
1	① ② ③ ④ ⑤	16	① ② ③ ④ ⑤
2	① ② ③ ④ ⑤	17	① ② ③ ④ ⑤
3	① ② ③ ④ ⑤	18	① ② ③ ④ ⑤
4	① ② ③ ④ ⑤	19	① ② ③ ④ ⑤
5	① ② ③ ④ ⑤	20	① ② ③ ④ ⑤
6	① ② ③ ④ ⑤	21	① ② ③ ④ ⑤
7	① ② ③ ④ ⑤	22	① ② ③ ④ ⑤
8	① ② ③ ④ ⑤	23	① ② ③ ④ ⑤
9	① ② ③ ④ ⑤	24	① ② ③ ④ ⑤
10	① ② ③ ④ ⑤	25	① ② ③ ④ ⑤
11	① ② ③ ④ ⑤		
12	① ② ③ ④ ⑤		
13	① ② ③ ④ ⑤		
14	① ② ③ ④ ⑤		
15	① ② ③ ④ ⑤		

잘라서 활용하세요.

KORAIL

감독관 확인란	

16회 기출예상문제

성명표기란

㉠	ㅏ	㉠	㉠	ㅏ	㉠	㉠	ㅏ	㉠	㉠	ㅏ	㉠
㉡	ㅑ	㉡	㉡	ㅑ	㉡	㉡	ㅑ	㉡	㉡	ㅑ	㉡
㉢	ㅓ	㉢	㉢	ㅓ	㉢	㉢	ㅓ	㉢	㉢	ㅓ	㉢
㉣	ㅕ	㉣	㉣	ㅕ	㉣	㉣	ㅕ	㉣	㉣	ㅕ	㉣
㉤	ㅗ	㉤	㉤	ㅗ	㉤	㉤	ㅗ	㉤	㉤	ㅗ	㉤
㉥	ㅛ	㉥	㉥	ㅛ	㉥	㉥	ㅛ	㉥	㉥	ㅛ	㉥
㉦	ㅜ	㉦	㉦	ㅜ	㉦	㉦	ㅜ	㉦	㉦	ㅜ	㉦
㉧	ㅠ	㉧	㉧	ㅠ	㉧	㉧	ㅠ	㉧	㉧	ㅠ	㉧
㉨	ㅡ	㉨	㉨	ㅡ	㉨	㉨	ㅡ	㉨	㉨	ㅡ	㉨
㉩	ㅣ	㉩	㉩	ㅣ	㉩	㉩	ㅣ	㉩	㉩	ㅣ	㉩
㉪	ㅐ	㉪	㉪	ㅐ	㉪	㉪	ㅐ	㉪	㉪	ㅐ	㉪
㉫	ㅒ	㉫	㉫	ㅒ	㉫	㉫	ㅒ	㉫	㉫	ㅒ	㉫
㉬	ㅔ	㉬	㉬	ㅔ	㉬	㉬	ㅔ	㉬	㉬	ㅔ	㉬
㉭	ㅖ	㉭	㉭	ㅖ	㉭	㉭	ㅖ	㉭	㉭	ㅖ	㉭
	ㅘ		ㄲ	ㅘ	ㄲ	ㄲ	ㅘ	ㄲ	ㄲ	ㅘ	ㄲ
	ㅙ		ㄸ	ㅙ	ㄸ	ㄸ	ㅙ	ㄸ	ㄸ	ㅙ	ㄸ
	ㅚ		ㅃ	ㅚ	ㅃ	ㅃ	ㅚ	ㅃ	ㅃ	ㅚ	ㅃ
	ㅝ		ㅆ	ㅝ	ㅆ	ㅆ	ㅝ	ㅆ	ㅆ	ㅝ	ㅆ
	ㅞ		ㅉ	ㅞ	ㅉ	ㅉ	ㅞ	ㅉ	ㅉ	ㅞ	ㅉ
	ㅟ			ㅟ	ㄺ		ㅟ	ㄺ		ㅟ	ㄺ
	ㅢ			ㅢ	ㄻ		ㅢ	ㄻ		ㅢ	ㄻ

수험번호

⓪	⓪	⓪	⓪	⓪	⓪
①	①	①	①	①	①
②	②	②	②	②	②
③	③	③	③	③	③
④	④	④	④	④	④
⑤	⑤	⑤	⑤	⑤	⑤
⑥	⑥	⑥	⑥	⑥	⑥
⑦	⑦	⑦	⑦	⑦	⑦
⑧	⑧	⑧	⑧	⑧	⑧
⑨	⑨	⑨	⑨	⑨	⑨

(주민등록 앞자리 생년제외) 월일

⓪	⓪	⓪	⓪
①	①	①	①
②	②	②	②
③	③	③	③
④	④	④	④
⑤	⑤	⑤	⑤
⑥	⑥	⑥	⑥
⑦	⑦	⑦	⑦
⑧	⑧	⑧	⑧
⑨	⑨	⑨	⑨

수험생 유의사항

※ 답안은 반드시 컴퓨터용 사인펜으로 보기와 같이 바르게 표기해야 합니다.
〈보기〉 ① ② ③ ❹ ⑤

※ 성명표기란 위 칸에는 성명을 한글로 쓰고 아래 칸에는 성명을 정확하게 표기하십시오. (맨 왼쪽 칸부터 성과 이름은 붙여 씁니다)

※ 수험번호/월일 위 칸에는 아라비아 숫자로 쓰고 아래 칸에는 숫자와 일치하게 표기하십시오.

※ 월일은 반드시 본인 주민등록번호의 생년을 제외한 월 두 자리, 일 두 자리를 표기하십시오.
〈예〉 1994년 1월 12일 → 0112

※ 검사문항 : 1～25

문번	답란	문번	답란
1	① ② ③ ④ ⑤	16	① ② ③ ④ ⑤
2	① ② ③ ④ ⑤	17	① ② ③ ④ ⑤
3	① ② ③ ④ ⑤	18	① ② ③ ④ ⑤
4	① ② ③ ④ ⑤	19	① ② ③ ④ ⑤
5	① ② ③ ④ ⑤	20	① ② ③ ④ ⑤
6	① ② ③ ④ ⑤	21	① ② ③ ④ ⑤
7	① ② ③ ④ ⑤	22	① ② ③ ④ ⑤
8	① ② ③ ④ ⑤	23	① ② ③ ④ ⑤
9	① ② ③ ④ ⑤	24	① ② ③ ④ ⑤
10	① ② ③ ④ ⑤	25	① ② ③ ④ ⑤
11	① ② ③ ④ ⑤		
12	① ② ③ ④ ⑤		
13	① ② ③ ④ ⑤		
14	① ② ③ ④ ⑤		
15	① ② ③ ④ ⑤		

KORAIL

감독관 확인란	

기출예상문제_연습용

성명표기란

수험번호

(주민등록 앞자리 생년제외) 월일

수험생 유의사항

※ 답안은 반드시 컴퓨터용 사인펜으로 보기와 같이 바르게 표기해야 합니다.
〈보기〉 ① ② ③ ❹ ⑤

※ 성명표기란 위 칸에는 성명을 한글로 쓰고 아래 칸에는 성명을 정확하게 표기하십시오. (맨 왼쪽 칸부터 성과 이름은 붙여 씁니다)

※ 수험번호/월일 위 칸에는 아라비아 숫자로 쓰고 아래 칸에는 숫자와 일치하게 표기하십시오.

※ 월일은 반드시 본인 주민등록번호의 생년을 제외한 월 두 자리, 일 두 자리를 표기하십시오.
〈예〉 1994년 1월 12일 → 0112

※ 검사문항 : 1～25

문번	답란	문번	답란
1	① ② ③ ④ ⑤	16	① ② ③ ④ ⑤
2	① ② ③ ④ ⑤	17	① ② ③ ④ ⑤
3	① ② ③ ④ ⑤	18	① ② ③ ④ ⑤
4	① ② ③ ④ ⑤	19	① ② ③ ④ ⑤
5	① ② ③ ④ ⑤	20	① ② ③ ④ ⑤
6	① ② ③ ④ ⑤	21	① ② ③ ④ ⑤
7	① ② ③ ④ ⑤	22	① ② ③ ④ ⑤
8	① ② ③ ④ ⑤	23	① ② ③ ④ ⑤
9	① ② ③ ④ ⑤	24	① ② ③ ④ ⑤
10	① ② ③ ④ ⑤	25	① ② ③ ④ ⑤
11	① ② ③ ④ ⑤		
12	① ② ③ ④ ⑤		
13	① ② ③ ④ ⑤		
14	① ② ③ ④ ⑤		
15	① ② ③ ④ ⑤		

gosinet (주)고시넷

절취선 ✂ 잘라서 활용하세요.

KORAIL

감독관 확인란	

기출예상문제_연습용

성명표기란

수험번호

⓪ ① ② ③ ④ ⑤ ⑥ ⑦ ⑧ ⑨

(주민등록 앞자리 생년제외) 월일

⓪ ① ② ③ ④ ⑤ ⑥ ⑦ ⑧ ⑨

※ 검사문항 : 1~25

문번	답란	문번	답란
1	① ② ③ ④ ⑤	16	① ② ③ ④ ⑤
2	① ② ③ ④ ⑤	17	① ② ③ ④ ⑤
3	① ② ③ ④ ⑤	18	① ② ③ ④ ⑤
4	① ② ③ ④ ⑤	19	① ② ③ ④ ⑤
5	① ② ③ ④ ⑤	20	① ② ③ ④ ⑤
6	① ② ③ ④ ⑤	21	① ② ③ ④ ⑤
7	① ② ③ ④ ⑤	22	① ② ③ ④ ⑤
8	① ② ③ ④ ⑤	23	① ② ③ ④ ⑤
9	① ② ③ ④ ⑤	24	① ② ③ ④ ⑤
10	① ② ③ ④ ⑤	25	① ② ③ ④ ⑤
11	① ② ③ ④ ⑤		
12	① ② ③ ④ ⑤		
13	① ② ③ ④ ⑤		
14	① ② ③ ④ ⑤		
15	① ② ③ ④ ⑤		

수험생 유의사항

※ 답안은 반드시 컴퓨터용 사인펜으로 보기와 같이 바르게 표기해야 합니다.
〈보기〉 ① ② ③ ❹ ⑤

※ 성명표기란 위 칸에는 성명을 한글로 쓰고 아래 칸에는 성명을 정확하게 표기하십시오. (맨 왼쪽 칸부터 성과 이름은 붙여 씁니다)

※ 수험번호/월일 위 칸에는 아라비아 숫자로 쓰고 아래 칸에는 숫자와 일치하게 표기하십시오.

※ 월일은 반드시 본인 주민등록번호의 생년을 제외한 월 두 자리, 일 두 자리를 표기하십시오.
〈예〉 1994년 1월 12일 → 0112

저마다의 일생에는,

특히 그 일생이 동터 오르는 여명기에는

모든 것을 결정짓는 한 순간이 있다.

그 순간을 다시 찾아내는 것은 어렵다.

그것은 다른 수많은 순간들의 퇴적 속에

깊이 묻혀있다.

– 장 그르니에, 섬 LES ILES

NCS 직무수행능력평가

2023

최신 코레일
한국철도공사
필기시험 출제유형

사무영업
일반/수송
전공시험

16회

고시넷 공기업

코레일 한국철도공사
경영학 기출예상모의고사

동영상 강의 WWW.GOSINET.CO.KR

정답과 해설

gosinet
(주)고시넷

NCS 직무수행능력평가

2023

최신 코레일
한국철도공사
필기시험 출제유형

사무영업
일반/수송
전공시험

16회

고시넷 공기업

코레일 한국철도공사
경영학 기출예상모의고사

동영상 강의 WWW.GOSINET.CO.KR

정답과 해설

gosinet
(주)고시넷

전공필기시험

정답과 해설

1회 기출예상문제

문제 16쪽

01	②	02	③	03	⑤	04	③	05	③
06	④	07	⑤	08	③	09	④	10	①
11	③	12	①	13	②	14	⑤	15	②
16	②	17	⑤	18	②	19	①	20	②
21	③	22	④	23	⑤	24	②	25	④

01

| 정답 | ②

| 해설 | 비공식적 조직은 공식조직 내에 자연스럽게 형성되며, 비공식적 조직의 관습과 규범은 공식조직에서의 활동에 영향을 준다.

| 오답풀이 |

① 호손 실험 중 작업 현장의 조명을 조정하는 실험을 통해 작업환경의 변화는 생산량에 큰 영향을 미치지 못하며, 종업원의 생산성은 시설의 변화 외의 다른 요인이 작용한다는 결론이 도출되었다.

③ 호손 실험의 면접 프로그램 실험에서 종업원들이 업무를 수행하면서 겪는 고충을 이야기하는 면접 프로그램의 개시만으로 종업원의 심리적 상태가 개선되어 생산력의 상승으로 이어진다는 것을 확인하였다.

④ 인간관계론은 종업원의 생산성은 수학적으로 완전히 계산될 수 있다는 과학적 관리론을 비판하는 논거가 되었다.

⑤ 호손 효과(Hawthorne Effect)란 사람은 자신의 행동이 관찰되고 있다는 것을 인식할 때 행동의 변화가 발생하는 효과로, 이로 인해 호손 실험에서의 생산력의 변화는 변수가 완전히 통제되지 못한 실험이라는 비판을 받는다. 다만 호손 효과에 의해 발생한 종업원의 심적 변화가 생산량의 변화로 이어졌다는 점에서 종업원의 심리 변화가 생산량에 영향을 준다는 결론을 도출하였다고 해석할 수도 있다.

02

| 정답 | ③

| 해설 | • 콘체른(Konzern)은 형식적으로는 독립적인 기업들을 경제적으로 완전히 지배하는 모회사, 지주기업(Holding Company)을 중심으로 하는 기업결합으로, 콘체른에 속하여 모기업에 예속된 자기업들은 경제적인 독립성을 상실한다.

• 트러스트(Trust)는 기업결합에 참가하는 기업들이 법률적 · 경제적 독립성을 버리고 완전히 새로운 기업으로 통합하는 형태로 이루어지는 기업결합을 의미한다.

| 오답풀이 |

• 카르텔(Kartell)은 동종 혹은 유사 기업들이 시장협정을 통해 담합의 형태로 결집하는 기업결합의 형태로, 카르텔을 구성하는 기업들은 각 기업들에 대한 자본적 지배가 없으며, 독립성을 유지한 수평적 결합으로 구성된다.

• 콤비나트(Kombinat)는 지리적 · 기술적으로 인접한 기업들이 생산효율의 증대를 목적으로 결성하는 경제적 결합체로, 기업 간의 협력관계를 통해 결성되는 것이므로 기업의 독립성은 유지된다.

03

| 정답 | ⑤

| 해설 | 카즈의 경영학 능력 이론에서는 경영자를 계층에 따라 최고경영자, 중간경영자, 하위경영자(일선경영자)로 구분하고, 각 계층별로 중시되는 경영자의 능력에 관한 모델을 제시했다. 이에 따르면 경영자는 최고경영자로 갈수록 개념화 능력이, 하위경영자로 갈수록 기술적 능력을 갖출 것을 요구한다고 설명한다.

04

| 정답 | ③

| 해설 | 테일러의 생산관리법에서는 표준화된 과업 수행을 위한 공구와 기구의 표준화를 시행하였으나, 제품에 들어가는 부품의 규격화를 통해 소품목 대량생산을 구현한 것은 테일러의 생산관리법이 아닌 포드 시스템(Ford System)에 대한 내용이다.

05

| 정답 | ③

| 해설 | 허즈버그의 2요인이론(Two Factor Theory)은 종업원이 업무를 수행하는 동기가 부여되는 요인을 동기요인(만족요인)과 위생요인(불만족요인)의 두 가지로 구분하였다. 이 중 동기요인이란 종업원이 요건을 충족했을 때 종업원이 만족감을 느끼고 자신의 업무를 수행하는 동기가 증가하는 요소로, 업무에 따른 책임감, 성취감, 자기발전과 성장 등이 여기에 해당한다. 한편 위생요인은 해당 요건이 충족되지 못했을 때 종업원이 불만을 가지고 업무의 수행동기가 감소하는 요소로, 회사의 정책, 감독, 급여, 작업환경 등이 여기에 해당한다.

06

| 정답 | ④

| 해설 | 하우스의 경로목표이론에서는 모든 상황에 적용하는 리더십이란 존재하지 않으며, 리더는 과업의 특성이나 부하의 특성 등 업무 상황에 따라 지시적 리더십, 후원적 리더십, 참여적 리더십, 그리고 성취지향적 리더십의 네 가지 리더십을 선택해 이를 발휘해야 한다고 보았다.

이 중 부하들이 업무를 수행하는 능력과 의지가 모두 높을 때 리더는 부하에 대한 높은 신뢰를 바탕으로 리더가 도전적인 목표를 제시하고 업무수행에 있어서의 높은 자율성을 부여하는 성취지향적 리더십을 선택해야 한다고 본다.

07

| 정답 | ⑤

| 해설 | 전략적 경영에서 전략적 계획은 조직 전체의 정보를 입수하기가 용이하고 조직 전체의 협조를 구하기가 용이한 최고경영층에 의해 주로 수립된다.

08

| 정답 | ③

| 해설 | 노나카의 지식순환 프로세스에서 외재화(Externalization)는 개인이 가진 지식인 암묵지를 전수하기 위해 문서 등의 형태로 나타낸 지식인 형식지로 변환하는 과정을 의미한다.

| 오답풀이 |

① 사회화(Socialization)는 지식이 무형의 형태로 전수되면서 개인이 가진 암묵지가 다른 사람의 암묵지로 전환되는 과정을 의미한다.

③ 결합(Combination)은 실체화된 지식인 형식지들을 가공, 편집하여 새로운 형태의 형식지로 나타내는 과정을 의미한다.

④ 내재화(Internalization)는 실체화된 지식인 형식지를 읽음을 통해 암묵지로 체화시키는 과정을 의미한다.

09

| 정답 | ④

| 해설 | 마이클 포터의 본원적 경쟁전략에서 집중화 전략은 기업이 가진 제품에서 높은 수익을 기대할 수 있는 특정 시장을 대상으로 원가우위(원가 집중화) 혹은 차별화우위(차별적 집중화)로 접근하는 경영전략을 의미한다.

10

| 정답 | ①

| 해설 | 규모의 경제는 기존 기업의 시장 내 영향력을 강화시키고, 잠재적 진입자들이 시장에 진출하는 데에 더 많은 비용을 요구하게 하는 진입장벽으로의 기능을 한다. 즉 규모의 경제가 실현된 시장은 진입장벽이 높아 잠재적 진입자의 위협이 낮아지고, 규모의 경제를 실현한 기존 기업의 수익성은 높아진다.

| 오답풀이 |

② 구매자의 집단화는 구매자들의 시장 내 영향력을 강화시켜 구매자의 교섭력을 강화시키므로 기업의 수익성을 낮추는 원인이 된다.

③ 제품의 기업 간 차별성이 약할 경우 기업은 구매자를 상품으로 종속시키는 힘이 약해지고, 기업 간 경쟁에서 이기고 구매자를 유치하기 위해 수익성을 낮추고 구매자에게 유리한 공급구조를 갖출 것을 요구받는다.

④ 경쟁기업이 시장에서 철수하고 다른 시장으로 진출하는 데 높은 비용이 소요될 경우, 기존 기업 간의 경쟁에서 경쟁기업이 시장에서 철수하지 않고 시장에 남고자 하는 저항이 강해진다. 즉 철수비용이 높은 사업은 시장 내 기존 기업 간의 경쟁이 강해지는 요인으로 작용하여 기존 기업의 수익성을 낮추는 원인이 된다.

⑤ 공급자가 제조업에 진출하는 전방통합을 시도할 경우 시장 내 공급자의 영향력이 강해지므로 공급자의 교섭력이 강해진다.

11

| 정답 | ③

| 해설 | 페이욜은 경영의 관리활동은 계획, 조직, 지휘, 조정, 통제의 다섯 가지 요소로 구성된다는 관리활동의 5요소를 제시하였다.

12

| 정답 | ①

| 해설 | 제품의 수명주기에 따른 계획의 설정에 있어서 도입기에는 계획의 변동이 잦고 자원 활용이 불확실하므로 체계적인 기획보다는 제품의 판매방향에 대한 장기적이고 지침적인 계획을 설정하게 된다.

| 오답풀이 |

②, ③ 성장기와 성숙기는 제품의 시장 내 점유율과 수익이 확대되는 단계로, 이 시기에는 도입기에 비해 시장의 예측성이 커지므로 보다 구체적인 계획을 설정하는 것이 적절하다.

④ 성숙기에는 제품의 수요와 생산이 안정된 상태로 성장기와 쇠퇴기에 비해 장기적인 경영계획을 설정하기에 적합하다.

⑤ 시장점유율이 감소하는 쇠퇴기에서는 제품의 생산시설을 정리하고 자원배분을 다시 할당하는 등의 내부적인 조정이 일어나는 시기로, 제품 생산의 안정성이 다시 떨어지므로 성숙기에 비해서는 단기적이고 지침적인 계획을 설정하는 것이 적절하다.

13

| 정답 | ②

| 해설 | UNCTAD는 개발도상국의 산업화와 국제무역 참여 증진을 지원하기 위해 설립된 UN 산하 정부간 협의체로, 선진국과 후진국의 경제적 격차의 원인과 대책을 검토하고, 이에 관한 특혜관세제도, 상품협정 등의 방안을 제시하고 이행을 권고하는 역할을 수행한다.

| 오답풀이 |

① UNDP(United Nations Development Programme, 유엔개발계획)에 대한 설명이다. UNDP는 개발도상국의 경제 및 사회적 발전을 위한 개발 프로젝트의 시행 및 감독, 그리고 이를 위한 조사를 수행하는 기관으로 개발도상국의 경제적 자립과 함께 사회적 개발, 기후변화 및 재해 회복 등 개발도상국이 가진 다양한 사회문제 지원 프로그램을 추진한다.

③ 세계은행(World Bank)에 대한 설명이다. 세계은행은 1945년 제2차 세계대전의 전재복구와 개발도상국의 경제개발을 지원하기 위해 개발도상 가맹국에 대한 차관 지원의 형식으로 자금을 지원한다.

④ WTO(World Trade Organiazation, 세계무역기구)에 대한 설명이다. WTO는 국가 간 무역관계를 정의하는 국제법 지위의 각종 무역협정을 관리하고, 국가 간 무역 분쟁을 중재하는 역할을 수행하는 국제기구이다.

⑤ IMF(International Monetary Fund, 국제통화기금)에 대한 설명이다.

14

| 정답 | ⑤

| 해설 | 국제기업(International Corporation)은 특정 국가(자국)에 속하여 이를 기반으로 해외 내 분사 및 거점을 두지 않고 해외활동을 담당하는 기업 내 부서를 통해 해외수출활동을 중심으로 국제적 기업활동에 부분적으로 참가하는 기업으로, 특정 국가나 정치적 경계에 종속되지 않고 해외 각국에 독립적인 거점을 설치하여 국제적 기업활동을 전개하는 다국적기업(Multinational Corporation)에 비해 해외활동의 정도가 낮은 기업으로 정의된다.

15

| 정답 | ②

| 해설 | 인사평가 지각과정에서의 오류 중 논리적 오류(상관편견)는 논리적 상관관계가 적은 두 가지 평가요소가 상관성이 높다고 판단함에 따라 발생하는 오류에 해당한다. 예를 들어 평소 생활이 성실한 사람은 업무에 대한 책임감이 높을 것이라고 판단하거나, 창의력이 높은 사람은 상품기획을 잘 할 것이라고 판단하는 것 등이 있다.

| 오답풀이 |

① 주관의 객관화는 평가자가 평가 당시의 감정이나 평가자 본인의 경향을 피평가자에 귀속시켜 '다른 사람도 나랑 같을 것이다'라고 생각하여 발생하는 오류를 의미한다. 예를 들어 평소에 다른 사람을 속이는 일이 많은 사람은 다른 사람 역시 나를 속이고 있을 것이라고 생각하는 경우 등이 있다.

③ 상동적 태도(Stereotyping)는 대상이 속한 집단의 특성을 바탕으로 대상을 판단하는 것으로, 주로 개인의 능력을 학벌이나 성별 등을 기준으로 판단할 때 발생하는 지각과정에서의 오류이다.

④ 관대화 경향은 피평가자의 역량을 전반적으로 높게 평가하는 것으로, 주로 평가자의 나쁜 평가에 피평가자가 받게 되는 손실을 지나치게 의식하거나 평가자 본인의 업무역량의 평판에 영향을 주게 될 경우에 주로 발생한다.

⑤ 극단화 오류는 평가자가 최상위와 최하위의 양극단적인 평가를 내리는 것으로, 주로 평가자가 평가 점수가 중간 점수에 집중되어 평가의 변별력이 사라지는 중심화 경향을 회피해야 한다는 것을 지나치게 의식했을 때 발생한다.

16

| 정답 | ②

| 해설 | 셀프모니터링(Self-monitering)은 자신이 다른 사람에게 어떤 모습으로 보이는지, 즉 자기노출의 정도를 스스로 통제하여 다른 사람에게 본인에게 유리한 쪽으로의 인상을 주는 능력으로, 셀프모니터링의 정도가 높을수록 자신의 감정의 표현을 통제하고 커뮤니케이션 능력이 높아 사교적이며 갈등상황에 능숙하게 대처하는 능력을 가진다. 다만 자기감시는 그에 따른 피로를 동반하며 자신에 대한 비판적인 관점이 지속되는 자기회의로 이어질 가능성이 높다.

반대로 셀프모니터링의 정도가 낮은 사람은 외부의 상황에 따라 자신의 행동을 수정하지 않고 주변 상황을 의식하지 않고 일관된 행동패턴을 보이며, 비사교적이고 거짓말 등 자기표현의 기술에 능숙하지 않은 모습을 보인다. 이 때문에 셀프모니터링의 정도가 낮은 사람은 고집이 강하고 다른 사람에 대해 공격적인 자세를 보이는 경향이 있다.

17

| 정답 | ⑤

| 해설 | 부당노동행위는 사용자가 근로자의 노동조합활동에 관하여 근로자의 근로3권(단결권, 단체교섭권, 단체행동권)을 침해하는 행위를 의미한다. 그 중에서 황견계약(Yellow Dog Contract) 혹은 비열계약은 노동자가 특정 노동조합에 가입하지 않거나 탈퇴할 것을 고용조건으로 하거나, 유니온 숍(Union Shop)이 체결되어있지 않음에도 고용조건에 특정 노동조합에 가입할 것을 고용조건으로 하는 것으로, 사용자가 근로자의 자주적 단결권을 침해하는 부당노동행위에 해당한다. 우리나라에서 황견계약은 「노동조합 및 노동관계조정법」 제81조 제1항 위반에 해당하여 해당 근로계약의 체결만으로 부당노동행위로 인정하며, 해당 근로계약은 당연무효로 한다.

| 오답풀이 |

③ 준법투쟁은 사용자에 대한 근로자의 주장 관철을 목적으로 평소 잘 지켜지지 않는 작업장 내 규정을 필요 이상으로 엄격히 준수하거나, 휴가 등 근로자들에게 보장된 권리를 일제히 행사하여 생산능률을 의도적으로 저하시키는 노동쟁의의 한 방법이다.

④ 직장폐쇄(Lockout)는 노동쟁의에 대해 사용자가 작업장을 폐쇄하여 노동조합의 행동을 방해하는 행위로, 사용자는 쟁의행위가 중단되면 노사관계의 대등성을 확보하기 위한 방어적 목적으로 해당 근로자들을 다시 취업시킴을 조건으로 행정관청 및 노동위원회에 직장폐쇄를 신고하여 진행할 수 있는 사용자의 합법적 쟁의행위에 해당한다.

보충 플러스+

부당노동행위(노동조합 및 노동관계조정법 제81조)

1. 불이익취급 : 근로자가 노동조합에 가입 또는 가입하려고 하였거나 노동조합을 조직하려고 하였거나 기타 노동조합의 업무를 위한 정당한 행위를 한 것을 이유로 그 근로자를 해고하거나 그 근로자에게 불이익을 주는 행위
2. 황견계약(비열계약) : 근로자가 어느 노동조합에 가입하지 아니할 것 또는 탈퇴할 것을 고용조건으로 하거나 특정한 노동조합의 조합원이 될 것을 고용조건으로 하는 행위. 다만 노동조합이 당해 사업장의 종사하는 근로자의 3분의 2 이상을 대표하고 있을 때는 근로자가 그 노동조합의 조합원이 될 것을 고용조건으로 하는 단체협약의 체결(유니온숍)은 예외로 한다.
3. 단체교섭거부 : 노동조합의 대표자 또는 노동조합으로부터 위임을 받은 자와의 단체협약체결 기타의 단체교섭을 정당한 이유 없이 거부하거나 해태하는 행위
4. 지배계약 · 경비원조 : 근로자가 노동조합을 조직 또는 운영하는 것을 지배하거나 이에 개입하는 행위와 근로시간 면제한도를 초과하여 급여를 지급하거나 노동조합의 운영비를 지급하는 행위(노동조합의 자주적인 운영 또는 활동을 침해할 위험이 없는 범위 내에서의 운영비 원조는 가능).
5. 근로자가 정당한 단체행위를 참가한 것을 이유로, 혹은 노동위원회에 대해 사용자의 부당노동행위 위반을 신고 · 증언 · 증거제출을 이유로 근로자를 해고하거나 그 근로자에게 불이익을 주는 행위

18

| 정답 | ②

| 해설 | 테일러의 차별성과급제도는 과학적 관리론에 입각하여 산정한 표준작업량을 기준으로 이를 달성했는지 여부에 따라 높은 임금과 낮은 임금의 두 단계로 양분된 임률을 결정하는 복률성과급제도이다.

| 오답풀이 |

① 임프로쉐어 플랜(Improshare Plan)에 대한 설명이다. 임프로쉐어 플랜은 시간당 생산량을 기준으로 하는 기본 생산성 비율을 통해 구한 표준노동시간과 실제노동시간을 비교하여 절감된 노동시간을 구하고 이를 노동자와 기업이 50 : 50 비율로 나누어 가지는 개념으로 보너스를 산출하는 방법으로, 기업의 회계처리방식에 의존하지 않고 근로성과를 측정한다는 특징을 가진다.

③ 리틀(Lytle)식 성과급제도에 대한 설명이다. 리틀식 성과급제도는 표준과업량의 100%을 기준으로 임률을 양분하는 테일러식 차별성과급제도에 표준과업량의 83%를 기준으로 한 중간 단계의 임률을 추가한 메리크식 성과급제도에서 표준과업량의 110% 이상을 달성한 고성과자를 위한 고임률 기준까지 추가하여 총 4단계(83% 미만, 83 ~ 100%, 100 ~ 110%, 110% 이상)의 임금단계를 설정하는 성과급제도이다.

④ 스캔론 플랜(Scanlon Plan)에 대한 설명이다. 스캔론 플랜은 성과배분제도에 참여경영의 개념을 도입하여 기준노무비율과 생산가치를 기준으로 설정한 기준노무비와 실제 노무비를 비교하여 절약된 노무비를 회사와 근로자가 배분하는 상여금제도와 노동자의 집단제안제도를 통한 노동자의 경영참가를 그 내용으로 한다.

⑤ 할시(Halsey)식 할증성과급제도에 대한 설명이다. 할시식 할증성과급제도는 표준작업시간과 실제 작업시간을 비교하여 절약된 시간에 따라 $\frac{1}{2}$ 혹은 $\frac{1}{3}$ 비율로 할증된 시간급을 지급하는 제도이다.

19

| 정답 | ①

| 해설 | 직무평가에서 사전에 구성한 등급기준에 따라 직무를 배치하는 직무평가방법은 분류법에 대한 설명이다. 서열법은 직무의 중요도 등의 기준에 따라 직무를 포괄적으로 판단하여 직무의 서열을 매기는 직무평가방법이다.

20

| 정답 | ②

| 해설 | 구매대안 평가에서 사전편집식 모형은 구매자가 가장 중요하다고 생각하는 제품의 속성을 기준으로 구매대상이 되는 제품들을 평가하고, 평가점수가 비슷하다면 그 다음으로 중요하다고 생각하는 제품의 속성을 기준으로 제품을 평가하는 방식을 반복하여 구매대상을 결정하는 방법이다.

| 오답풀이 |

① 결합식 모형은 구매자가 중요하다고 생각하는 제품의 속성들에 관하여 구매자가 수용할 수 있는 최저 기준치(Cutoff)를 설정하고 구매대상이 되는 제품들이 이를

만족하는지 여부를 동시에 판단하여 그 중 최저 기준치에 한 가지라도 미달하는 선택지를 제거하는 방법으로 구매대상을 결정하는 방법이다.

③ 분할식 모형은 구매자가 특히 중요하다고 생각하는 제품의 몇 가지 속성과 그에 관한 최저 기준치를 설정하고, 구매대상이 되는 제품들 중 최저 기준치를 충족하는 지를 여부를 기준으로 구매대상을 선택하는 방법으로 구매대상을 결정하는 방법이다.

④ 다속성태도모형은 구매자가 제품을 선택하는 데 있어서 제품이 가진 속성에 대한 주관적인 가중치를 설정하여 이를 합산한 값을 기준으로 제품을 평가하는 방법으로, 제품을 평가하는 과정에서 제품의 평점이 높은 요소가 평점이 낮은 요소를 보완하는 형태의 평가가 이루어지는 보완적 대안평가 방식이다.

⑤ 순차적 제거 모형은 구매자가 가장 중요하다고 생각하는 제품의 속성과 그 최저 기준치를 설정하고, 구매대상이 되는 제품들 중 이를 충족하지 못하는 선택지들을 제거하고, 그 다음으로 중요하다고 생각하는 제품의 속성과 그 최저 기준치를 설정하고 다시 선택지들을 제거하는 방식을 반복하여 구매대상을 결정하는 방법이다.

21

| 정답 | ③

| 해설 | 군집표본추출법(집락표본추출법)은 모집단을 일정한 기준에 따라 소집단으로 분류하고, 해당 소집단 단위로 임의로 표본 추출하여 선택된 소집단 내 구성원 전체를 조사하는 표본추출법이다.

| 오답풀이 |

① 단순임의표본추출법은 집단 내 모든 구성원 중 일정 수만큼의 표본을 임의로 추출하여 이들을 조사하는 표본추출법이다.

② 층화표본추출법은 모집단을 일정한 기준에 따라 소집단으로 분류하고, 해당 소집단 전체를 대상으로 각 소집단별로 일정 수만큼의 표본을 무작위로 추출하여 조사하는 표본추출법이다.

④ 사전편집식 선택모형은 구매자가 제품을 선택하는 과정에서 가장 중요하다고 생각하는 제품 속성의 순서대로 제품들을 평가하여 구매대상을 결정하는 구매대안평가의 방법이다.

⑤ 체계적 추출법(계통표집)은 집단 내 모든 구성원들에 일련번호를 매기고 무작위로 선정한 첫 번째 표본을 기준으로 일정한 간격(표집간격)으로 표본을 추출하는 표본추출법이다.

22

| 정답 | ④

| 해설 | 가방 50개를 생산하기 위해 드는 비용은 $100+2\times50=200$(만 원)이므로, 가방 50개를 판매한 월 수익이 50만 원이 되기 위해서는 가방 50개의 비용과 수익을 합친 총금액이 250만 원이 되어야 한다. 따라서 월 수익이 50만 원이 되기 위해 설정해야 할 가방의 개당 가격은 $\frac{250}{50}=5$(만 원)이다.

23

| 정답 | ⑤

| 해설 | 비관련다각화 전략은 기업의 기존 활동과 전혀 관련이 없는 새로운 유형의 상품으로 새로운 시장에 진출하여 기업의 성장을 확대하는 사업전략을 의미한다.

| 오답풀이 |

① 시장개발 전략은 새로운 시장에서 기존 상품을 판매하는 기업전략으로, 외국시장으로의 진출 등이 여기에 해당한다.

② 시장침투 전략은 현재 기업이 진출해 있는 시장에서 기존 상품을 확대하는 기업전략으로 가장 일반적인 유형의 성장전략이다.

③ 제품개발 전략은 기존 시장에 신제품을 판매하는 기업전략으로, 라인 확장이나 기존 제품에서 발전된 차세대 제품 출시 등이 여기에 해당한다.

④ 후방통합 전략은 제품을 생산하는 기업이 제품 생산에 필요한 원재료 공급사업을 인수하거나 직접 원재료를 생산하여 제품 생산에 필요한 원재료의 안정적인 공급을 확대하는 경영전략을 의미한다.

24

| 정답 | ②

| 해설 | 간트 차트(Gantt Chart)는 전체 작업계획을 구성하는 각각의 공정의 시작과 끝을 막대그래프로 표시하여 전체 공정의 일정을 확인할 수 있도록 하는 도표에 의한 통제기법으로, 작업의 연결구조를 확인하고 각 공정별 작업계획과 실제 작업량을 비교표시하여 작업의 지체요인을 파악하기에 용이하다는 장점이 있다.

| 오답풀이 |

① LOB(Line of Balance)는 주로 반복 작업이 많은 생산시스템에서의 생산성을 기울기 혹은 막대그래프로 표시하여 작업계획을 관리하는 도표에 의한 통제기법으로, 작성법이 간단하고 공정별 진도율 표시에 유리하나, 예정과 실제와의 비교가 어렵다는 단점이 있다.

③ 단기간 일정법(Short Interval Scheduling)은 작업의 진행상황을 짧은 시간단위로 기록한 자료를 토대로 작업계획을 관리하는 통제기법으로, 작업환경의 변수가 많은 환경에서 문제점을 빠르게 파악하는 데에 용이하다는 이점이 있다.

25

| 정답 | ④

| 해설 | JIT(Just In Time, 적시생산방식)은 제품 생산에 필요한 자재를 필요한 시기에, 필요한 수량만큼 조달하여 재고를 최소화하고 제품 생산에 있어서의 낭비적 요소를 제거하는 생산 시스템으로, 도요타 자동차로 대표되어 일본에서 제창된 생산관리제도이다. 한편 생산관리에서 폐쇄순환(Close-loop System)이란 재고와 생산능력을 계획하고 재고주문과 생산일정을 조정하는 피드백을 통해 재고와 생산능력을 계획하는 시스템으로 MRP(Matarial Requirement Planning) 생산관리에서의 시스템에 해당한다. JIT는 수요에 따라 그에 필요한 필요최소한의 자재를 조달하여 생산하는 주문생산 방식을 채택하므로 생산 전에 수요를 예측하고 그에 따라 재고를 주문한다는 개념이 발생하지 않는다.

| 오답풀이 |

① 카이젠(改善)은 제품 생산에 있어서의 낭비를 찾아내고 이를 제거하는 것을 목표로 하는 지속적인 개선을 요구하는 JIT 시스템에서의 품질관리의 개념을 의미한다.

② 품질관리분임조(QC 서클)는 작업자가 제품의 품질과 작업 프로세스를 직접 관리하고 개선해 나가기 위해 조직되는 작업자 소그룹으로, 다기능 작업자들의 상호협조와 생산에서의 책임감을 부여하기 위한 JIT 시스템의 품질관리제도이다.

③ 라인-스톱(Line-Stop) 제도는 생산현장에서 불량이 발생하면 즉시 생산라인 가동을 중단하고 문제점을 해결한 뒤 생산을 재개하는 제도로, 제품 생산에서의 불량 발생을 최소화하여 낭비를 극소화시키기 위한 JIT 시스템의 품질관리제도에 해당한다.

⑤ 포카요케(Poka-yoke)는 제조설비 자체에 불량 발생을 방지하는 설비를 구성하여 제조 과정에서 작업자의 실수로 불량이 발생하도록 하는 행동을 제한하고 정확한 동작을 수행하도록 하여 불량품의 발생을 사전에 예방하는 품질관리제도를 의미한다.

2회 기출예상문제

문제 26쪽

01	②	02	③	03	④	04	④	05	⑤
06	⑤	07	⑤	08	②	09	④	10	④
11	③	12	①	13	①	14	④	15	②
16	⑤	17	③	18	①	19	①	20	③
21	②	22	③	23	①	24	⑤	25	③

01

| 정답 | ②

| 해설 | 경영자의 역할 중 종업원을 채용하고 훈련하며, 종업원의 동기부여를 통해 기업의 목표달성에 기여하는 것은 경영자의 리더(Leader) 역할에 해당한다. 기업가(Entrepreneur) 역할은 기업의 목표를 달성하기 위한 경영활동을 선택하고 이를 시행하는 역할을 의미한다.

보충 플러스+

민츠버그의 경영자의 역할

대인적 역할	대표 (Figure Head)	기업의 상징적인 대표자의 역할
	리더 (Leader)	종업원을 채용, 훈련, 동기부여
	연결 (Liaison)	공급자나 시민단체 등 이익집단과의 매개체 역할
정보적 역할	정보탐색자 (Monitor)	경영활동을 위한 정보 수집
	정보보급자 (Disseminator)	외부의 정보를 기업 내부에 전파
	대변인 (Spokesperson)	기업 내부의 정보를 외부로 알림.
의사 결정적 역할	기업가 (Entrepreneur)	기업의 성장과 발전에 기여하기 위한 경영활동을 선택하고 실행
	문제해결자 (Disturbance Handler)	기업 내외의 각종 갈등과 문제, 위기를 해결
	자원배분자 (Resource Allocator)	기업의 물적, 인적 자원 등을 적절하게 배분
	협상가 (Negotiator)	외부기업, 노동조합 등 기업 내외의 조직과 협의를 진행

02

| 정답 | ③

| 해설 | 과학적 관리론에서의 작업지시서는 과학적 연구를 통해 설정된 작업방식을 기술하여 이를 노동자에게 설명하고, 이를 근거로 미리 설정된 작업목표를 달성할 것을 지시하는 역할을 수행한다. 즉 과학적 관리론에서의 작업계획은 과학적 근거로 설계되어 노동자의 행동계획을 완전한 합리성으로 통제하기 위한 목적으로 기능한다.

03

| 정답 | ④

| 해설 | 역공개매수 혹은 팩맨(Pac Man) 전략은 적대적 공개매수를 시도하는 기업에 반대로 공개매수를 해 공격기업의 의결권을 무력화시키는 적대적 M&A의 방어 전략으로, 주로 기업연합의 적대적 M&A의 한 부분이 되는 기업 개개인의 규모는 상대적으로 작은 편이라는 점을 이용한다.

| 오답풀이 |

① 포이즌 필(Poison Pill)은 기존 주주들에게 시가 이하로 주식을 제공하여 매수대상기업의 지분 확보를 어렵게 하는 M&A 방어 전략이다.

② 황금 낙하산(Golden Parachute)은 적대적 M&A에 대응하기 위해 사전에 경영자의 신분을 보장하는 내용을 포함한 계약을 체결하여 매수기업의 권한을 약화시키는 M&A 방어 전략이다.

③ 차등의결권제도는 매수대상기업의 지배주주에게 1주당 1의결권을 초과하는 의결권이 부여된 특수한 의결권을 부여하는 M&A 방어 전략이다.

⑤ 차입매수(Leverage Buyout)는 매수기업이 매수대상기업의 자산과 수익을 담보로 금융기관으로부터 자금을 조달받아 이를 매수자금으로 사용하는 M&A 공격 전략이다.

보충 플러스+

상호지분에 대한 의결권 제한
회사, 모회사 및 자회사 또는 자회사가 다른 회사의 발행주식 총수의 10분의 1을 초과하는 주식을 가지고 있는 경우 그 다른 회사가 가지고 있는 회사 또는 모회사의 주식은 의결권이 없다(상법 제369조 제3항).

04

| 정답 | ④

| 해설 | 제품에 대한 사후처리 보장을 통한 인지부조화의 감소 효과는 실제로 소비자가 사후처리를 받게 되는 상황이 발생하지 않더라도, 해당 제품을 구매한 행위에 대한 사후처리를 받을 수 있다는 사실을 인지하는 것만으로도 소비자가 스스로 제품을 구매한 결과에 대한 합리성을 부여하게 하여 인지부조화의 감소 효과를 기대할 수 있다.

| 오답풀이 |

② 한정판 판매 전략과 같이 소비자가 제품을 구매하기 위한 행동 자체에 가치가 있었음을 인식하게 하는 마케팅 전략은 제품을 구매했을 때의 느끼는 소비자의 만족에 그러한 경험이 포함되어 인지부조화의 감소에 영향을 줄 수 있다.

③ 구매한 제품에 대한 불만족을 이유로 하는 환불에 대해 소비자에게 배송비를 부담하도록 하는 판매 정책은 소비자가 반품에 대한 행동에 부담을 느끼게 하여 제품을 구매한 것에 대한 자기합리화를 유도하도록 하는 효과를 기대할 수 있다.

05

| 정답 | ⑤

| 해설 | 시스템이론에서의 유기적인 시스템은 내부에서는 조직 내의 구성인자들이 하나의 목표를 위해(목표지향성) 상호작용하고, 외부에서는 환경의 변화를 받아들이고 이에 적응하기 위해(환경적응성) 외부와 상호작용하는 유기체적 구조를 의미한다. 문제에서는 조직 내 부서 간의 이해관계가 상충하는 경우로, 시스템이론에 따르면 이 경우 기업 전체의 목표를 달성하는 것을 기준으로 상호 협의를 통해 이를 해결할 것을 주문한다.

| 오답풀이 |

① 시스템이론에서의 유기적인 시스템은 조직이 지향하는 하나의 목표방향으로 움직이는 시스템이나, 그 과정에서 구성인자들의 조화와 균형을 강조한다는 점에서 어느 한쪽 조직의 의견으로 수렴하는 것은 유기적인 시스템의 내용에 부합하지 않는다.

② 시스템이론에서의 유기적인 시스템은 조직에 직접 영향을 주는 외부환경의 변화에 대응하는 상호작용을 통해 적응하는 조직을 의미한다. 이해관계가 상충되지 않는 외부의 시스템은 조직에 영향을 주지 않는 관계이므로 이 부분에 대해서는 검토하지 않는다.

③ 시스템이론에서의 유기적인 시스템은 조직을 시스템 구성요소들의 독립된 개체가 아닌 상호연관성으로 연결된 하나의 결합체로 인식한다.

④ 시스템이론에서의 유기적인 시스템은 이를 구성하는 내부경쟁을 통한 성장이 아닌 구성인자들 간의 조화와 균형을 강조한다.

06

| 정답 | ⑤

| 해설 | 모회사를 중심으로 하는 기업결합은 콘체른(Konzern)이라고 한다. 조인트벤처(Joint Venture)는 두 개 이상의 기업이 특정 기업의 운영에 공동으로 참가하는 방식의 기업협력체계로 주로 해외기업의 진입 장벽이 높은 국가로의 진입을 위한 방법으로 이용된다.

07

| 정답 | ⑤

| 해설 | 실험의 내적 타당성은 실험 내용의 인과관계가 얼마나 명확하게 나타났는가를 의미하며, 외적 타당성은 실험 결과가 다른 집단에 적용했을 때에도 일관된 결과를 나타낼 수 있는지, 즉 현실과의 유사성을 의미한다.

즉 실험이 의도하는 변수의 인과관계를 명확하게 표시하기 위해 그 외의 실험 결과에 영향을 주는 외부의 변수(외생변수)들을 차단하면 내적 타당성이 높아진다. 다만 현실에서는 실험과 달리 변수들이 통제되지 않으므로 변수가 완전히 통제된 실험 결과는 현실에 적용했을 때의 결과와 다소

차이가 발생할 수 있으므로 외적 타당성이 낮아진다.

이와 반대로 실험을 현실과 유사한 조건으로 설계할 경우, 이는 곧 실험의 결과에 영향을 미치는 외생변수의 통제를 약하게 설정하였다는 것이므로 내적 타당성은 낮아지지만 반대로 실제 상황과의 유사성과 연관성을 가지는 외적 타당성은 높아진다.

08

| 정답 | ②

| 해설 | B가 속한 조직은 기계적 조직에 속한다. 기계적 조직은 업무를 수행하는 부서별로 담당 업무가 명확하게 규정되어 업무에 관한 책임관계가 명확하며, 조직운영체계는 주로 관료제 조직으로 구성되어 엄격한 규칙과 절차, 문서 중심의 공식화된 보고절차 등이 특히 강조된다.

다만 기계적 조직은 각 부서별로 담당 업무의 구분이 명확한 만큼 다른 부서와 협력하여 업무를 처리하는 업무처리의 형태가 잘 나타나지 않으며, 부서 간 협력이 필요한 경우에도 이를 위한 별도의 보고절차를 요구하는 등 그 협력관계의 형성이 어렵고 업무의 처리가 느린 경우가 많다.

| 오답풀이 |

① A가 속한 조직유형은 유기적 조직에 속한다. 유기적 조직은 구성원 개개인이 처리해야 하는 업무의 범위가 넓고 부서 간의 업무가 상호 의존적이다. 이 때문에 조직 내 상하관계의 구분이 크게 존재하지 않아 의사소통관계가 수평적이고, 문서와 보고로 진행되는 공식적인 의사소통보다는 구두로 진행되는 비공식적인 의사소통과 정보공유가 주로 이루어진다.

④, ⑤ C가 속한 조직유형은 기능조직과 사업조직이 합쳐진 복합 조직으로 매트릭스 조직이라고도 한다. 매트릭스 조직의 구성원들은 각 기능별 부서들로 구성된 기능조직에 속해 있으면서, 동시에 프로젝트를 추진하는 사업에 배치되는 이중적인 권한계통에 속하게 된다. 이에 따라 구성원들이 수행하는 업무에는 서로 다른 권한구조를 통한 둘 이상의 관리자가 존재하게 되며, 이 때문에 지휘계통상의 혼란이 발생할 가능성을 가진다.

09

| 정답 | ④

| 해설 | 켈리의 귀인이론에 따르면 평가자는 특정한 행동의 원인을 인식하는 요소인 특이성, 합의성, 일관성을 기준으로 내적귀인 혹은 외적귀인을 결정하며, 만일 각 요소들이 상반된 방향으로 원인의 방향을 판단하는 경우 이 중 이전의 행동들과 비교했을 때의 다른 정도인 특이성(Distinctiveness)이 판단의 주도적인 역할을 수행한다.

| 오답풀이 |

① 귀인오류 중 자존적 편견(Self-Serving Bias)은 인간은 자존욕구에 의해 자신에게 이로운 정보만을 흡수하는 성질이 있어 성공의 원인을 내부에서, 실패의 원인을 외부에서 찾고자 하는 경향을 의미한다.

② 내적귀인은 행동의 원인을 성격, 동기, 능력 등 통제 가능한 내부요인에 있다고 인식하는 것이고, 외적귀인은 행동의 원인을 환경, 상황 등 통제가 불가능한 외부요인에 있다고 인식하는 것을 의미한다.

③ 애쉬의 인상형성이론에 따르면 사람이 대상에 대한 인상을 형성하는 과정에서 중점적으로 인식하는 특질과 그렇지 않은 특질로 구분되며, 이를 각각 중심특질과 주변특질이라고 한다.

⑤ 귀인이론에서의 합의성(합일성, Consensus)은 평가대상이 되는 행동이 다른 사람들에게도 동일하게 일어나는지의 정도로, 합의성이 높다면 외적귀인을, 합의성이 낮다면 내적귀인을 한다.

10

| 정답 | ④

| 해설 | 저차욕구가 충족되면 그 이후로는 저차욕구는 더 이상 동기부여가 될 수 없다는 매슬로우의 욕구단계이론의 비판으로 나온 알더퍼의 ERG이론은 욕구가 고차욕구에서 저차욕구로 내려가는 좌절-퇴행의 하향성을 추가하고, 한 번에 여러 단계의 욕구가 작용할 수 있다고 보았다. 다만 ERG이론의 좌절-퇴행 모형은 고차욕구를 충족하던 중 욕구의 단계가 하락할 수 있다는 하향성을 의미하는 것이지 욕구의 단계구조 자체를 부정하는 것을 의미하지 않는다. 알더퍼의 ERG이론은 욕구는 단계별로 충족된다는 매슬로우의 욕구단계이론을 기반으로 이를 발전시킨 모델로 이해한다.

11

| 정답 | ③

| 해설 | 브레인스토밍(Brainstorming)은 아이디어를 무작위로 제시하면서 그 과정에서 최선책을 찾는 기법으로, 이를 위해서는 아이디어의 질보다 양을 중시하고, 의견 제시를 제한하지 않는 자유로운 환경에서 진행되어야 하며, 아이디어에 대한 비판을 금지하고, 제시된 아이디어를 결합한 새로운 아이디어를 제시할 수 있다는 네 가지 규칙에 따라 진행된다.

| 오답풀이 |

① 아이디어에 대한 무조건적인 반대를 주장하는 역할을 수행하는 반대집단을 구성하여 찬반토론을 활성화시키는 악마의 대변인(Devil's Advocate) 기법에 대한 설명이다.

② 전문가들을 대상으로 하는 익명의 설문조사를 통해 아이디어를 수집하고 피드백을 반복하는 방식으로 합의점을 도출하는 델파이 기법(Delphi Technique)에 대한 설명이다.

④ 찬성과 반대의 두 팀으로 나누어 토론을 진행하고 그 과정에서의 의견을 종합하여 합의를 형성하는 변증법에 대한 설명이다.

⑤ 토론 없이 서면을 통해 아이디어를 수집하고 투표를 통해 우선순위를 결정하는 명목집단법(Nominal Group Technique)에 대한 설명이다.

12

| 정답 | ①

| 해설 | 마일즈와 스노우의 전략유형에서 ○○기업의 전략은 새로운 사업에 도전하는 공격형(Prospector) 내지 공격형 기업의 성공사례를 따라 수익의 기회와 위험회피를 동시에 추구하고자 한 분석형(Analyzer)에 가깝다고 볼 수 있다. 시장의 흐름변화에 그대로 따르는 자세는 사실상 무전략에 해당하는 반응형(Reactor)에 관한 설명이다.

| 오답풀이 |

②, ③ ○○기업이 선택한 사업으로 성공한 대기업들의 전략은 공격형(Prospector)으로, 공격형 전략은 내부인력의 양성보다는 외부에서 인재를 영입하는 방식을 선호하고, 장기적 목표 중심의 성과지향적 목표관리체계를 가진다.

④ 인형뽑기방은 사업의 발전동력을 상실하고 특별한 전략 없이 쇠퇴하고 있는 상태인 반응형에 가깝다고 볼 수 있다.

⑤ A ~ C가 속한 기업은 시장을 선도하는 위치는 아니나 시장 내에서 안정적인 지위에 있는 기업으로, C의 마지막 발언을 통해 사업의 안정성을 중시하는 방어형(Defender)을 선택할 것임을 추론할 수 있다. 제조 측면에서 방어적 전략은 주로 생산의 효율성 개선을 통해 가격경쟁력을 확보하는 방향을 추진한다.

13

| 정답 | ①

| 해설 | 카이제곱 독립성 검정은 두 가지 변수가 서로 독립적이지 않다는 가설을 설정하고 이를 증명하기 위한 검정 방법으로 $\chi^2 = \Sigma \frac{(O_i - E_i)^2}{E_i}$(단, O_i는 관측빈도, E_i는 관측빈도이다)로 구한다. 만일 카이제곱 검정의 결과 검정통계량이 통계적으로 유의하다면 두 변수는 서로 독립적이지 않고 관련성이 있다고 해석한다. 만일 두 변수가 독립적이라면 행과 열의 총합 데이터로 계산된 기댓값과 실제값은 큰 차이를 나타내지 않는다.

보충 플러스+

카이제곱 독립성 검정
카이제곱 독립성 검정은 두 변수간의 독립성 검정에 사용된다.

1. 귀무가설의 설정
   - 독립성 검정시 귀무가설(당연하고 타당하다고 믿어지는 사실)은 "두 변수는 독립적이다."이다.
   - 대립가설(통계분석을 행하는 사람이 주장하고 싶은 가설)은 "두 변수는 독립적이지 않다."이다.
2. 귀무가설을 검정하는 검정통계량 계산
   - 카이제곱의 검정통계량은 일반적으로 양수의 값을 가진다.
   - 검정통계량이 크면 클수록 유의적이다.
3. 계산된 검정통계량을 통해 귀무가설을 기각하거나 그렇지 않음을 결정
   - 카이제곱 검정통계량이 커서 유의적이다는 의미는 두 변수는 독립적이지 않으며, 귀무가설인 "두 변수는 독립적이다"를 기각할 수 있다는 의미이다.

14

| 정답 | ④

| 해설 | 사회의 구성원인 소비자는 제품에 대한 개인적 욕구의 평가, 즉 '대상에 대한 태도'에 더해 구매했을 때의 자신에게 미치는 영향과 주변의 반응, 즉 '대상에 관련된 행동에 대한 태도'를 함께 의식하게 된다. 이처럼 제품에 대한 개인적 평가에 더해 제품을 구매했을 때 자신에게 미칠 영향(이성적 행동)과 행동에 대한 타인의 찬반의견인 규범적 신념과 소비자가 여기에 순응하는 정도인 순응 동기의 개념을 포함한 구매의사결정과정을 이론화한 것을 피쉬바인 확장모델 혹은 합리적 행동이론(TRA ; Theory of Reasoned Action)이라고 한다.

| 오답풀이 |

①, ② 피쉬바인의 다속성 태도모델은 소비자가 제품을 구매하는 과정에서 소비자가 설정한 평가기준을 설정하고 그에 대한 가중치를 설정하여 제품을 평가하는 과정을 이론화한 것이다. 다만 이는 소비자가 제품의 속성에 따라 제품을 평가하는 과정을 설명하며, 소비자의 실제 구매의사결정과정 전체를 설명하지 못한다.

③ 다속성 태도모형을 통해 제품의 공급자는 소비자가 제품을 선택하는 과정에서 인식하는 평가기준을 바탕으로 유사한 평가기준을 가진 소비자들을 그룹화하고 이들을 위한 마케팅 전략을 설정할 수 있다.

15

| 정답 | ②

| 해설 | 제품수명주기 중 성숙기에서는 매출성장의 성장이 둔화 혹은 감소하기 시작하는 시기로, 이 시기에는 주로 시장경쟁의 대상이 되는 경쟁사에 대응하여 자사가 가진 제품과 상표의 차별성을 강조하고 시장점유율을 방어하기 위한 마케팅 전략을 주로 사용한다.

| 오답풀이 |

① 혁신층을 대상으로 하는 제품 사용 유도 목적의 판촉활동은 제품수명주기 중 도입기에 해당한다.

③ 제품수명주기 중 성장기에 해당한다. 성장기는 제품이 소비자에게 이미 인식되기 시작하여 매출이 급속도로 상승하는 시기로, 이 시기에는 수요확대와 함께 판촉활동이 상대적으로 감소한다.

④ 수요가 감소하고 이에 따라 매출 감소와 경쟁 둔화, 비용절감을 위한 구조조정은 제품수명주기 중 쇠퇴기에 해당한다.

⑤ 매출이 급속도로 성장하며 이에 대응하여 품질보증 서비스가 확대되는 시기는 제품수명주기 중 성장기에 해당한다.

16

| 정답 | ⑤

| 해설 | 시장세분화의 조건 중 접근가능성이란 선별한 세분시장과 기업이 사용할 수 있는 미디어 등의 매체와의 접근이 용이한지의 여부를 의미한다.

| 오답풀이 |

① 시장세분화의 기준으로 소비자의 연령대, 직업, 소득수준 이외에도 소비자의 가치관이나 라이프스타일 등의 심리통계적 변수도 활용할 수 있다.

②, ③ 시장세분화는 세분화된 시장별로 별도의 마케팅을 적용해야 하므로, 지나친 시장세분화는 비용상승의 원인이 된다. 이러한 경우 역세분화(Counter-Segmentation)를 통해 세분화된 시장을 통합하는 마케팅 전략을 사용할 수 있으며, 이는 주로 시장에 진입한지 얼마 되지 않아 시장점유율이 낮은 도전자에 적합한 전략이다.

17

| 정답 | ③

| 해설 | 항공기나 선박 등의 제품의 경우에는 생산 중인 제품의 이동이 사실상 불가능하여, 제품의 위치를 고정시키고 설비를 이동시키는 고정위치배치를 사용하며, 제품 생산에 요구하는 생산 절차가 복잡하여 이를 관리하기 위한 일정계획 프로그램으로 PERT/CPM을 적용한다.

18

| 정답 | ①

| 해설 | 행동주의 학습이론에 따르면 행동을 강화하기 위한 조건행동과 결과의 학습에 있어서 조건행동과 결과 사이에

논리적 개연성을 특히 요구하지는 않는다. 조작적 조건화에서 행동과 결과 사이에 우연성이 개입한 경우에도 그 행동과 결과 사이의 연관성을 믿고 그러한 행동이 강화되는 것을 미신행동(Superstitious Behavior)이라고 하며, 이 역시 조작적 조건화로 행동이 강화된 경우에 해당한다. 또한 이미지 광고는 이를 통해 인식시키고자 하는 제품과 광고의 정서적인 메시지의 직접적인 연관성이 없음에도 제품과 정서와의 연관성을 각인시키기 위한 목적으로 사용된다.

| 오답풀이 |

② 고전적 조건화는 자극과 그에 따른 반응 사이에 조건을 개입시키는 학습과정을 통해, 조건의 발생이 무의식적인 반응을 이끌어내도록 하는 것을 의미한다. 아름다운 모델과 제품을 배치하는 광고는 소비자가 제품을 인식하는 과정에서 아름다운 모델을 함께 인식하도록 하여 소비자가 무의식적으로 제품에 대한 긍정적인 인상을 받도록 하기 위한 목적으로 제공되는 것으로, 고전적 조건화를 활용한 마케팅 전략에 해당한다.

④ 제품 구매에 경품을 제공하는 것은 소비자가 제품을 구매했을 때 경품이라는 상을 제공하여 소비자가 제품을 구매하는 행동에 긍정적 경험을 인식시켜 해당 제품을 다시 구매하도록 유도하는 것으로 이는 조작적 조건화 중 정적 강화(Positive Reinforcement)를 활용한 사례이다.

⑤ 담배에 자극적인 사진이 포함된 금연 공익광고 이미지를 부착하는 것은 담배를 구매하는 행동에 불편한 경험을 제공하여 구매를 억제하는 행동을 유도하기 위함을 목적으로 하는 것으로 이는 조작적 조건화 중 벌(Punishment)에 해당한다.

19

| 정답 | ①

| 해설 | 거래비용이론에서는 인간은 최선의 판단을 할 수 있는 존재가 아니며 최선의 판단을 할 수 있는 상황에서도 감정에 따라 최적의 선택을 내리지 못하는 존재임을 긍정한다. 거래비용이론은 거래의 주체가 되는 인간의 제한적 합리성에 의해서도 거래비용이 발생한다고 본다.

| 오답풀이 |

② 거래의 빈도가 많을수록 거래주체가 기회주의적 행동을 시도할 가능성과 횟수가 증가하여 거래비용이 상승하게 된다.

③ 시장 내 거래자가 소수인 독과점시장의 경우 거래자들은 자신들의 입지를 이용해 기회주의적 성향을 보이게 되며, 이는 곧 거래비용의 상승으로 이어진다.

④ 거래를 하기 위한 자산의 보유자가 제한되어 있거나 거래가 종료되면 소멸하는 등의 성격을 가진 자산인 거래특유자산의 경우 거래상대방을 변경하는 과정에서의 손실 우려를 이용한 기회주의적 행동이 발생하게 되며, 이는 거래비용의 상승을 발생시킨다.

⑤ 정보의 불완전성이 기회주의와 결합하면 정보를 가진 사람은 거래 과정에서 왜곡된 정보를 제시하게 되므로 그 과정에서 거래비용이 상승하게 된다.

20

| 정답 | ③

| 해설 | • 다속성 태도모형은 구매의사결정시 소비자가 인식하는 각 속성별 가중치를 기준으로 제품을 평가하고 선택하는 과정이다.

속성	점수		
	(가)	(나)	(다)
엔진기능	2.7	2.7	2.1
연비	2	0.75	1.5
차량 디자인	0.8	1.6	1.4
승차감	0.75	0.6	0.75
소음	0.2	0.9	0.6
합계	6.45	6.55	6.35

따라서 가중치를 반영한 총점이 가장 높은 (나)를 선택한다.

• 사전 편집식은 소비자가 인식하는 평가 기준 중 우선순위가 가장 높은 기준만 판단하여 제품을 선택하는 방식이다. 문제에서는 우선순위가 가장 높은 엔진 기능 항목의 점수가 가장 높은 (가), (나)를 선택하고, 그 다음 순위인 연비 항목의 점수가 높은 (가)를 선택한다.

• 순차적 제거식은 제품을 선택하는 최저기준을 설정하고, 여기에 미달하는 제품을 우선순위를 기준으로 순차적으로 제거하는 방법으로 제품을 선택하는 방식이다. 문제에서는 연비 항목에서 3점을 기록한 (나)와 소음 항목에서

2점을 기록한 (가)를 순서대로 제거하고 남은 제품인 (다)를 선택하게 된다.

• 결합식은 제품을 선택하는 최저기준을 설정하고, 모든 요건들을 한 번에 검토하여 여기에 미달하는 제품을 제거하는 후 남은 제품들 중 하나를 선택하는 방식이다. 문제에서는 소음 항목에서 2점을 기록한 (가)와 연비 항목에서 3점을 기록한 (나)를 제거하고 남은 제품인 (다)를 선택하게 된다.

21

| 정답 | ②

| 해설 | 1시간 동안 30개를 생산하기 위해서 필요한 주기시간은 $\frac{3,600}{30}=120$(초), 순작업시간은 $65+70+60+80+85=360$(초)이므로 필요한 최소작업장 수는 $\frac{360}{120}=3$(개)이다.

22

| 정답 | ③

| 해설 | 생산의 연속성을 기준으로 생산방식의 분류에서 단속생산방식은 생산의 흐름이 끊기는 생산방식이고, 연속생산방식은 생산의 흐름이 끊임없이 진행되는 생산방식이다.

㉠ 단속생산방식은 다양한 수요에 대응한 제작 주문을 중심으로 하는 다품종 소량생산에 유리하다.

㉡ 작업의 표준화, 단순화, 전문화는 제품의 대량생산에 관한 기본원칙으로 이는 연속생산방식에 있어서 주로 적용되는 생산원칙이다.

㉢ 연속생산방식은 전문화된 제조설비를 사용하여 일부에 고장이 발생할 경우 이를 대체하기가 어렵고, 제조의 흐름이 직선적이므로 모든 공정이 정지된다.

㉣ 단속생산방식은 연속생산방식에 비해 상대적으로 단위당 생산원가가 높은 편이다.

㉤, ㉥ 연속생산방식에 사용되는 설비들은 주로 다양한 유형의 제품에 대응할 수 있는 기능보다 정해진 방식으로의 생산을 빠르고 정확하게 처리하는 기능에 초점을 맞춰져 있어, 설비의 범용성보다는 전문성과 특수성이 중시된다. 연속생산방식은 이러한 생산공정에 관한 전문설비들을 연속적으로 배치하여 단품종 제품들을 사전에 예측한 수요량에 따라 빠르고 많이 생산하는 것을 목적으로 한다.

따라서 단속생산방식에 해당하는 것은 ㉠, ㉣이며, 연속생산방식에 해당하는 것은 ㉡, ㉢, ㉤, ㉥이다.

23

| 정답 | ①

| 해설 | 우연변동이란 생산과정에서 예측할 수 있는 범위 내의 품질 변동으로, 산출물이 우연변동이 그리는 확률분포 내에서 분포하는 경우에는 생산공정이 안정화되어 있다고 본다. 반대로 산출물의 품질변동이 우연변동이 그리는 확률분포의 구조를 벗어나는 경우에는 생산공정이 불안정한 상태로 인식한다.

| 오답풀이 |

② 이상변동이란 식별이 가능한 수준의 원자재 불량, 제조장비의 이상, 작업자의 부주의 등 관리를 통해 제거할 수 있는 이상원인으로 인한 품질의 변동을 의미한다.

③ 관리도의 점이 관리한계선 내에는 있으나 범위 내에서 무작위로 분포하는 것이 아닌 특정한 패턴을 그리는 경우에는 생산공정에 이상원인에 따른 이상변동이 작용하고 있는 불안정한 상태에 있다고 해석한다.

④, ⑤ 품질 관리에서의 1종 오류란 정상품을 불량품으로 인식하는 오류이며, 2종 오류는 반대로 불량품을 정상품으로 인식하는 오류이다. 따라서 관리한계선의 폭이 좁으면 정상품질로 인식하는 범위가 좁아져 1종 오류가 발생할 가능성이 높아지고 2종 오류가 발생할 가능성이 낮아진다. 반대로 관리한계선의 폭이 넓어지면 정상품질로 인식하는 범위가 넓어져 1종 오류가 발생할 가능성이 낮아지고, 2종 오류가 발생할 가능성이 높아진다.

24

| 정답 | ⑤

| 해설 | 지수평활법의 평활상수는 0과 1 사이의 값으로 지정되며, 평활상수가 1에 가까워질수록 예측오차가 더 많이 반영되어 수요예측이 수요변화에 더 민감하게 반응하게 되며, 반대로 0에 가까워질수록 수요예측이 수요변화에 둔감

하게 반응하여 수요 변동이 평이하게 그려지는 평활효과가 커진다.

| 오답풀이 |

① 이동평균법에서 이동평균기간이 길수록 수요변화의 예측에 과거의 수요변화가 더 많이 반영되므로, 최근의 수요변화를 빠르게 반영하기 위해서는 이동평균기간을 짧게 설정해야 한다.

② 단순이동평균법에서 t월의 예측수요를 M_t, 실제수요를 x_t, 이동평균기간을 N이라고 했을 때 $t+1$월의 예측수요는 $\frac{x_t+x_{t-1}+x_{t-2}+\cdots+x_{t(N-1)}}{N}=\frac{1}{N}\sum_{i=0}^{N-1}x_{t-i}$로 구할 수 있다. 즉 6월의 예측수요는 $\frac{30+40+50}{3}=40$이다.

③ 가중이동평균법은 이동평균법에서 특정 지점의 가중치를 부여하여 수요를 예측하는 방법으로, 최근의 자료에 가중치를 더 많이 부여할수록 수요예측에 최근의 수요변동이 더 많이 반영된다.

④ 시계열분해법의 승법 모형은 계절성(진폭)은 추세에 비례하며, 가법 모형에서 계절성은 추세와 관계없이 일정하게 그려진다.

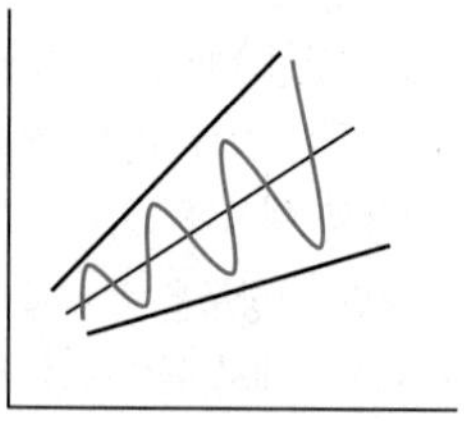
승법 모형 :
수요=추세×계절변동

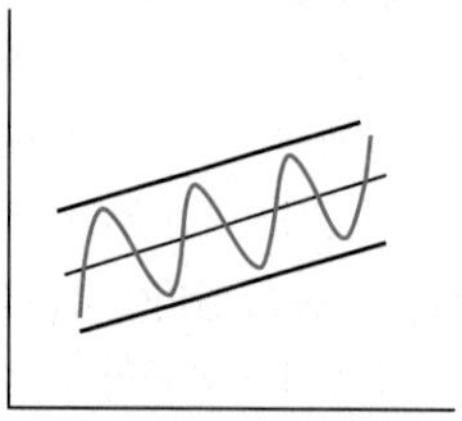
가법 모형 :
수요=추세+계절변동

25

| 정답 | ③

| 해설 | EOQ 모형에서는 주문품의 도착시간이 고정되어 있고, 주문품은 계속 공급받을 수 있으며 재고부족현상이나 추후납품은 발생하지 않는다고 가정한다. 즉 EOQ 모형에서는 기간의 변동에 대비한 안전재고의 보유를 요구하지 않는다.

| 오답풀이 |

② EOQ 모형에서는 재고부족현상이나 추후납품이 존재하지 않음을 가정하므로 재고부족비용은 검토하지 않고, 재고비용의 계산에는 재고유지비용과 재고주문비용만을 고려한다.

④ 재고유지비용은 재고수량에 따라 변동하며 EOQ 모형에서의 재고유지비용은 일정하다고 가정하므로, EOQ 모형에서의 재고유지비율은 평균재고수량에 비례하며, 주문량 Q의 $\frac{1}{2}$로 계산한다.

⑤ 재주문점은 재고조달기간×일일 사용량+안전재고로 계산하는데, EOQ 모형에서는 재고부족이 발생하지 않으므로 안전재고는 검토하지 않는다. 즉 만일 일일 사용량이 200개이고 조달기간이 3일이라면 재주문점은 200×3=600(개)이다.

3회 기출예상문제

문제 40쪽

01	⑤	02	④	03	③	04	②	05	②
06	⑤	07	②	08	③	09	②	10	②
11	④	12	④	13	⑤	14	①	15	②
16	③	17	⑤	18	①	19	⑤	20	①
21	④	22	①	23	②	24	④	25	③

01

| 정답 | ⑤

| 해설 | 구매자의 교섭력은 구매자의 정보력, 전환비용, 수직적 통합에 영향을 받는다. 포터(Porter)의 산업구조분석 모형에 의하면 구매자의 교섭력이 약하면 수익성이 높아지고, 구매자의 교섭력이 강하면 기업의 수익성은 낮아진다.

㉣ 전환비용 즉 구매자들이 구매처를 변경하는 데 드는 비용이 없는 경우 구매자의 교섭능력이 높아져서 구매자의 수익이 증가하고 기업(공급자)의 이익은 감소하게 된다.

㉤ 구매자들이 기업(공급자)의 제품, 가격, 비용구조에 대해 자세한 정보를 가질수록 구매자의 교섭력은 강해진다.

| 오답풀이 |

㉢ 구매자가 후방으로 수직적 통합을 하여 원료를 생산하거나 제품 공급자를 구매하겠다고 위협할 경우 구매자의 교섭력은 강해진다.

02

| 정답 | ④

| 해설 | ㉠ 집단성과배분제도는 종업원들이 경영에 참가하여 원가절감, 생산성향상 등의 활동을 통해 조직성과의 향상을 도모하고 그 이익을 회사의 종업원들에게 분배하는 제도이다. 이익배분제도는 사전에 설정된 수준을 초과하는 이익이 발생하였을 때, 이를 종업원에게 배분하는 성과참가의 한 방법이다.

㉢ 스캔론 플랜(Scanlon Plan)은 가장 대표적인 이득배분제도로서 생산성 향상을 노사협조의 결과로 보고 총 매출액에 대한 노무비 절약분을 인센티브 임금, 즉 상여금으로 종업원에게 배분하는 비용절감 인센티브제도이다.

㉣ 로우완식 성과급은 과거실적을 중심으로 표준시간을 정하고, 표준시간 이하로 작업을 마치면 절약임금의 일부를 분배하되 분배율은 능률이 증진됨에 따라 체증하도록 제공하는 방식이다.

03

| 정답 | ③

| 해설 | ㉠ 자기과신이란 자신의 예측, 실행, 판단능력을 과신한 결과 잘못된 미래 예측에 빠지는 것으로, 자기과신에 빠진 예측자들은 자신의 정보량을 과대평가해 새로운 정보에 소홀해지거나 남의 말을 잘 듣지 않는다.

㉢ 매몰비용 오류(Sunk Cost Fallacy)란 일단 어떤 행동을 선택하면 그것이 만족스럽지 못하더라도 그것을 정당화하기 위해 더욱 깊이 개입해 가는 의사결정 과정을 말한다. 즉 과거에 투자한 매몰비용이 미래의 의사결정에 영향을 주는 상황을 말한다.

㉤ 몰입 상승(Escalating Commitment)이란 어떤 판단이나 의사 결정이 잘못되었거나 실패할 것이 확실함을 알게 된 후에도 이를 취소하지 못하고 계속해서 추진해 나가는 현상을 말한다.

04

| 정답 | ②

| 해설 | 통계적 오류의 제1종 오류는 고성과자를 불합격시키는 오류이고, 제2종 오류는 저성과자를 합격시키는 오류이다.

| 오답풀이 |

① 내부모집은 인력모집에 있어서 내부 전산망의 활용 등을 통해 모집절차를 간소화하고 모집비용을 절감할 수 있는 장점이 있으나, 외부에서 들어오는 아이디어를 통한 기업의 혁신효과를 기대하기는 어렵다.

③ 선발도구의 타당성을 측정하는 방법으로는 선발결과와 실제 능력과의 연관성인 기준관련타당성, 평가도구가 평가의도를 정확하게 반영하는지에 관한 내용타당성, 평가의도를 얼마나 정확하게 측정하는지에 관한 구성타당성 등이 있다.

④ 행위기준고과법은 종업원의 직무와 관련된 구체적인 행위를 측정 가능한 점수로 환산하여 이를 평가하는 절대평가방법이다.

⑤ 360도 피드백 인사평가는 상사를 포함하여 동료, 후임, 고객, 본인 등 피평가자의 영향력이 미치는 모든 사람들이 평가에 참여하는 인사평가 방법이다.

05

| 정답 | ②

| 해설 | GE/McKinsey 매트릭스상에서 원의 크기는 해당 산업의 규모이며 원 안의 부채꼴 부분은 전략사업의 시장 점유율을 의미한다.

06

| 정답 | ⑤

| 해설 | 매슬로우(Maslow)의 욕구이론에 따르면 생리욕구(ⓜ) → 안전욕구(ⓡ) → 소속욕구(ⓛ) → 존경욕구(ⓒ) → 자아실현욕구(ⓖ)의 순서로 욕구가 충족된다.

보충 플러스+

매슬로우(A. Maslow)의 욕구단계이론

1. 생리적(Physiological, 기본적, 신체적) 욕구는 생존을 위한 의 · 식 · 주 욕구와 성욕, 호흡 등의 신체적 욕구, 즉 기본적인 욕구를 의미한다. 조직에서는 작업조건, 기본임금, 식당, 냉난방시설 등과 관련이 있다.
2. 안전(Safety, 안락) 욕구는 신체적, 감정적인 위험으로부터 보호하고 안전해지기를 바라는 욕구이다. 조직에서는 안전 작업 조건, 복리후생, 고용안정, 임금인상 등과 관련이 있다.
3. 사회적(Social, 소속, 귀속) 욕구는 어디에든 소속되거나 다른 집단이 자신을 받아들이길 원하는 욕구이다. 우호적 작업집단, 화해와 친목분위기 등과 관련이 있다
4. 존경(Esteem, 명예) 욕구는 집단의 구성원 이상이 되기를 원하는 욕구이다. 조직에서는 직위, 승진기회, 의사결정 참여, 동료와 상사로부터의 인정, 중요업무 부여 등과 관련이 있다.
5. 자아실현(Self-Actualization) 욕구는 자신이 이룰 수 있거나 될 수 있는 것을 성취하려는 욕구이다. 조직에서는 도전적인 직무, 창의성 개발, 잠재능력 발휘, 목표달성 등과 관련이 있다.

07

| 정답 | ②

| 해설 | 신뢰성(Reliability)은 약속한 서비스를 정확하게 제공함으로써 믿게 하는 능력을 말하며, 서비스제공자들의 지식, 정중, 믿음, 신뢰를 전달하는 능력은 확신성(Assurance)이다.

| 오답풀이 |

① 제품은 형태가 존재하지만 서비스는 형태가 존재하지 않는 경우가 일반적이다. 재화의 특징이 유형성임에 비하여 서비스는 무형성을 특징으로 하고 있다.

④ 그렌루스(Gronroos)는 서비스품질을 고객이 서비스를 제공받는 과정에서의 품질인 기능적 품질과 고객이 제공받은 서비스 자체의 대한 품질인 기술적 품질에 대해 고객이 갖는 견해의 산출로 설명하고, 여기에는 고객이 서비스 제공자를 어떻게 자각하고 있는가에 관한 이미지가 작용한다고 정의하였다.

08

| 정답 | ③

| 해설 | 군집표본추출법(Cluster Sampling)은 모집단을 동질적인 소집단으로 구분하여 일정 수의 소집단을 무작위로 추출한 뒤 조사하는 방법이다. 모집단을 어떤 기준에 따라 서로 배타적이고 포괄적인 상이한 소집단들로 나누고, 각 소집단으로부터 표본을 무작위로 추출하는 방법은 층화표본추출법(Stratified Sampling)이다.

09

| 정답 | ②

| 해설 | 기업가, 통제자, 조정자로 분류하는 것은 경영자의 역할에 대한 분류이다.

경영자를 경영계층에 따라 분류하면 최고경영층, 중간경영층, 일선경영층이 일반적이다.

10

| 정답 | ②

| 해설 | ㉠ 마일즈와 스노우의 전략유형에서 방어형 전략은 생산효율성을 중시하고, 기계적 조직의 형태를 선호한다.

㉡ 공격형은 창의성과 유연성을 중시 여기고, 유기적 조직의 형태를 선호한다.

11

| 정답 | ④

| 해설 | 속성관리도(Control Chart for Attributes ; 계수치 관리도)는 표본에 존재하는 불량품의 개수, 하루에 걸려오는 전화 통화 수처럼 셀 수 있는 데이터에 사용하는 관리도이고, 프로세스의 변동성이 사전에 설정한 관리상한선과 관리하한선 사이에 있는가를 판별하기 위해 사용되는 관리도는 R-관리도이다.

12

| 정답 | ④

| 해설 | 대응적 공급사슬은 고객의 유동적이고 다양한 욕구에 대응하는 것을 목표로 하는 전략으로 고객의 만족도를 증가시키기 위해 주문생산과 대량 고객화 프로세스를 사용한다.

13

| 정답 | ⑤

| 해설 | 가법적 계절변동은 계절에 따라 주기성을 가지는 데이터의 예측에서 계절적 주기성이 일정할 것을 가정한다. 계절적 주기성이 점점 가중되어 증가하는 것을 가정하는 것은 승법적 계절변동(Multiplicative Seasonal Variation) 분석에 대한 설명이다.

보충 플러스+

수요예측기법의 종류

- 정성적 예측법(Qualitative Mathod)
  - 델파이법(Delphi Technique)
  - 시장조사법(Market Surveys)
  - 전문가 의견법(Executive Opinions)
  - 역사적 유추법(Historical Analogy)
  - 판매원 의견예측법 (Salesforce Compositive Method)
- 정량적 예측법(Quantitative Method)
  - 시계열분석
    - 이동평균법(Moving Average Method)
    - 지수평활법(Exponential Smoothing Method)
    - 최소자승법(Least Square Method)
  - 인과형 예측법
    - 회귀모델(Regression Model)
    - 계량경제모델

14

| 정답 | ①

| 해설 | 학습조직(Learning Organization)은 일상적으로 학습을 계속 진행하면서 스스로 발전하므로 환경변화에 빠르게 적응할 수 있는 조직이다. 학습을 통해서 스스로 진화하는 특성을 가진 집단으로 새로운 지식을 바탕으로 조직의 전체적인 행동을 변화시키는 데 능숙하다.

15

| 정답 | ②

| 해설 | ㉢ 상인 도매상은 제품의 소유권을 구매하여 다시 소매상에게 판매한다. 상인도매상의 종류에는 완전 서비스 도매상, 한정 서비스 도매상이 있다. 완전서비스 도매상은 유통경로에서 수행되어지는 대부분의 도매상 기능을 수행하고 있지만 한정 서비스 도매상은 이들 기능 중 일부만을 수행한다. 하지만 한정서비스 도매상도 소유권을 갖고 있다.

㉥ 내부화이론에 따르면 기업은 거래비용을 줄이기 위해 해외직접투자를 한다. 외부시장이 비용이 많이 들고 비효율적인 불완전성을 갖고 있는 경우, 기업내부에서 낮은 비용으로 거래를 할 수만 있다면 기업은 외부시장 기능을 대신하여 그 거래를 내부화 한다. 이러한 시장대체론을 해외직접투자에 응용한 것이 내부화이론이다.

16

| 정답 | ③

| 해설 | 배치숍(Batch Shop)은 처리대상의 다양성과 각 대상별 산출량이 아주 크지도 않고 적지도 않은 중간정도일 때 사용하며, 장비들은 잡숍만큼 유연할 필요는 없지만 처리과정은 단속적(Intermittent)이다.

17

| 정답 | ⑤

| 해설 | 메리크식 복률성과급(Merrick Multi Piece Rate Plan)은 테일러의 제자인 메리크가 테일러식 차별성과급의 결함을 보완하기 위해 임금률을 표준생산량을 기준으로 83% 미만, 83 ~ 100%, 100% 초과의 3단계로 나누어 상이한 임금률을 적용하는 방식이다. 이는 표준생산량에 미달하는 견습생에게도 성과급을 지급하므로 견습생을 위한 제도로 볼 수 있다.

18

| 정답 | ①

| 해설 | 균형성과표(Balanced Score Card, BSC)는 과거의 성과에 대한 재무적인 측정지표에 추가하여 미래성과를 창출하는 동안 측정지표인 고객, 공급자, 종업원, 프로세스 및 혁신에 대한 지표를 통하여 미래가치를 창출하도록 관리하는 시스템이다. 균형성과표는 단기적 성과평가와 장기적 성과평가의 균형을 강조한다.

19

| 정답 | ⑤

| 해설 | 수송계획법은 복수의 공급지에서 수요지에 대한 수송비용을 최소화하는 기법으로 기존시설에 대한 각 입후보지로 물품 수송에 대한 비용을 최소화한다. 여러 목적지를 대상으로 하는 어떤 시설을 추가할 때 수송거리를 최소화하거나 수송비용을 최소화하는 위치를 결정하는 방법은 무게 중심법이다.

20

| 정답 | ①

| 해설 | 조작적 조건화(Operant Conditioning)는 행동주의 심리학 이론으로, 어떤 반응에 대해 선택적으로 보상함으로써 그 반응이 일어날 확률을 증가시키거나 감소시키는 방법을 말한다. 여기서 선택적 보상이란 강화와 벌을 의미한다. 한 자극과 이미 특정 반응을 유도해 낸 다른 자극을 결합시켜 반응을 조건화시키는 과정은 고전적 조건화(Classical Conditioning)이다.

21

| 정답 | ④

| 해설 | A 기업은 차별적 마케팅, B 기업은 비차별적 마케팅, C 기업은 집중적 마케팅 전략이다.

따라서 자원이 한정 · 제약되어 있는 경우에는 집중적 마케팅 전략이 적절하다.

보충 플러스+

시장세분화 전략의 적용

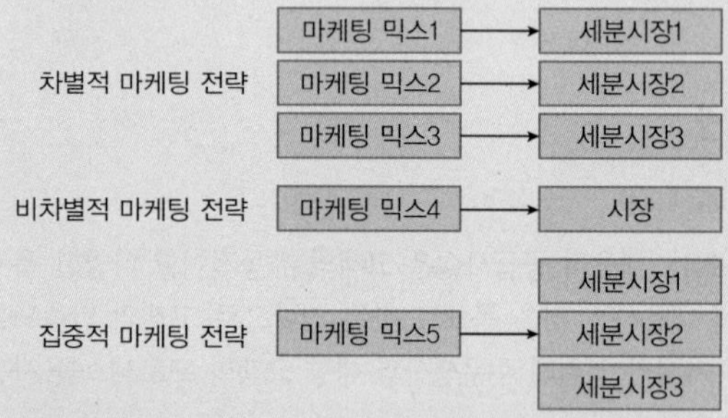

차별적 마케팅 전략	• 각 세분시장이 명확하게 이질적일 때 • 제품수명주기에서 성숙기, 쇠퇴기로 접어들 때 • 제품 관여도가 큰 제품의 경우 • 다양성이 높은 제품의 경우 • 총매출액 증가 및 단위비용 증가
비차별적 마케팅 전략	• 소비자의 욕구, 선호도 등이 동질적일 때 • 제품수명주기에서 도입기, 성장기에 해당할 때 • 밀가루, 설탕 등과 같은 표준적, 보편적인 생활필수품 • 대량생산, 대량유통, 대량광고
집중적 마케팅 전략	• 기업의 경영자원 부족으로 전체시장을 지배하기 어려울 때 • 제품수명주기에서 도입기, 성장기에 해당할 때 • 다양성이 높은 제품의 경우

22

| 정답 | ①

| 해설 | ㉣ 성과참여는 피고용인(노조)의 협력에 대한 대가로 경영 성과(업적, 수익, 이익)의 일부를 분배하는 방식으로 일련의 이익배분제가 포함된다. 현장자율경영팀은 의사결정 참여로 피고용인(노조)이 기업경영과정의 의사결정에 참여하거나 해당 과정에 영향력을 행사하는 것이다.

보충 플러스+

경영참여의 분류 및 구체적 예

구분		예시
물질적 참여	자본 참여	우리사주제(ESOP), 노동주(Actions De Travail) 등
	성과 참여	• 이익공유제(Mutual Gain), 스캔론 플랜(Scanlon Plan) 등 • 다양한 일련의 이익배분제
의사결정 참여		• 품질관리 분임조(Quality Control ; QC) • 노사합동 위원회(Union-management Joint Committee) • 현장자율경영팀(Self-Managing Work Team) • 근로자이사제도(Employee Representation On Board) • 노사협의회(Labor-Management Committee)

23

| 정답 | ②

| 해설 | ㉠ 가격차별(Price Discrimination)이란 독점기업이 생산비가 동일하고 동질적인 재화에 대하여 서로 다른 가격을 책정하여 판매하는 정책이다.

㉢ 경쟁이 치열할수록 가격과 한계비용은 일치하게 된다.

24

| 정답 | ④

| 해설 | 임프로쉐어 플랜(Improshare Plan)은 단위 생산에 따라 실제 근로시간과 기준 작업시간을 비교하여 저축된 작업시간을 근로자측과 사용자 간에 같은 비율로 배분하는 것으로, 보너스 산정방식이 복잡하여 쉽게 이해하기 어렵다는 특성을 가진다.

| 오답풀이 |

① 집단성과배분제도는 종업원들이 경영에 참가하여 원가절감, 생산성 향상 등의 활동을 통해 조직성과의 향상을 도모하고 그 과실을 회사와 종업원들이 분배하는 집단성과급제도이다. 따라서 보너스의 산정단위가 개인이 아닌 집단이다.

② 집단성과배분제도는 생산성 향상이나 비용절감이 발생한 바로 당시에 보너스 지급이 이루어진다.

③ 스캔론 플랜(Scanlon Plan)에서는 성과배분의 기준으로 생산의 판매가치를 사용하며, 럭커 플랜(Rucker Plan)에서는 부가가치 분배율을 기준으로 성과배분을 한다.

⑤ 스캔론 플랜에 대한 설명이다. 커스터마이즈드 플랜(Customized Plan)은 여러 종류의 플랜을 기업의 상황에 맞게 변형하여 적용하는 제도로, 성과측정의 기준으로 노동비용이나 생산비용, 생산성 이외에도 품질향상, 소비자 만족도 등 새로운 지표를 사용하기도 한다.

25

| 정답 | ③

| 해설 | 내부화는 시장의 불완전성에 대응하여 거래비용을 없애거나 줄이기 위해 내부시장을 만들어 가는 과정이다. 외부시장이 불완전한 이유로는 발명가가 그의 권리를 보호받을 수 없는 경우(㉠), 규모의 경제가 존재하는 경우(㉡), 정부의 개입으로 인한 사적인 비용, 수익과 공적인 비용, 수익 간의 차이가 있는 경우, 거래비용이 과다하게 드는 경우(㉤), 구매자의 불확실성, 품질관리, 직접투자의 제한 등이 있다.

4회 기출예상문제

문제 54쪽

01	②	02	③	03	③	04	③	05	①
06	⑤	07	②	08	⑤	09	⑤	10	③
11	②	12	①	13	①	14	④	15	②
16	③	17	②	18	⑤	19	①	20	⑤
21	①	22	⑤	23	③	24	⑤	25	④

01

| 정답 | ②

| 해설 | 포드 시스템은 동시관리와 저가격, 고임금을 원칙으로 생산을 표준화하고 컨베이어 시스템을 이용한 이동조립법을 통해 고효율 연속생산공정과 대량생산공정을 구현한다. 한편 일일과업의 달성 여부에 따라 차별적으로 급여를 제공하는 차별성과급제는 테일러 시스템(테일러리즘)에 대한 설명이다.

02

| 정답 | ③

| 해설 | 기업연합 혹은 카르텔(Kartell)은 시장 독점을 목적으로 동종 기업간의 수평적 결합으로 참가 기업들이 법률적 · 경제적으로 독립된 상태를 유지한다.

03

| 정답 | ③

| 해설 | 경영학의 지도원칙 중 수익성은 기업이 경영을 통해 이익을 증대시키고, 희생(비용)을 줄이는 이윤극대화의 원칙에 따르는 것을 의미한다.

| 오답풀이 |

①, ②, ⑤ 성과나 수익을 최소의 비용이나 희생으로 달성하는 경제적 합리주의는 경영학의 지도원리 중 경제성에 해당한다.

④ 투입한 생산요소(투하자본)의 양에 따른 산출(이익)의 비율은 경영학의 지도원칙 중 생산성에 해당한다.

04

| 정답 | ③

| 해설 | 중앙정부나 지방자치단체가 공익을 목적으로 출자하여 설립된 기업인 공기업은 각 공기업별로 제정된 법령들에 의해 그 운영이 통제되며, 실질적 운영권을 정부가 행사하여 사기업에 비해 경영의 자율성면에서 제약을 받는다.

| 오답풀이 |

① 공기업은 공익을 목적으로 설립되었으나 운영과 수익창출에 있어서 어느 정도 독립성을 가지고 공기업 소유의 독립된 회계를 보유한 독립채산제에 의해 운영된다는 점에서 정부기관과 차이를 가진다.

⑤ 공기업은 영리가 아닌 공익, 비영리를 경영원리로 한다는 점에서 사기업과 차이를 가진다.

05

| 정답 | ①

| 해설 | 경영자에게 필요한 경영자의 자질은 개념적 자질, 인간적 자질, 전문적 자질이 있다. 이 중 개념적 자질(상황판단능력)은 최고경영층에게, 전문적 자질(현장실무능력)은 하위경영층에게 더욱 많은 요구비중을 차지하며, 인간적 자질(대인관계능력)은 최고경영층, 중간경영층, 하위경영층 모두에게 중요한 경영자의 자질에 해당한다.

06

| 정답 | ⑤

| 해설 | 목표에 의한 관리(MBO ; Management By Objective)는 피드백(환류)을 중시하여, 목표를 달성하는 과정에서 그 목표가 수정될 수 있음에 긍정한다. 다만 MBO는 목표의 설정에 있어서 그 목표가 구체적일 것임을 요구하므로, 이를 위해서는 목표를 명확하고 구체적으로 설정할 수 있는 안정된 환경을 요구한다. 즉 목표 설정 자체를 어렵게 하는 급격한 환경 변화에는 대응하기 어렵다는 한계점을 가진다.

1회 2회 3회 4회 5회 6회 7회 8회 9회 10회 11회 12회 13회 14회 15회 16회

07

| 정답 | ②

| 해설 | 리스트럭처링(Restructuring)은 선택과 집중을 통한 기업 내부 구조의 효율성 제고를 위해 기업의 핵심 사업을 선정하여 이에 대해서는 투자를 확대하고, 그 외의 사업을 축소·통합하는 방식으로의 기업 혁신을 의미한다. 이를 위해서는 기업의 미래상인 비전을 사업구조 차원에서 구체화하고, 이를 달성하기 위한 자원배분 기준을 설정할 필요가 있다.

| 오답풀이 |

① 기업 아이덴티티(CI ; Corporate Identity)는 기업의 특성이나 독자성을 이미지나 메시지로 시각화시킨 것으로, 주로 로고나 컬러 등의 형태로 나타낸다.

③ M&A(Merges & Acquisition)는 기업가치의 증대를 목적으로 하는 기업의 합병인수를 의미한다.

④ 학습조직(Learning Organization)은 모든 구성원들이 끊임없이 학습하고 이를 관리하는 조직으로, 이를 통해 구성원의 역량 확대와 창조력을 추구하는 조직구조이다.

⑤ 벤치마킹(Benchmarking)은 특정 분야에서 성공한 기업을 기준으로 그 운영 프로세스 등을 분석하고 방법을 통한 기업 혁신을 의미한다.

08

| 정답 | ⑤

| 해설 | 해외시장의 성장은 기업의 SWOT 분석에서 외부환경 분석인 기회(Opportunity) 혹은 위협(Threat)에 해당한다. 그 외의 선택지는 모두 기업의 SWOT 분석 중 내부환경 분석, 그 중에서도 강점(Strength)에 해당한다.

09

| 정답 | ⑤

| 해설 | 유기적 조직은 분권화의 정도가 높고 관리의 폭이 넓어 그만큼 과업이 광범위하게 정의된다. 과업의 전문화는 기계적 조직에 관한 설명이다.

10

| 정답 | ③

| 해설 | 인사관리자는 최고경영자의 정보원천이면서 최고경영자에게 회사의 인재를 추천하며, 최고경영자의 부적합한 관리자 지명에 대한 반대의 책임을 진다. 또한 의견 충돌을 해소하고 문제를 해결하는 역할을 수행한다.

인사관리자는 각 부문별로 인사관리에 대한 조언을 하는 라인에 대한 서비스 역할을 수행한다. 다만 이는 라인－스태프 조직 구조에서 스태프로서의 인사관리자의 역할에 해당하며, 최고경영층에 대한 인사관리자의 역할에는 해당하지 않는다.

11

| 정답 | ②

| 해설 | 현대적 인사평가는 정확성과 공정성을 위해 다면적인 평가가 실행되어야 함을 그 원칙으로 하고 있다. 현대적 인사고과시스템 설계의 기본원칙은 고객중시의 원칙, 계량화의 원칙, 다면평가의 원칙, 경쟁과 협동의 원칙, 과업특성 고려의 원칙, 종합관리의 원칙, 계층별·목적별 평가의 원칙, 수용성의 원칙이 있다.

12

| 정답 | ①

| 해설 | 홀(D. T. Hall)의 경력단계모형은 개인의 경력단계를 연령대에 따라 네 단계, 즉 25세 이하의 탐색단계, 25세에서 45세까지의 확립단계, 45세에서 65세까지의 유지단계, 65세 이후의 쇠퇴단계로 구분하였다. 이 중 3단계인 유지단계(Maintenance Stage)에서는 다음 세대를 위해 무언가를 만들려고 노력하는 '생산의 시기'로 지칭하였다.

보충 플러스+

홀의 경력단계모형

단계	연령	내용
탐색단계 (Exploration Stage)	25세 이하	• 경력지향을 결정하는 시기 • 시도기(Trial Period)에서의 고민과 방황

확립 및 전진단계 (Establish and Advancement Stage)	25 ~ 45세	특정 직무영역에 정착하는 시기, 동료와 라이벌 간의 경쟁, 갈등과 실패에 대한 감정적 처리가 중요
유지단계 (Maintenance Stage)	45 ~ 65세	• 다음 세대에 의미있는 것을 만드는 '생산의 시기' • 중년의 위기를 어떻게 극복하느냐에 따라 성장과 쇠퇴가 결정됨
하락단계 (Decline Stage)	65세 이상	• 조직에서의 은퇴 준비, 조직생활을 통합해보려는 시기 • 퇴직 후의 계획 수립

13

| 정답 | ①

| 해설 | 요소비교법은 핵심이 되는 몇 개의 기준 직무를 설정하고, 직무의 평가요소를 기준 직무의 평가요소와 비교하여 직무의 가치를 측정하는 직무평가법이다.

| 오답풀이 |

④ 워크샘플링법은 무작위로 선정한 대상의 데이터를 수집하여 이를 바탕으로 작업자나 설비의 가동 상태 등을 통계적으로 분석하는 생산관리기법을 직무분석법 중 관찰법에 적용하여 개량한 것으로, 직무 담당자가 무작위 간격으로 직무를 관찰하여 그 결과를 수집하여 이를 바탕으로 직무를 분석하는 방법이다.

14

| 정답 | ④

| 해설 | 실태생계비 측정방법은 가계조사에 따라 실제로 생계비에 발생한 지출액으로 기준으로 산정한 생계비 측정방법이다. 이는 근로자의 생활내용을 이론적으로 결정하여 이를 기준으로 생계비를 산정하는 이론생계비 측정방법에 비해 보다 현실적인 기준에서의 생계비 측정 기준이 되나, 소득에 의해 결정되는 지출 구조 등의 이유로 측정기준의 합리성이 떨어진다는 문제점을 가진다.

| 오답풀이 |

①, ② 생계비는 개인의 생계비뿐만 아니라 세대의 인원수를 감안하여 가구인원수별로 산정한다. 즉 생계비의 산정에 있어서 종업원 개인뿐만 아니라 종업원과 함께 생활하는 가족을 감안하여, 종업원의 연령에 따른 라이프 사이클을 고려하여 이를 산정하여야 한다.

15

| 정답 | ②

| 해설 | 공정성능(Process Performance)이란 중장기적인 관점에서 공정이 안정된 상태에서, 규격에 따른 제품을 생산하고 있는지의 척도로, 작업자의 만족도와는 무관하다.

16

| 정답 | ③

| 해설 | PERT는 시간의 불확실성을 고려하여 프로젝트의 소요시간을 낙관치(To), 정상치(Tm), 비관치(Tp)로 추정하는 확률적 개념을 반영한다. 이에 반해 CPM은 경험적 예측을 통해 프로젝트의 소요시간을 확정적으로 추정한다는 점에서 차이가 있다.

17

| 정답 | ②

| 해설 | 주기시간(Cycle Time)은 제품 생산을 하는 작업장에서 한 단위의 제품을 생산하는데 필요한 최대한의 단위 생산시간을 의미한다. 즉 문제에서 작업장 E의 단위생산시간이 6시간으로 가장 기므로, 문제의 생산주기시간은 6시간이다.

18

| 정답 | ⑤

| 해설 | 기간별로 수요변동이 커 기업의 생산능력을 수요변동에 맞추기가 어려운 경우 재고수준을 변동시키거나, 가격 할인 등의 수요조절정책을 통해 생산능력을 유지하는 생산평준화전략을 선택할 수도 있다.

| 오답풀이 |

① 총괄생산계획은 수요예측을 통해 시스템 전체의 생산능력을 조정한다.

② 총괄생산계획은 총괄수요를 예측한 자료를 기반으로 그 소요량을 결정하여 이에 따른 생산계획을 수립한다.

④ 주생산일정계획 혹은 대일정계획(MPS ; Master Production Schedule)은 중기계획인 총괄생산계획을 바탕으로 수립하는 단기 일정에서의 생산실행계획이다.

19

| 정답 | ①

| 해설 | 고정주문기간모형(P-System)은 상품을 주문하는 날짜를 미리 정하고 이에 따라 정기적으로 재고조사를 실시하여, 지정한 주문일자에 주문량을 결정하는 방식의 재고관리기법으로, 조달기간이 짧고 수요변동이 불규칙적이며 가격과 중요도가 낮은 품목의 재고관리에 적합하다.

| 오답풀이 |

② 고정주문량모형(Q-System)은 상품을 주문하는 주문량을 미리 정하고 이에 따라 수시로 재고조사를 실시하여, 재고량이 일정 지점에 도달할 경우 상품을 주문하는 방식의 재고관리기법으로, 가격과 중요도가 높은 품목의 재고관리에 적합하다.

③ ABC 재고관리는 재고관리에 파레토의 80 : 20 법칙을 응용하여, 상품의 중요도에 따라 재고를 A, B, C 세 그룹으로 분류하여 각 그룹별로 차등한 재고관리수준을 적용하여 관리하는 재고관리기법을 의미한다.

④ 전사적 지원관리(ERP ; Enterprise Resource Planning)는 물품의 유통에 관한 모든 정보를 통합적으로 관리하는 경영정보시스템을 의미한다.

⑤ 자재소요계획(MRP ; Material Requirement Planning)은 수요를 기준으로 재고의 주문시점과 주문량을 결정하는 기법으로, 많은 부품을 요구하는 제조업의 부품재고 관리에 유용하다.

20

| 정답 | ⑤

| 해설 | 예방비용은 품질수준의 향상에 따라 증가하는 증가함수의 형태로 그려진다.

| 오답풀이 |

①, ② 품질관리에는 소비자의 요구에 적합하게 설계된 생산표준에 따라 품질의 제품과 서비스를 생산하고, 이를 보증하는 품질의 보증(QA ; Quality Assurance)기능을 포함하고 있다.

③ 통계적 품질관리(SQC ; Statistical Quality Control)는 유용하고 시장성 있는 제품을 가장 경제적으로 생산하기 위해 생산단계에 통계적 원리와 기법을 응용한 것이다. 한편 전사적 품질경영(TQM ; Total Quality Management)은 통계적 품질관리에 사회적 품질을 더한 개념으로, 소비자가 만족할 수 있는 품질의 제품을 가장 경제적으로 생산하기 위한 품질개발, 품질유지, 품질개선을 종합한 시스템이다.

④ 발취검사법(표본검사법)은 로트(Lot)로부터 표본을 추출하여 로트의 합격과 불합격 여부를 결정하는 방식의 통계적 품질관리기법이며, 관리도법은 생산공정으로부터 정기적으로 표본을 추출하여 얻은 자료치를 점으로 찍어가면서 점의 위치와 움직임으로 공정의 이상유무를 판단하는 통계적 품질관리기법이다.

21

| 정답 | ①

| 해설 | 종단조사는 동일한 표본을 대상으로 일정한 시간 간격을 두고 반복적으로 조사하여 표본의 변화 추세를 파악하는 기술조사로, 대표적으로 장기간에 걸쳐 동일한 대상을 동일한 내용을 반복적으로 조사하는 패널 조사(Panel Survey)나, 특정한 시기나 특정 사건을 경험한 집단구성원의 시간에 따른 변화를 조사하는 코호트 조사(Cohort Study) 등이 있다.

| 오답풀이 |

② 횡단조사는 모집단에서 추출한 다수의 표본을 단 1회의 조사로 정보를 수집하는 기술조사이다.

③ 표적집단면접법(FGI ; Focus Group Interview)은 진행자(Moderator)의 진행으로 소수의 응답자 집단이 특정한 주제에 대한 자유로운 토론을 벌이게 하여 그 과정에서 정보를 수집하는 탐색조사의 일종이다.

④ 사례조사(Case Study)는 특정 조사 대상에 관한 과거의 자료들을 모아 분석하는 방법으로 정보를 수집하는 조사법이다.

⑤ 인과조사(Casual Study)는 2개 이상의 변수들 간의 인과관계를 규명하는 것을 목적으로 진행하는 조사로, 주로 실험을 통해 이루어진다.

22

| 정답 | ⑤

| 해설 | 제품계열(Product Line)은 유사한 기능을 가지거나, 같은 고객집단을 대상으로 하는 등의 동일성을 가진 제품들의 집합체를 의미한다. 나아가 한 기업이 보유하여 운영하는 제품계열들의 집합체를 제품믹스(Product Mix)라고 한다.

| 오답풀이 |

① 촉진믹스(Promotion Mix)는 제품 또는 서비스를 판매하기 위한 광고, PR, 인적 판매 등의 판촉행위를 의미한다.

③ 브랜드 믹스(Brand Mix)는 한 기업이 보유한 브랜드 네임들의 집합을 의미한다.

④ 마케팅에서 포지셔닝(Positioning)은 마케팅 믹스(Marketing Mix)를 통해 소비자에게 기업이나 제품의 이미지를 인식시키는 것을 의미한다.

23

| 정답 | ③

| 해설 | 수요의 탄력성이 낮다는 것은 가격의 변화가 총 수익의 증대에 큰 영향을 미치지 못한다는 의미이다. 즉 가격을 낮추더라도 수요가 크게 늘어나지 않고, 반대로 가격을 올리더라고 수요가 크게 감소하지 않는 경우이다. 따라서 이 경우는 침투가격전략을 통해 저가로 시장을 잠식하는 전략은 큰 효과를 기대하기 어려우며, 이와 반대로 제품을 고가에 출시하여 수익을 흡수한 후 가격을 점진적으로 하향조정하는 스키밍가격전략(Skimming Pricing Strategy)을 적용하는 것이 더욱 유효하다.

24

| 정답 | ⑤

| 해설 | 소비자의 인지부조화(Cognitive Dissonance)는 구매 후 부조화라고도 하며, 소비자가 제품을 구매한 후 자신의 구매선택이 적절하였는가에 대한 불안감을 의미한다. 소비자는 이러한 불안감을 감소시키기 위해 구매 후 상품이 가진 장점을 강화하고 단점을 약화하여 판단하거나, 상품에 관한 정보를 다시 찾아보거나 혹은 역으로 정보를 의도적으로 회피하는 등의 행동을 보이게 된다.

만일 소비자가 구매한 제품이 고관여 제품이면서, 가격이 비싸고, 자주 구매하는 제품이 아니면서 소비자에게 다른 선택지로 제시된 다른 상품들과의 차이가 크지 않을수록 소비자는 인지부조화를 감소시키기 위한 행동(Dissonance-reducing Buying Behaviour)을 더 크게 나타낸다.

25

| 정답 | ④

| 해설 | 광고매체로서의 TV는 광고 제작 및 송출에 필요한 비용이 높은 대신, 그만큼 높은 정보전달력을 가지고 있어 광고노출도 대비 비용이 저렴하다는 장점을 가진다.

| 오답풀이 |

① TV는 시각과 청각을 모두 활용하는 광고매체로 소비자에게 주는 인식력이 크다.

② TV의 광고는 프로그램 방영 전후나 프로그램 방영 중에 노출되므로 소비자가 광고를 프로그램 시청을 방해하는 요소로 인식할 가능성이 높아 중간광고 시간에는 채널을 돌려 광고를 시청하지 않는 등의 방법으로 광고를 회피할 가능성이 높다.

③ TV는 폭넓은 시청자층을 가지고 불특정 다수를 대상으로 방영되므로 다양한 소비자층에게 광고를 노출시킬 수 있다는 장점을 가진다. 이는 반대로 특정 집단을 대상으로 진행하는 것이 효율적인 광고에는 비효율적이라는 단점을 공유한다.

⑤ TV 광고는 다양한 연령대의 시청자들에게 노출된다는 이유로 광고 노출의 제한시간, 광고 노출 건수의 제한, 자극적인 광고 금지 등의 엄격한 법적 규제를 통과할 것을 요구한다.

5회 기출예상문제

문제 62쪽

01	③	02	②	03	③	04	⑤	05	⑤
06	④	07	⑤	08	⑤	09	④	10	⑤
11	⑤	12	①	13	⑤	14	④	15	①
16	①	17	①	18	②	19	②	20	④
21	②	22	⑤	23	①	24	①	25	④

01

| 정답 | ③

| 해설 | 페이욜(Fayol)은 경영자의 관리기능에 초점을 둔 거시적 관점의 경영 일반원리인 '일반관리론'을 제시하였다. 호손공장 실험을 통해 인간관계론의 기초를 마련한 사람은 메이요(E. Mayo)이다.

| 오답풀이 |

①, ⑤ 메이요는 호손실험을 통해 테일러의 과학적 관리법의 우수성을 증명하려 하였으나 오히려 인간의 심리상태가 중요하다는 사실을 발견하게 되었고, 이는 향후 인간관계론의 토대가 되었다. 인간관계론은 인간의 감정적 · 심리적 · 정서적 · 사회적 요인을 중시하고 이러한 요인을 효율적으로 운용함으로써 인간의 원활한 관리를 도모하여 조직의 목표달성에 기여할 수 있음을 제시하는 이론이다.

② 노동자를 일하는 도구가 아닌 인간으로 접근해야 한다는 내용의 인간관계론은 결국 그 지향점이 노동자의 해방이나 사회적 처우 개선보다는 노동자의 생산성 향상을 목표로 하였고, 결국 인간관계론은 '노동자는 생산수단'이라는 시선의 한계를 벗어나지 못했다는 비판을 받는다.

④ 시스템이론은 기업이 목표를 달성하기 위한 일련의 과정인 '투입－변환－산출－피드백'의 순환 과정에서 기업의 결정에 영향을 끼치는 환경과의 상호작용을 통해 적응하는 개방 시스템(Open System)을 제시하였다.

02

| 정답 | ②

| 해설 | 테일러의 과학적 관리법(테일러 시스템, Taylor System)은 작업의 효율성과 생산성의 극대화를 위해 공구와 기구를 표준화하는 한편, 노동자의 행동을 과학적으로 분석하여 가장 효율적인 움직임을 계산하고 이를 바탕으로 산출한 일일 작업량을 지도표의 형태로 노동자들에게 제시해 이를 달성한 노동자에게 높은 임금을 제공하고, 그러지 못한 노동자에게는 손실 부담을 지게 하는 차별성과급 제도를 도입하였다.

부품의 규격화와 벨트 컨베이어 시스템 기반의 이동조립방식을 도입하여 소품종 대량생산을 구현한 것은 포드 시스템(Ford System)에 해당한다.

03

| 정답 | ③

| 해설 | 대한민국에서 시장 잠식을 위한 기업의 담합인 카르텔(Kartell)은 '부당한 공동행위'로서 원칙적으로 금지되나 산업합리화나 연구 · 기술개발, 불황의 극복, 산업구조의 조정 등의 이유로 공정거래위원회의 인가를 받는 경우에 한해 예외적으로 이를 허용하고 있다.

| 오답풀이 |

① 카르텔은 법적 · 경제적으로 독립된 다수의 기업이 시장 잠식을 목적으로 모인 기업연합으로 기업들이 수평적으로 결합된다.

② 트러스트(Trust)는 같은 업종의 기업들이 법적 독립성 및 자본적 독립성 등을 모두 포기하고 완전히 새로운 기업의 형태로 합쳐진 기업 결합으로, 기업 간에 자본적으로 결합된다.

④ 콘체른(Konzern)은 몇 개의 기업이 각각 독립성을 유지하면서 자본의 소유 또는 금융관계를 통하여 결합된 최고의 결합형태로, 주로 대기업의 주식 참여 형태로 결합한다.

⑤ 기업집중의 순기능으로는 불필요한 경쟁을 배제하고 기술향상을 위한 협조 및 경영의 합리화를 촉진시킨다는 것이 있다.

04

| 정답 | ⑤

| 해설 | 경영통제활동은 기본적으로 표준의 설정, 실적(성과)의 측정, 편차의 수정 순으로 프로세스를 거친다.

05

| 정답 | ⑤

| 해설 | 리엔지니어링(Reengineering)은 기업의 성과 향상을 목표로 기업의 체질 및 구조와 경영방식을 근본적으로 재설계하는 경영혁신기법을 의미한다.

| 오답풀이 |

③ 벤치마킹(Benchmarking)은 동종 업계 최고 수준의 다른 기업과의 비교대조를 통해 기업의 개선안을 찾아 가는 경영혁신기법을 의미한다.

④ 기업 재구성이라는 명칭으로도 사용되는 리스트럭처링(Restructuring)은 기업 내에 중복된 사업부를 통폐합하거나 주력사업을 선정하고 그 외의 부분을 축소시키는 등의 방법으로 기업 내부 구조를 재구성하는 경영혁신기법을 의미한다.

06

| 정답 | ④

| 해설 | 종업원과 최고경영자의 직무 결정, 관리자와 종업원의 태도 및 행동은 여성 인력의 참여 요인, 종업원의 고령화, 비정규직의 정규직 전환 등 사회적 요소의 영향을 크게 받는다.

07

| 정답 | ⑤

| 해설 | 직무분석의 방법에는 면접법, 질문지(설문지)법, 관찰법, 체험법(경험법), 중요사건기록법 등이 있다. 평정척도법은 인사평가법의 한 방법이다.

08

| 정답 | ⑤

| 해설 | MBO(Management By Objectives, 목표관리법)는 상사와 부하가 함께 단기적 목표를 설정하여 실행하고 이를 평가하는 것으로, 상사가 부하의 성과를 일방적으로 평가하는 전통적인 관행에서 벗어나 목표의 달성 정도가 평가되는 결과지향적 업무평가법이다.

| 오답풀이 |

① MBO의 목표는 구체적이고 그 결과가 측정 가능할 것을 요구한다.

③, ④ MBO에서는 상사와 부하가 협의를 통해 단기 목표를 설정하고 이를 실행하는 과정에서 주기적인 중간 점검을 거치며 상사와 부하 간의 커뮤니케이션이 활성화된다.

09

| 정답 | ④

| 해설 | 우수한 시험성적을 받은 사람의 실제 근무성적이 낮은 경우 그 시험은 타당성을 인정받지 못한다.

| 오답풀이 |

② 내용타당성과 달리 기준관련 타당성은 기준치와 예측치를 모두 수치화할 수 있어 이를 통계적 상관계수로 나타낼 수 있다.

10

| 정답 | ⑤

| 해설 | 직무순환은 직원들의 부서 배치가 순환되어 다양한 업무 환경을 경험하게 함으로써 업무에 대한 시야를 확장시켜 준다. 따라서 직무순환에 의해 대체된 종업원에게는 다른 부서에서의 업무 경험을 바탕으로 하는 새로운 관점의 아이디어를 기대할 수 있다.

11

| 정답 | ⑤

| 해설 | 유기적 조직은 분권화된 정도가 높아 내부 구조가 유동적이고 구성원의 역할 구분이 불분명해 다양한 과업의 수행이 가능하다는 특징을 가진다.

12

| 정답 | ①

| 해설 | 승급은 연령, 근무연수, 고과성적 등 임금 결정요소의 변화에 따라 기본급을 인상시키는 임금체계이다.

| 오답풀이 |

② 승격은 직급에 따른 차별적 임금체계를 두고, 정기적인 인사평가를 통해 업무 우수자를 선발해서 직급을 상승시키는 것을 의미한다.

③ 성과급은 사원이 달성한 성과의 정도에 따라 차등적으로 지급되는 임금제도로, 일반적으로는 다른 임금제도를 보완하는 형태로 적용된다.

④ 베이스업(Base-Up)은 승급과 별도로 기본급의 지급기준 자체를 일괄적으로 인상시키는 것을 의미한다.

⑤ 임금피크제(임금굴절)는 정년퇴직을 앞둔 근로자의 정년 연장 등의 고용보장을 조건으로, 연령을 기준으로 한 임금 지급금액의 최고점을 설정하고 연령의 경과에 따라 임금을 단계적으로 삭감하는 방식의 임금제도를 의미한다.

13

| 정답 | ⑤

| 해설 | 노동쟁의의 조정은 그 신청이 있은 날부터 일반사업에 있어서는 10일, 공익사업에 있어서는 15일 이내에 종료하여야 한다.

| 오답풀이 |

① 직업별 조합은 직장 단위가 아닌 특정 직종에 종사하는 노동자 전체를 대상으로 하는 노동조합이다.

② 단체교섭은 근로자단체인 노동조합과 사용자 또는 사용자 단체 간에서 이루어지는 근로조건 등에 대한 협의를 의미하며, 궁극적인 목적은 단체협약의 체결이다.

③ 영국의 사회학자 시드니 웨브(Sidney J. Webb)는 노동조합은 상호보험(Mutual Insurance), 단체교섭, 입법활동의 세 가지 룰에 따라 운영된다고 하였다.

④ 오픈 숍(Open Shop)은 노동자가 노동조합의 가입과 탈퇴를 자유롭게 할 수 있는 형태의 노동조합을 의미하므로, 오픈 숍 노동조합은 직장 내의 영향력이 약하고, 노동조합원과 비조합원 간의 차별적 대우가 존재하지 않는다.

14

| 정답 | ④

| 해설 | 생산시스템은 제품의 생산 과정에 필요한 인력, 기계, 절차 등의 구성을 의미하는 것으로 생산하는 제품의 유·무형은 불문하나, 대학생이 대학 교육을 받고 졸업생이 되는 과정을 생산시스템으로 간주할 수는 없다.

15

| 정답 | ①

| 해설 | 회귀분석은 분석에 시간적 개념을 고려하지 않는다는 점에서 시계열분석과 차이를 보인다. 시계열 데이터를 회귀분석법으로 분석하는 방법인 시계열 회귀분석법이 존재하지만 이는 회귀분석의 한 종류로 분류한다.

| 오답풀이 |

② 델파이 기법은 소수의 전문가와의 답변과 피드백을 반복하여 정보를 모으는 방법으로 정보의 취합에 많은 시간이 걸리나 전문적 지식을 수집할 수 있어 장기예측에 주로 사용된다.

③, ④ 시계열분석과 횡단면분석은 둘 다 과거 일정 시점의 자료를 활용한 수요예측기법으로, 시계열분석은 하나의 변수를 여러 기간을 기준으로 분석하는 것이며, 횡단면분석은 하나의 기간에 있는 여러 개의 변수를 분석하는 것이다. 즉 시계열분석의 독립변수는 시간이고, 횡단면분석의 독립변수는 시간이 아닌 다른 특정 변수이다.

⑤ 지수평활법(Exponential Smoothing Method)은 시계열 데이터에 가중치 함수를 대입하는 것으로, 데이터가 오래될수록 가중치가 떨어진다.

16

| 정답 | ①

| 해설 | 간트 도표(Gantt Chart)는 업무의 일정과 순서를 막대그래프 형태로 그려낸 일정 관리 도구로 업무의 전체 일정과 진행 순서, 소요 일자 등을 한눈에 볼 수 있다는 장점을 가진다. 하지만 환경의 변화에 따라 새로운 계획이 발생하는 경우, 도표의 수정이나 내용 추가가 곤란하다는 단점이 있다.

17

| 정답 | ①

| 해설 | MRP(Material Requirements Planning, 자재소요계획)는 입력된 일정계획의 데이터를 바탕으로 자재운용의 계획을 수립하는 재고통제기법으로, 기업의 주된 생산계획의 수립은 MRP에 입력되는 데이터인 MPS(Master Production Schedule, 기준생산계획)의 기능에 해당한다.

| 오답풀이 |

② MRP는 MPS 등의 데이터에 따라 제품을 생산할 수 있도록 생산 자재의 재고를 최적화하여 재고부족상황을 예방하고 지연주문의 예측에 대응함으로써 고객서비스 수준의 향상을 기대할 수 있다.

③ MRP는 계획의 수정에 따른 재고통제계획을 빠르게 수정할 수 있다는 장점을 가진다. 만일 생산공정이 짧은 생산업에서 시장 변화에 따른 데이터의 수정을 빠르게 입력할 수 있다면, MRP는 이를 반영한 재고통제계획을 즉각 계산하여 적용하는 높은 유용성을 발휘하게 된다.

④ MRP는 사전계획을 통해 안정적인 재고 운영과 이를 바탕으로 하는 안정적인 계획생산을 목적으로 한다. 안정적인 계획 생산은 유휴시간과 잔업을 줄이고, 자재부족으로 인한 생산 문제를 예방해 평균 생산소요시간을 줄일 수 있다.

⑤ MRP는 생산일정에 따라 재고량과 그 보충 시기를 자동으로 계산하여 이를 반영한 재고관리계획을 수립한다.

18

| 정답 | ②

| 해설 | 대기행렬이론(Queueing Theory)은 수요가 서비스 제공 능력을 초과할 때 발생하는, 생산에 있어서 낭비적 요소인 대기행렬을 최소화하기 위해 생산을 위한 혹은 고객의 대기 시간을 수학적으로 분석한 것이다. 그 기본요소로는 대상 인원, 고객도착률, 대기율, 서비스 순서(규칙), 서비스 제공 능력(서비스율), 대기용량 등이 있다.

19

| 정답 | ②

| 해설 | 전략적 마케팅 계획의 수립과정은 '기업사명의 정의 → 기업목표의 설정 → 외부 · 내부환경분석 → 사업포트폴리오 결정 → 사업단위별 경쟁전략의 설정 → 성장전략의 개발' 순서로 이루어진다.

20

| 정답 | ④

| 해설 | 소비자의 정보처리과정에는 노출, 주의, 지각, 태도, 기억의 다섯 가지 과정이 있다. 그중 지각은 소비자가 외부로부터 오는 자극 내의 요소에 각자의 의미를 부여하고, 그 자극의 내용을 이해하는 과정이다.

21

| 정답 | ②

| 해설 | 탐색조사(Exploratory Research)는 마케팅 조사의 초기 단계에서 아이디어를 얻기 위한 예비 단계의 조사로, 문헌조사, 전문가의견조사, 사례조사, 심층면접법, 표적집단면접법 등이 이에 속한다. 패널조사는 조사대상을 고정시키고 동일한 조사대상에 대하여 동일한 질문을 반복 실시하는 방법으로, 기술조사에 해당한다.

22

| 정답 | ⑤

| 해설 | 시장세분화의 요건은 다음과 같다.

- 내부적 동질성 : 어떠한 마케팅 변수에 대하여 세분 시장 내에서 동일한 반응을 보여야 한다.
- 외부적 이질성 : 어떠한 마케팅 변수에 대하여 각 세분 시장끼리는 상이한 반응을 보여야 한다.
- 충분한 규모의 시장 : 세분 시장은 수익성을 낼 수 있을 만큼 크고 가치 있어야 하며, 세분 시장별로 상이한 마케팅 전략을 실행하는 데 소요되는 비용을 보존할 수 있어야 한다.
- 측정가능성 : 세분 시장의 규모나 구매력, 특성 등의 기준 변수들에 대해 현실적으로 측정이 가능해야 한다.
- 접근가능성 : 세분 시장에 있는 고객들에게 효과적으로 접근할 수 있어야 한다.
- 실행가능성 : 세분 시장에 효과적으로 마케팅 전략들을 실행할 수 있어야 한다.

따라서 시장세분화의 요건으로 경쟁사의 마케팅 전략은 적절하지 않다.

23

| 정답 | ①

| 해설 | 제품개발은 제품개념을 실체화하는 과정으로, 사업성 분석에서 합격한 제품개념을 R&D부서나 기술부에서 제품으로 개발하는 단계이다.

| 오답풀이 |

② 시험마케팅은 신제품의 대량 생산과 시장 도입에 앞서 실제 시장 환경 내 잠재 고객의 반응을 평가하기 위하여 표본적으로 실시하는 소규모 마케팅이다.

③ 사업성 분석은 미래의 판매잠재력, 비용, 이익 등을 사전에 측정하는 과정이다.

④ 아이디어 창출은 가능한 한 많은 아이디어를 찾아내 신제품 개발의 원천을 마련하는 단계이다.

⑤ 제품개념의 개발은 제품 아이디어를 소비자가 사용하는 단어로 환산시키는 과정이며, 제품개념의 테스트는 소비자 조사로 제품개념의 적합성을 검증하는 단계이다.

24

| 정답 | ①

| 해설 | 스키밍가격전략(Skimming Pricing)은 시장에 막 나온 신제품을 선호하는 얼리어답터 등 고가에 제품을 구매할 의사가 있는 소비자층을 대상으로 의도적으로 높은 진출가격을 책정한 후 시간이 지남에 따라 단계적으로 제품 가격을 낮추는 식으로 수요층을 확대하는 마케팅전략을 의미한다.

| 오답풀이 |

② 침투가격전략(Penetration Pricing)은 이미 다수의 경쟁자가 있는 시장을 대상으로 진출가격을 의도적으로 낮게 잡는 저가정책으로 수요층을 빠르게 확보하고, 시간이 지남에 따라 단계적으로 가격을 올리는 식으로 미리 확보한 수요층으로부터의 수입을 확대하는 마케팅전략을 의미한다.

25

| 정답 | ④

| 해설 | 잡지에 수록된 광고를 독자들에게 노출시키기 위해서는 독자가 잡지를 구독하고 직접 잡지를 펼쳐 읽으면서 광고가 수록된 페이지에 접근하기까지의 시간이 필요하므로 ④는 적절하지 않다.

| 오답풀이 |

①, ③ 잡지는 실물로 인쇄되어 발행되므로, 잡지라는 실물이 존재하는 한 잡지에 수록된 잡지 광고는 지속적으로 반복되어 여러 독자들에게 노출될 수 있고 그 이용 기간 역시 길다.

② 잡지 광고는 해당 분야의 전문 필진이 잡지 기사의 형태로 작성함으로써 독자들에게 자세하고 전문적인 내용을 전달할 수 있다.

⑤ 잡지는 특정 주제에 특화되어 있고 잡지를 구독하고 읽는 독자 역시 특정 주제를 선호하는 수요층으로 구성되어 있으므로, 잡지 광고는 해당 잡지를 구독하는 특정 고객을 대상으로 하는 타깃 마케팅에 용이하다.

6회 기출예상문제

문제 70쪽

01	①	02	③	03	③	04	①	05	②
06	②	07	③	08	④	09	②	10	②
11	③	12	④	13	②	14	①	15	③
16	①	17	③	18	④	19	②	20	③
21	③	22	④	23	①	24	①	25	④

01

| 정답 | ①

| 해설 | 라이선싱(Licensing)은 경제적 가치가 있는 특허권, 등록상표권, 브랜드 네임, 노하우, 기업비결, 지식, 기술공정 등과 같은 상업적 자산을 라이선서(Licensor)가 라이선시(Licensee)에게 계약기간 동안 양도하여 사용할 수 있도록 그 권리를 제공하고 그 대가로 일정한 로열티(Royalty)를 수수하는 형태의 사업방식이다. 라이선싱으로 부여받은 권리는 법적으로 독점성, 배타성이 보장되는 법적 권리로 독점적 이익을 얻을 수 없다.

| 오답풀이 |

② 프랜차이징(Franchising)은 가맹업자로부터 그의 상호 등을 사용할 것을 허락받아 가맹업자가 지정하는 품질 기준이나 영업방식에 따라 영업을 하는 것을 말한다.

③ 합작투자(Joint Venture)는 직접투자의 한 형태로서 현지자본과 공동으로 투자하여 기업을 경영하는 것을 말한다.

④ 해외직접투자(Foreign Direct Investment)는 경영참가 및 기술제휴를 목적으로 한 해외투자를 말한다.

⑤ 간접수출(Indirect Exporting)은 전문수출업자나 중개인을 통해 제품을 수출하여 판매하는 방식으로 가장 소극적인 해외진출방법이다.

02

| 정답 | ③

| 해설 | 서비스 제품의 속성은 탐색속성, 경험속성, 신용속성으로 구분한다. 이 중 탐색속성은 구매 이전단계에서 평가 가능한 서비스의 속성으로, 서비스가 가진 외견, 즉 가시적인 특성을 의미한다.

| 오답풀이 |

④ 경험속성은 서비스 제품을 구매하여 사용함을 통해 알 수 있는 서비스의 특징을 의미한다.

⑤ 신용특성이란 서비스 제품을 구매하여 사용했음에도 즉시 평가를 내리기 힘든 서비스로 무상 수리 등의 사후관리 등을 의미한다.

03

| 정답 | ③

| 해설 | 직무확대는 직무 능력을 활용하고 도전의 기회를 증대하여 만족감을 유발하기 위하여 전문화된 직무의 내용 및 범위를 넓히는 것이다. 수평적 직무확대는 직무전문화된 작업상황에서 한 사람의 작업자가 수행하던 한 가지 또는 소수의 일의 종류를 늘려서 수행하는 경우이다. 수직적 직무확대는 한 사람의 작업자가 수행해 왔던 일의 종류가 과거보다 늘어나서 의사결정권한 및 책임의 크기까지 증가되는 경우이다.

04

| 정답 | ①

| 해설 | 근접오류란 시 · 공간으로 지각자와 가까이 있는 대상의 평가에 영향을 받아 발생하는 오류를 의미한다. 평가자 본인과 유사한 사람에게 후한 점수를 주는 것은 유사효과에 대한 설명이다.

05

| 정답 | ②

| 해설 | 모듈러 생산(MT)이란 여러 가지로 조합시킬 수 있는 표준화된 부품을 제조하여 최소 종류의 부품으로 많은 종류의 제품 · 장치를 생산하는 방식을 말한다.

| 오답풀이 |

① 집단관리법(GT)(=집단가공법=유사부품가공법)이란 제품의 생산과정에서 부품의 형상 치수 혹은 가공법이 유사한 것을 그룹화하여 각 그룹에 대하여 부품설계를

일괄적으로 하거나 적합한 기계를 할당시키고, 공통의 공구, 기계 작업방법을 이용하여 합리적인 생산을 하는 기법을 말한다.

③ 컴퓨터 통합생산(CIM)이란 생산－판매－기술의 3분야를 통합한 것으로, 주문을 받는 단계에서부터 생산품을 시장으로 내보내는 단계까지 공정 시스템을 컴퓨터로 종합 처리하여 시간을 단축하고 다품종 소량 생산에 대응하는 자동화 생산 시스템이다.

④ 셀형 제조방식(CMS)이란 GT의 개념을 생산공정에 연결시켜 생산의 유연성을 높이고 생산성을 향상시키려는 기법으로 한 종류 또는 많은 종류의 기계가 하나의 셀(cell)을 단위로 해서 집단화되는 공정의 한 형태를 말한다.

⑤ 업무재설계(BPR)란 기업의 경영목표에 따라 최적화된 조직과 사업구조의 형태로 재구성하는 경영혁신기법을 의미한다.

06

| 정답 | ②

| 해설 | 지수평활법은 최근의 자료일수록 더 큰 비중을, 오래된 자료일수록 더 작은 비중을 두어 미래수요를 예측한다.

| 오답풀이 |

① 가중이동평균법은 시계열 분석에서 이동평균의 개념을 확장하여, 평균을 구하는 데 있어 가장 최근에 주어지는 위치값에 가중값을 부여하여 예측치가 수요변동을 빨리 따라갈 수 있게 한다.

③ 추세요인은 시계열 데이터가 상향 또는 하향방향으로 중장기적으로 변화하고 있는 형태를 의미한다.

④ 시계열분석은 시간의 경과에 따른 어떤 변수의 변화경향을 분석하여 그것을 토대로 미래의 상태를 예측하려는 비인과적 기법이다. 즉 시간을 독립변수로 하여 과거로부터 현재에 이르는 변화를 분석함으로써 미래를 예측하려는 동태적인 분석방식이다.

⑤ 정성적 수요예측기법은 전문가나 현장 판매원 등의 주관적 판단에 의한 수요예측기법으로 주로 과거의 데이터로는 나타나지 않는 외부환경요인을 반영한 장기적 수요예측에 활용된다.

07

| 정답 | ③

| 해설 | JIT는 재고를 최소화하고 제품 생산에 필요한 준비시간을 단축시켜 제품 생산에 드는 낭비요소를 없애는 것을 목표로 하는 생산방식으로, JIT에서의 불량 예방은 시장의 수요에 맞춘 소규모 생산구조에 따른 문제의 조기 발견으로 구현하였다.

| 오답풀이 |

② JIT는 주문받은 제품의 수량을 기준으로 결정된 부품만을 사용하므로 이를 위해 공급자 역시 생산구조의 한 작업공정에 포함하여 정의하고, 소량의 원료를 적시에 공급받기 위해 신뢰할 수 있는 공급자를 확보하고 그와 밀접한 관계를 유지할 것을 강조한다.

08

| 정답 | ④

| 해설 | 민츠버그(Mintzberg)에 따르면 애드호크라시(Adhocracy)가 기계적 관료제보다 공식화와 집권화의 정도가 낮다. 애드호크라시는 환경이 복잡하고 동태적인 조직으로 유기적 조직의 성향을 가지고, 기계적 관료제는 대규모 조직에서 고도의 표준화가 이루어진 형태이다.

| 오답풀이 |

① 공식화(Formalization)란 직무가 표준화되어 있는 정도를 말한다.

② 기계적 조직(Mechanistic Structure)은 유기적 조직(Organic Structure)보다 집권화, 전문화, 공식화의 정도가 높다.

③ 수평적 조직(Horizontal Structure)은 핵심프로세스를 중심으로 조직화하는 것으로, 고객의 요구에 빠르게 대응할 수 있고 협력을 증진시킬 수 있다.

⑤ 네트워크 조직(Network Structure)은 내부의 여러 기능을 없애고 공급업체들과 계약을 통하여 필요한 자원과 서비스를 조달하는 조직이므로, 공장과 제조시설에 대한 대규모 투자가 없어도 사업이 가능하다.

09

| 정답 | ②

| 해설 | 직무확대는 개인이 분담하는 직무의 범위를 확대하여 단순작업의 되풀이에 의한 권태감을 없애고 보다 흥미를 가질 수 있는 것으로 재편성하는 방식이다.

| 오답풀이 |

① 직무순환은 단순하게 배치를 바꾸는 것이 아니라 필요한 시기에 필요한 직무를 계획적으로 체험시키는 인사관리상의 방법이다.

③ 직무유연화는 외부의 환경 변화에 인적자원을 신속하고도 효율적으로 배분 및 재배분하는 것을 의미한다.

④ 직무충실화는 작업자가 작업의 계획, 실행 및 평가를 통제하는 정도를 키우는 직무의 수직적 확대이다.

⑤ 직무특성이론은 핵심적 직무특성, 중요 심리상태, 결과의 세 가지 기본적인 요소로 구성된 것이다.

10

| 정답 | ②

| 해설 | M&A 방어를 위한 수단으로 우리사주조합의 지분율을 높이는 방법이 있다.

| 오답풀이 |

④ 시장의 평가가 적대적 M&A를 강행한 것에 호의적인 분위기라면 피인수기업 주주는 손실이 아니라 이익을 볼 수도 있다.

11

| 정답 | ③

| 해설 | MBO는 개인별 보상체계로 연계되어 연봉제 등 성과중심의 인사관리가 가능하다.

12

| 정답 | ④

| 해설 | 프랜차이즈 시스템은 경영경험이 적은 가맹점주에게 본부회사의 경험에서 얻은 능력을 발휘하도록 하므로 효율성이 높은 시스템이라는 평가를 받는다.

13

| 정답 | ②

| 해설 | 시스템은 서로 독립적으로 있는 것이 아니라 여러 독립된 구성인자가 유기적으로 연결되어 상호작용하며 환경에의 적응성을 높이는 작용을 하므로 하위 시스템들은 서로 독립적이지 않고 상호 관련되어 있으며 개방시스템의 속성을 지니고 있다.

14

| 정답 | ①

| 해설 | 피고과자를 사전에 정한 비율로 강제로 할당하는 것은 강제할당법에 관한 설명이다. 서열법은 피고과자의 능력과 업적에 대해 순위를 매기는 방법이다.

15

| 정답 | ③

| 해설 | 균형성과표(BSC)는 재무적 시각뿐만 아니라 비재무적 시각에서 기업의 성과를 보다 균형있게 평가한다.

| 오답풀이 |

①, ② 하버드 비즈니스 스쿨의 로버트 카플란 교수와 경영컨설턴트인 데이비드 노턴이 공동으로 개발하여 1992년에 최초로 제시했다. 재무, 고객, 내부 프로세스, 학습과 성장 등 4분야에 대해 측정 지표를 선정해 평가한 뒤 각 지표별로 가중치를 적용해 산출한다.

④ BSC는 단기적 목표와 장기적 목표 간의 균형을 강조하는 것으로, MBO(단기목표)를 보완하기 위한 평가라고 볼 수 있다.

⑤ BSC는 비재무적 성과까지를 고려한다는 점에서 재무적 성과평가만을 기록하는 EVA(경제적 부가가치), ROI(투자수익률) 등의 한계를 극복하는 경영관리기법이다.

16

| 정답 | ①

| 해설 | 활동(Activity), 관심사(Interest), 의견(Opinion)의 AIO척도를 통해 연구되고 있는 것은 가치가 아니라 라이프

스타일(Lifestyle)이다. 라이프스타일이란 사람들이 살아가는 방식과 관련된 것으로, AIO분석은 사람들이 어떻게 사용하는가(Activity), 사람들이 자신을 둘러싼 환경에서 무엇에 대한 관심을 두고 살고 있는가(Interest), 사람들은 자신과 세상에 대하여 어떤 의견을 갖고 있는가(Opinion)를 통하여 사람들의 라이프스타일을 분석하는 도구이다.

17

| 정답 | ③

| 해설 | 비율척도(Ratio Scale)는 가장 높은 수준의 포괄적인 정보를 제공하는 척도로 서로의 구분, 크기의 비교, 비율, 그리고 특성들 간의 수학적 연산이 가능한 척도이며 절대영점을 갖는다.

| 오답풀이 |

① 명목척도(Nominal Scale)는 측정 대상의 특성에 따라 구분하기 위하여 대상에 숫자나 기호를 할당한 것으로 특성 간의 양적인 분석을 할 수 없고 특성간 대소의 비교도 할 수 없다.

② 서열척도(Ordinal Scale)는 측정 대상의 분류뿐만 아니라 측정 대상을 크기에 따라 순서적으로 배열할 수 있는 측정방법으로 측정 대상의 상대적 크기(강도)를 말할 수 있다.

④ 등간척도(Interval Scale)는 명목척도와 서열척도의 특성을 모두 갖고 있으면서 크기의 정도를 말할 수 있는 측정척도이다.

⑤ 리커트 척도(Likert Scale)는 측정 대상자가 제시된 문장에 대한 동의의 정도를 단계별로 답변하도록 하는 형태의 측정척도이다.

18

| 정답 | ④

| 해설 | 제품 선택에 영향을 미치는 여러 속성들은 각 소비자의 욕구에 따라 가중치가 달라지므로 대안의 평가점수가 동일하다고 해도 소비자가 느끼는 속성이 동일한 것으로는 볼 수 없다.

19

| 정답 | ②

| 해설 | ㉢ 시장세분화를 통하여 규모의 경제가 발생하지 않고 도리어 비용이 증가하게 된다. 규모의 경제는 시장을 세분화하지 않을 경우에 더 크게 발생한다.

20

| 정답 | ③

| 해설 | 브랜드는 소비자가 브랜드를 통해 제품이 가진 차별성을 더욱 용이하게 인식하게 하여 소비자들로 하여금 제품 구매 시 사고비용을 감소시킨다.

21

| 정답 | ③

| 해설 | 직장 내 교육은 일상업무활동 중 상황에 따라 일하는 방식이나 업무 지식 등을 교육하고 단계적으로 능력계발을 행하여 인재를 육성하는 방법이다.

22

| 정답 | ④

| 해설 | CRM은 고객에 대한 매우 구체적인 정보를 바탕으로 개개인에게 적합하고 차별적인 제품 및 서비스를 제공하는 것이다. 이를 통해 고객과의 개인적인 관계를 지속적으로 유지하고 단골고객과 1 : 1 커뮤니케이션을 가능하게 해 준다.

23

| 정답 | ①

| 해설 | 차별화된 산업일수록 수익률이 높고 차별화가 적은 산업, 즉 일상재에 가까운 산업일수록 수익률이 낮아지게 된다.

24

| 정답 | ①

| 해설 | ㄴ. 지배원리는 포트폴리오이론과 관련된 개념이다.

| 오답풀이 |

ㄱ, ㄷ, ㄹ. 정보의 비대칭성으로 인한 대리인 문제를 해결하기 위하여 주주들은 감시비용을 지출하고, 스톡옵션을 부여한다.

ㅁ. 대주주들의 기업지배권이 약해지면 대리인 비용이 발생할 가능성이 높아진다.

25

| 정답 | ④

| 해설 | 품질비용은 제품 생산의 직접비용 이외에 불량 감소를 위한 품질관리와 활동비용을 기간 원가로 계산하여 관리하는 것을 말한다. 그 중에서 소비자에게 인도되는 시점 이후에 발생하는 실패비용을 외부 실패비용이라고 한다.

보충 플러스+

품질비용(Quality of Cost)의 종류

통제비용	• 예방비용 : 재화나 서비스에 불량품질이 포함되는 것을 방지하기 위해 발생되는 비용 • 평가비용 : 재화나 서비스의 불량품을 제거하기 위한 검사비용
실패비용	• 내부 실패비용 : 소비자에게 인도되기 이전에 발생하는 비용으로 폐기물 등에서 발생하는 비용 • 외부 실패비용 : 소비자에게 인도되는 시점 이후에 발생하는 비용으로 제품 출하 후에 발생하는 비용

7회 기출예상문제

문제 80쪽

01	①	02	①	03	①	04	①	05	③
06	④	07	①	08	④	09	④	10	③
11	③	12	①	13	④	14	③	15	②
16	②	17	①	18	⑤	19	⑤	20	②
21	⑤	22	③	23	④	24	③	25	②

01

| 정답 | ①

| 해설 | 적대적 M&A를 시도하는 사람이나 기업이 단독으로 필요한 주식을 취득하기가 현실적으로 무리가 있을 때 자기에게 우호적인 제3자를 찾아 도움을 구하게 되는데 이를 흑기사라고 부른다. 즉, 흑기사는 경영권 탈취를 돕는 제3자를 말한다.

02

| 정답 | ①

| 해설 | 집단의 응집성은 구성원의 사회적 요구를 만족시켜 성과 향상에 기여할 수 있지만, 개인과 조직의 목표가 일치하지 않는 경우 집단의 응집성과 조직성과의 향상으로 이어지지 않거나 목표 달성에 신속한 실행을 요구하는 경우 강한 집단응집력이 오히려 성과 달성을 방해하는 요소로 작용하기도 한다.

| 오답풀이 |

② 이질적인 집단은 관점의 차이에서 집단창의성이 발현될 수 있다는 이점을 가진다.

④ 집단의 규모가 커지면 집단 내 소수의 결정에 다수가 비판 없이 따라가는 무임승차현상이 발생할 가능성이 높아진다.

⑤ 터크만은 집단의 발전과정을 형성기(Forming) → 갈등기(혼란기, Storming) → 규범기(Norming) → 성취기(Performing) → 해체기(Adjourning)의 5단계로 설명하였다.

03

| 정답 | ①

| 해설 | 시장에 신제품을 선보일 때 고가로 출시한 후 점차적으로 가격을 낮추는 전략을 스키밍가격전략이라고 한다. 생산량이 늘어날수록 재료원가와 유통비용이 감소하는 규모의 경제에서는 시장침투전략이 적절하다.

04

| 정답 | ①

| 해설 | 성장-점유율 분석이라고도 하는 BCG 매트릭스는 시장점유율과 성장률을 축으로 한다. 해당 매트릭스는 별, 황금젖소, 물음표, 개 4개의 사업으로 나누어 사분면 내에 표시하고 이를 기준으로 미래의 전략방향과 자원배분 방안을 결정하는 분석 방법이다.

05

| 정답 | ③

| 해설 | 시장세분화 시 동일한 세분시장 내에 있는 소비자들은 동질성이 극대화되도록 해야 하며, 세분시장 간에의 소비자들은 이질성이 극대화되어야 한다.

06

| 정답 | ④

| 해설 | 우드워드의 생산기술 분류에서 연속공정생산기술은 생산기술의 복잡성이 높아 생산의 전 과정이 기계화되어 있으므로 산출물의 예측가능성이 매우 높다.

| 오답풀이 |

① 페로우는 과업의 다양성과 문제분석의 가능성에 따라 기술을 네 가지로 분류하였다.

② 페로우의 기술 분류 중 일상적 기술은 과업의 다양성이 낮고 문제분석의 가능성이 높아 집권화된 의사결정과 관리가 가능하며, 업무의 공식화와 표준화가 용이하다.

③ 우드워드는 생산기술의 복잡성에 따라 생산기술을 단위소량생산기술, 대량생산기술, 연속공정생산기술로 분류하였다.

⑤ 톰슨이 정의한 조직구조의 상호작용유형에서 집합적 상호의존성은 기업 내 독립적으로 존재하는 부서들이 중개형 기술로 연결되어 있는 조직구조이다. 단위작업 사이에 관련성이 없고 각 부서는 조직의 한 부분으로 조직 전체 목표달성에 독립적으로 공헌한다.

07

| 정답 | ①

| 해설 | 베버의 법칙(Weber's Law)은 소비자가 가격변화에 대하여 주관적으로 느끼는 크기로서, 낮은 가격의 상품은 조금만 올라도 구매자가 가격인상을 느끼지만 높은 가격의 상품은 어느 정도 오르더라도 구매자가 가격인상을 느끼지 못하는 현상을 뜻한다.

| 오답풀이 |

② 유인가격(Loss Leader)이란 원가보다 싸게 팔거나 일반 판매가보다 훨씬 싼 가격으로 판매하는 상품을 말한다.

③ 유보가격(Reservation Price)이란 구매자가 어떤 상품을 구매 시 지불 가능한 최고금액을 말한다.

④ 가격 · 품질 연상 효과(Price-Quality Association)란 가격인상이 품질향상이란 인식을 유발시키는 것을 말한다.

⑤ 포만점(Satiation Point)은 소비자가 같은 상품을 연속적으로 소비할 때마다 만족도의 획득이 점차 감소하여 더 이상 만족도를 획득하지 않는 지점, 즉 소비자가 연속적인 소비에 따라 획득할 수 있는 최대의 만족도를 의미한다.

08

| 정답 | ④

| 해설 | 라인 확장은 같은 상품범주 내에서 새로운 형태, 컬러, 사이즈, 원료, 향의 신제품에 기존 브랜드명을 함께 사용하는 것이고, 기존 브랜드와 다른 상품범주에 속하는 신상품에 기존 브랜드를 붙이는 것을 브랜드 확장(카테고리 확장)이라고 한다.

1회 2회 3회 4회 5회 6회 7회 8회 9회 10회 11회 12회 13회 14회 15회 16회

09

| 정답 | ④

| 해설 | P－관리도는 제품의 불량여부를 결정하는 불량관리도로 이항분포에서 사용된다. 넓이, 무게, 길이와 같이 계량화할 수 있는 연속적 품질 측정치로는 R－관리도, X－관리도, X－R 관리도 등이 이용된다.

10

| 정답 | ③

| 해설 | 고객의 상품정보 제공에 대한 요구가 크다는 것은 고객이 제품이나 서비스에 대한 상세한 정보를 원한다는 의미이며 이런 경우는 유통단계를 줄이는 것이 유리하다.

| 오답풀이 |

① 고객이 작은 단위로 구매를 원하면(최소판매단위에 대한 유통 서비스 요구가 클수록) 작은 포장단위로 물건을 중간상에게 전달해야 하고, 고객이 큰 단위로 구매를 원하면 유통단계를 줄여야 한다(직거래해야 한다).

② 고객의 공간편의성 제공 요구가 크다는 것은 멀리 있으면 고객이 찾아갈 의사가 없다는 것으로 유통단계를 늘려야 한다.

④ 고객의 배달기간에 대한 서비스 요구가 크다는 것은 고객이 오래 기다릴 수 없다는 의미이므로 고객의 집 근처에서 바로 받아 가게 해야 한다.

⑤ 고객의 지역 분포가 넓으면 길고 다양한 유통경로가 형성되면서 유통단계가 증가하게 된다.

11

| 정답 | ③

| 해설 | 인지부조화는 구매행동 후 선택에 대한 불확신에서 오는 심리적 불편함으로 소비자가 선택한 상품이 만족스럽지 못할 때 흔히 발생한다. 주로 고관여 제품에서 발생하며 구매결정을 취소할 수 없거나 선택한 대안이 가지고 있지 않은 장점을 다른 선택지들(대안들)이 가지고 있을 때 나타난다. 소비자는 제품에 관한 정보탐색 등으로 부조화를 극복하려고 노력한다.

12

| 정답 | ①

| 해설 | 공급사슬망 중개업자의 단계수를 늘리면 공급사슬 상의 채찍효과가 오히려 증가한다. 채찍효과를 줄이기 위해서는 공급사슬 내 가시성을 높이고, 구성원 간의 정보 공유를 강화하고, 리드타임의 길이를 줄이고, 공급사슬의 단계수를 적정화시켜야 한다. 공급자 재고관리방식도 채찍효과를 줄이는 데 효과적인 방법이다.

13

| 정답 | ④

| 해설 | 코틀러의 마케팅 효과성 평가모델은 기업 내부의 마케팅 역량과 실행 단계를 고객 철학, 마케팅 조직의 통합성, 마케팅 정보의 충분성, 전략적 지향성, 운영효율성의 다섯 가지 차원으로 평가한다.

14

| 정답 | ③

| 해설 | ㉡, ㉢ TQM은 고객 만족, 지속적 개선, 모든 종업원의 참여를 특징으로 한다.

| 오답풀이 |

㉠ TQM의 지속적 개선을 위한 도구로 파레토 도표, 원인결과 도표 등 다양한 자료분석 도구들이 사용될 수는 있지만 이들의 묶음을 TQM이라고 하지는 않는다.

㉣ TQM은 과정지향적인 경영방식으로 제품과 생산공정을 지속적으로 개선하는 것을 강조한다.

㉤ TQM은 모든 종업원이 함께 참여하여 진행하는 장기적 품질혁신 프로그램이다.

15

| 정답 | ②

| 해설 | 비교우위는 두 국가 간에 상대적인 효율성이 높은 상품이나 산업을 의미하는 국가수준의 우위적 요소를 의미하는 것으로 기업측면의 전략적 우위가 아니라는 점에서 경쟁우위와는 구별되는 개념이다.

16

| 정답 | ②

| 해설 | PERT/CPM에서 낙관치(t_0)와 비관치(t_p)의 발생확률은 같고, 최빈치(t_m)의 발생확률은 두 발생확률의 4배로 가정한다. 그리고 PERT/CPM에서의 기대시간치(t_e)는 이들의 산술평균, 즉 $t_e = \frac{t_0 + 4t_m + t_p}{6}$ 이다.

낙관적 시간은 2일, 비관적 시간은 8일, 최빈 시간(정상시간치)은 5일로 추정된다면 기대시간치는 $\frac{2+4\times5+8}{6} =$ 5(일)이다.

17

| 정답 | ①

| 해설 | 후광효과는 어떤 대상이나 사람에 대한 일반적인 견해가 그 대상이나 사람의 구체적인 특성을 평가하는 데 영향을 미치는 현상이다.

| 오답풀이 |

② 중심화 경향은 지나치게 부정적이거나 긍정적인 판단을 유보하고 중간 정도로 판단하는 경향이다.

③ 최근효과는 평가 시점에서 가까운 시점에 발생한 사건에 대하여 높은 가중치를 두는 경향이다.

④ 관대화 경향은 실제 업적이나 능력보다 높게 평가하는 경향이다.

⑤ 방사효과는 매력적인 사람과 함께 있는 이의 사회적 지위나 가치를 높게 평가하는 현상이다.

18

| 정답 | ⑤

| 해설 | 기업의 사회적 책임 중에서 가장 기본적인 수준의 책임은 경제적 책임으로, 제품을 적절한 가격에 생산하여 제공하고 이윤을 추구하여 기업을 영속시키고 고용을 확보하는 책임을 말한다.

19

| 정답 | ⑤

| 해설 | 디마케팅(Demarketing)은 수요가 공급을 초과할 경우 수요를 일시적 또는 영구적으로 줄이는 마케팅을 말한다.

20

| 정답 | ②

| 해설 | b. 능력 범위 내에서 적당히 어려운 목표를 설정해야 한다.

c. 목표를 설정하는 과정에 하급자가 참여한다.

d. 목표는 구체적이고 명확하여야 한다.

| 오답풀이 |

a. 구성원들이 목표를 잘 수행할 수 있도록 계속적인 피드백을 한다.

e. Bottom-Up 방식으로 목표가 설정되어야 한다.

21

| 정답 | ⑤

| 해설 | 델파이 기법에 대한 설명이다.

보충 플러스+

델파이 기법

- 어떤 문제에 대하여 관련 전문가들의 의견을 여러 차례 교환하고 수렴함.
- 반복적인 피드백을 통해 해결방안을 전망하는 기법으로서 미국의 랜드연구소에서 개발함.
- 해당 전문가들이 직접 모이지 않음.
- 우편이나 전자메일 등 통신수단을 이용하여 의견을 제시하기 때문에 시간과 비용이 많이 소요되고 그만큼 결과 도출도 신속하지 못함.

22

| 정답 | ③

| 해설 | 평가요소는 모든 피고과자에게 공통적인 것이어야 하며 직무특성에 따라 업적, 능력, 태도 등의 고과요소가 다른 가중치를 가지고서 평가되어야 한다.

23

| 정답 | ④

| 해설 | 직무평가란 직무의 분석결과에 나타난 정보자료(직무기술서 · 직무명세서)를 중심으로 각 직무의 중요성 · 복잡성 · 난이도 · 위험성 · 책임성 등을 종합적으로 평가하여 각 직무의 상대적 가치를 결정하고 등급을 분류하는 과정이다.

24

| 정답 | ③

| 해설 | 직무충실화는 허즈버그의 2요인이론에 바탕을 두고 있다.

25

| 정답 | ②

| 해설 | 직무급은 직무의 난이도에 따라 보상이 결정되는 제도로 담당자의 직무에 대한 태도와 직무적성, 직무성과는 임금과 관계가 없다. 즉 동일직무에 동일임금이다.

8회 기출예상문제

문제 90쪽

01	③	02	④	03	⑤	04	⑤	05	③
06	⑤	07	③	08	①	09	③	10	③
11	①	12	②	13	⑤	14	④	15	④
16	②	17	②	18	⑤	19	⑤	20	③
21	④	22	③	23	②	24	①	25	②

01

| 정답 | ③

| 해설 | 유형제품에 해당하는 것은 ⓐ 디자인, ⓒ 상표명, ⓔ 포장, ⓕ 품질이다.

보충 플러스+

제품의 세 가지 수준

1. 핵심제품(Core Product) : 가장 기본적인 수준의 제품 개념으로 구매자가 제품을 구입할 때 실제로 바라는 핵심적인 편익이다. 예컨대 자동차를 구입하는 소비자는 자동차라는 물체를 구입하는 것이 아니라 '편안한 이동'을 구매하는 것이다.
2. 유형제품(Tangible Product) 또는 실제 제품(Actual Product) : 핵심 제품이 형상화된 것이라고 할 수 있으며, 이는 품질 수준, 특징, 스타일, 상표명, 포장 등의 요소로 이루어져 있다.
3. 확장제품(Augmented Product) : 구매자가 실제 제품을 구매함으로써 받게 되는 혜택의 총합을 말한다.

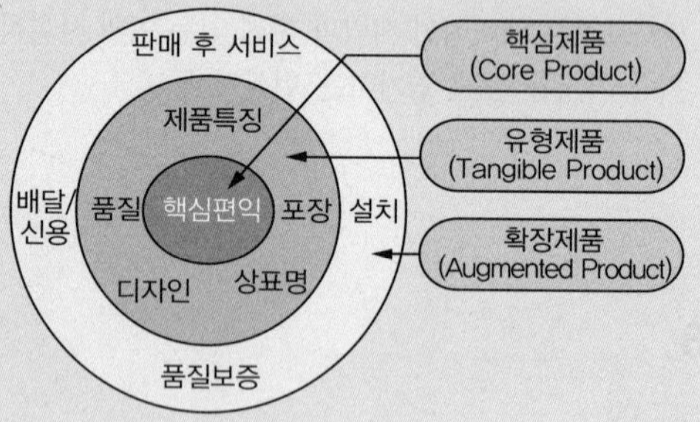

02

| 정답 | ④

| 해설 | ㉣ 자존적 편견(Self-serving Bias)은 자존의 욕구에 의해 성공은 자신의 능력 즉 내적 요인에 따른 결과이며, 실패는 환경의 문제 즉 외적 요인의 탓으로 돌리는 귀인오류이다.

㉥ 나와의 유사성(Similar to Me)효과는 자기와 유사한 사람을 후하게 평가하는 경향을 의미한다. 가령 지역이나 학교가 같다거나 혹은 종교, 환경 등이 유사하다는 이유로 피평가자를 후하게 평가하는 경향을 의미한다.

㉦ 대비효과(Contrast Effect)는 여러명의 피평가자를 평가할 경우 시간적, 공간적으로 가까이 있는 대상과 비교하면서 평가하는 오류이다.

| 오답풀이 |

㉠ 강제할당법은 피평가자들의 성적을 사전에 정한 비율로 강제로 할당하는 것으로, 모든 피평가자들을 중간 점수로 판단하는 중심화 오류를 감소시키는 방안으로 이용할 수 있다.

㉡ 상관편견(Correlational Bias)은 평가자가 서로 다른 특질을 같은 것으로 이해하고 이를 유사한 선상에서 피평가자를 평가하려는 것이다. 예를 들어 학업 성적이 좋은 학생은 책임감이 있다고 판단하거나, 창의력과 기획력을 같은 능력으로 이해하는 것 등이 있다.

㉢ 켈리의 귀인모형에 따르면 다른 사건과의 결과를 비교하는 특이성과 다른 사람의 결과와 비교하는 합의성이 낮으면 내적으로 귀속하고, 특이성과 합의성이 높으면 외적으로 귀속하게 된다. 반대로 다른 시점과의 결과와 비교하는 일관성이 높으면 내적으로 귀속하고, 낮으면 외적으로 귀속하게 된다.

㉤ 근원적 귀인오류(Fundamental Attribution Error)는 행위자의 행동이나 문제의 오류를 환경 등의 외적 요인에서 찾지 않고 행위자의 성격, 능력 등의 내적 요인에서 찾는 것을 의미한다.

㉧ 최근효과(Recency Effect)는 주로 최근의 정보를 가지고 타인을 평가하는 경향을 의미한다. 처음효과 혹은 먼저효과는 처음 획득한 정보가 의사결정에 큰 영향을 미치는 것을 의미한다.

03

| 정답 | ⑤

| 해설 | 외적 실패비용은 제품이 고객에게 전달된 후 발견된 상품의 문제에 관한 비용으로, 여기에는 불량품을 회수하고 폐기하는 비용뿐만 아니라 배달비용, 불량품을 양품으로 교환하는 데 드는 배달비용 등 고객의 불만을 처리하는 비용을 포함한다.

04

| 정답 | ⑤

| 해설 | (A) 스키밍가격이란 시장에 신제품을 선보일 때 고가로 출시한 후 점차적으로 가격을 낮추는 전략으로, 브랜드 충성도가 높거나 제품의 차별점이 확실할 때 사용한다.

(B) 베버의 법칙이란 비싸지 않은 물건에 대한 가격 변화는 작은 가격에도 쉽게 느끼지만, 비싼 물건에 대한 가격 변화는 쉽게 느끼지 못한다는 이론이다.

05

| 정답 | ③

| 해설 | 도달률이란 일정한 기간 동안 특정 광고에 적어도 한 번 이상 노출된 사람의 비율을 말하며, 빈도는 일정한 기간 동안에 한 사람당 특정 광고가 노출된 평균횟수를 의미한다. 구매주기가 긴 제품인 경우에는 일반적으로 빈도보다는 도달률을 높이는 것이 바람직하다.

| 오답풀이 |

① 정교화가능성 모델(ELM)에 의하면 고관여 소비자는 주변단서보다 중심단서에 의해 영향을 받고, 저관여 소비자는 중심단서보다 주변단서에 의해 영향을 받는다.

② 홍보는 신뢰성이 높은 반면에 통제가능성은 낮다.

④ 일정 기간 동안 제품을 구입한 사람에게 구입가격 일부를 금품으로 보상해 주는 것은 리베이트이다.

⑤ CPM(Cost Per Mille)은 광고를 1,000번 노출시키는데 드는 요금을 의미한다.

06

| 정답 | ⑤

| 해설 | 다른 사람으로부터 인정과 존경을 받고자 하는 욕구는 성장욕구가 아니라 존경욕구에 해당하며, 성장욕구라는 개념은 알더퍼의 ERG이론에서 매슬로우의 자아실현 욕구와 존경 욕구를 합친 개념이다.

07

| 정답 | ③

| 해설 | 노동과학적 기법은 작업시간연구를 기초로 조직의 하위 개별 작업장별 필요한 인력을 산출하는 기법으로 생산직종의 인력수요를 예측하는 데 활용되는 양적 인력수요 예측기법이다. 그 외의 양적 인력수요 예측기법에는 생산성 비율분석, 통계적 분석형태의 추세분석, 회귀분석, 화폐적 분석 등이 있다. 질적 인력수요 예측기법에는 시나리오 분석, 자격요건분석, 델파이법, 명목집단법 등이 있다.

08

| 정답 | ①

| 해설 | 종속제품가격결정은 보완재 중 주제품은 싸게 판매한 후 그 제품에 필요한 소모품이나 부품을 비싸게 팔아 수익을 남기려고 하는 전략이다.

| 오답풀이 |

② 묶음가격결정은 몇 개를 하나로 묶어서 할인된 가격을 제시하는 것으로 순수묶음가격(묶음상품만 판매)과 혼합묶음가격(묶음상품, 개별상품 모두 판매)으로도 분류된다.

③ 단수가격결정은 제품가격의 끝자리를 9,900원, 19,900원과 같은 단수로 표시하여 소비자들이 가격이 저렴하다고 느껴 구매하도록 하는 가격전략이다.

④ 침투가격결정은 조기시장 장악 내지는 생존 전략의 형태로 사용하는 것으로 신제품의 최초가격을 낮게 설정하는 가격전략이다.

⑤ 명성가격결정은 가격이 곧 품질일 것이라는 소비자의 심리를 이용하여 의도적으로 가격을 높게 책정하여 높은 신분의 사용자를 위한 명품임을 인식하게 하는 가격전략이다.

09

| 정답 | ③

| 해설 | ㉠ 포이즌 필(Poison Pill) 제도는 적대적 인수합병(M&A) 공격을 받는 기업이 기존 주주들에게 시가보다 싼 값에 주식을 살 수 있는 권리(신주인수권)를 주는 경영권 방어수단이다. 경영권을 노리는 기업이 해당 기업을 쉽게 인수하지 못하도록 하는 '독약'과 같은 효과를 낸다는 의미에서 포이즌 필이란 이름이 붙었다.

㉡ 차등의결권제도(Dual Class Stock)란 최대주주나 경영진이 실제 보유한 지분보다 많은 의결권을 행사할 수 있도록 하는 것을 말한다. 현행 상법상 1주당 1의결권을 원칙으로 하고 있으나, 각 기업의 정관에 따라 의결권을 0.5에서 1,000 의결권에 이르기까지 차등 부여하는 제도다. 차등의결권주식을 발행할 경우 지배주주나 경영진은 적은 지분을 가지고도 회사 지배구조에 막강한 영향력을 행사할 수 있다.

㉢ 왕관의 보석(Crown Jewel)이란 M&A 대상이 되는 회사의 가장 가치 있는 자산을 처분함으로써 대상 회사의 가치 및 매력을 감소시켜 M&A를 방지하는 것을 말한다.

10

| 정답 | ③

| 해설 | C. 모집단을 어떤 기준에 따라 서로 상이한 소집단들로 나누고, 각 소집단으로부터 표본을 무작위로 추출하는 방법은 층화표본추출법이다.

D. 체계적 오차는 측정오차가 일정한 패턴을 가지고 체계적으로 일어나는 오차의 일종으로 타당성과 관련이 있다. 비체계적 오차는 측정오차가 일정한 패턴을 가지고 나타나는 것이 아니라 무작위적으로 발생하는 것을 의미한다.

| 오답풀이 |

A. 탐색조사에 사용되는 방법으로는 문헌조사, 전문가 의견조사, 표적집단면접법, 사례연구 등이 있다.

B. 어의차이척도는 서로 상반되는 말을 양쪽 끝에 나타낸 척도이다. 응답자가 질문항목에 대한 동의나 반대의 정도를 나타내도록 하는 질문형태는 리커트 척도(Likert Scale)이다.

11

| 정답 | ①

| 해설 | 앤소프(Ansoff)의 제품/시장 매트릭스에서 신제품으로 신시장에 진출하는 성장전략은 다각화 전략에 해당한다.

	기존제품	신제품
기존시장	시장침투 전략	제품개발 전략
신시장	시장개발 전략	다각화 전략

12

| 정답 | ②

| 해설 | 자원의존이론이란 조직이 생존하고 성장하기 위해서는 환경으로부터 필요한 자원을 획득하고 적절하게 유지해야 한다는 이론이다.

보충 플러스+

자원의존이론의 기본 원리

1. 조직은 핵심 자원을 통제하는 다른 조직이나 집단의 요구에 적절히 반응해야 한다.
2. 경영자들은 조직의 생존과 환경의 제약으로부터 더 많은 자율성과 재량권을 확보하기 위해서 외부적 의존관계를 관리하려 한다.

13

| 정답 | ⑤

| 해설 | 슈퍼리더십은 리더가 종업원을 관리하고 통제하는 것이 아니라 셀프 리더로서의 성장을 도와주는 리더십으로, 부하직원들을 스스로 판단하고 행동하여 그 결과에 책임질 수 있는 자율적 리더로 키우는 것이다. 또한 부하의 주체적 존재를 인정하고 그 역량을 발휘하도록 지원하는 리더십이다.

14

| 정답 | ④

| 해설 | 전사적 자원관리(ERP)란 기업의 모든 자원을 계획하고 관리하기 위하여 업무프로세스를 통합화 · 단순화시킨 정보시스템이다.

15

| 정답 | ④

| 해설 | 내적 일관성 측정방법, 양분법, 시험-재시험 방법 등은 선발도구의 신뢰성을 측정하는 방법이다.

16

| 정답 | ②

| 해설 | 수직적 마케팅 시스템(VMS)에서 소매상 협동조합과 프랜차이즈 조직은 계약형 VMS이다.

| 오답풀이 |

① 상인 도매상(Merchant Wholesaler)은 제품의 소유권을 가지지만, 대리점(Agent)과 브로커(Broker)는 제품에 대한 소유권을 갖지 않는다.

③ 제조업자가 중간상에게 계약에 의거하여 일정 수준의 재고를 유지하도록 요구할 수 있는 것은 합법적 파워와 관련이 있다.

④ 개방적(집중적) 유통(Intensive Distribution)은 중간상의 역할이 그다지 중요하지 않은 제품에 적합하며, 제조업체의 표적시장 범위가 넓을수록 유리하다.

⑤ 채찍효과(Bullwhip Effect)는 고객이 주문한 수요정보가 유통채널을 거치면서 점점 증폭되어 생산의 비효율이 발생하는 현상을 의미한다.

17

| 정답 | ②

| 해설 | 생산 개념 마케팅은 수요가 공급을 초과하는 시대에 나타난 마케팅사고 단계이다. 이 시대는 수요에 비해 공급이 부족한 상태였으므로 기업의 관심은 판매보다 생산에 집중되었고, 고객에 대한 관심은 부차적이었다.

18

| 정답 | ⑤

| 해설 | 조립업체가 부품업체를 통합하는 것은 전방통합이 아니라 후방통합이다. 전방통합은 소비자 방향으로의 통합이다.

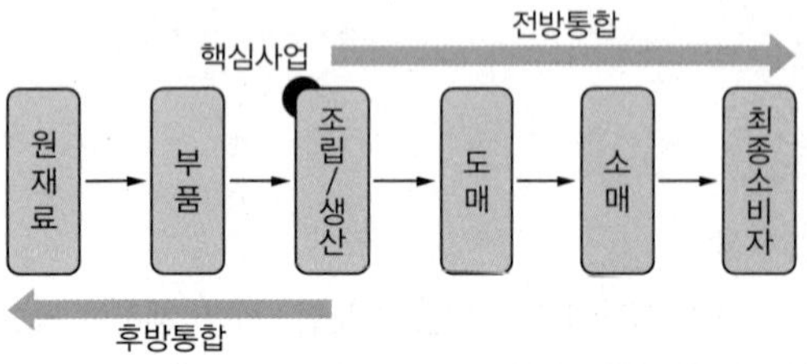

19

| 정답 | ⑤

| 해설 | Q 시스템은 정량발주 시스템으로, 지속 실사를 통해 적정 재고량을 유지해 감으로써 재고부담을 줄이는 방법이다. 따라서 관리에 대한 부담이 크다.

| 오답풀이 |

① P 시스템이 Q 시스템보다 일반적으로 더 많은 안전재고가 필요하다.

② P 시스템은 고정주문기간 모형으로 주문주기가 고정된 형태의 재고관리 모형이며, Q 시스템은 고정주문량 모형으로 주문량이 고정된다.

③ 투-빈(Two-Bin) 시스템은 재고량을 절반으로 나누어 안전재고를 확보하는 방법으로 Q 시스템의 내용을 시각화한 것이다.

④ 가격과 중요도가 낮은 품목은 P 시스템을, 가격과 중요도가 높은 품목에는 Q 시스템을 적용하는 것이 적절하다.

20

| 정답 | ③

| 해설 | 상동적 태도(Stereotyping)는 평가자가 평가 대상이 속한 집단의 특성이 평가자의 특성일 것으로 인식하는 '선입견'으로 평가자를 판단하여 발생하는 인사평가의 오류이다. 이러한 오류는 평가대상에 대한 자료에서 비롯되는 것보다는 이를 분석하는 평가자의 인식의 문제로, 이러한 오류를 방지하기 위해서는 평가자의 인식을 개선하도록 하는 교육훈련을 개시하거나, 사전에 평가 기준을 설정하는 강제할당법을 적용하는 방법 등이 유효하다.

21

| 정답 | ④

| 해설 | 임금수준은 특정 기업이나 직종에서 지급되는 임금 총액을 종업원 수로 나눈 값으로 대내외적으로 임금이 높고 낮음을 판단하는 기준이다. 근로자의 평균 근속연수는 임금수준의 결정에서는 특별히 고려되지 않는다.

| 오답풀이 |

㉠, ㉡, ㉢ 임금수준이란 일정기간 동안 기업에 내의 종업원에게 지급되는 평균임금으로 상한선은 기업의 지불가능능력(생산성기준 ; 매출액, 부가가치 등, 수익성기준-손익분기점, 원가분석 등), 하한선은 근로자의 생계비 수준 등(법에서 정한 최저임금, 단체협약 사항 등)을 고려하여 결정하되 사회적 균형(사회일반의 임금수준이나 경쟁기업의 임금수준 등)을 유지하는 범위 내에서 결정되어야 한다.

㉤, ㉥ 임금수준은 기업 외적인 요인, 즉 물가 상승이나 사회 변화 등에도 영향을 받는다.

22

| 정답 | ③

| 해설 | 직장 내 교육훈련(On the Job Training, OJT)은 훈련전문기관이 아닌 직무현장에서 상사나 선배 사원과 함께 바로 직무를 수행하면서 동시에 교육훈련을 진행하는 것으로, 현장에서 적용되는 실무를 바로 교육할 수 있어 훈련 내용이 실용적이고 교육을 이유로 업무수행이 중단되지 않아 경제적이라는 장점이 있다. 하지만 교육과정이 비체계적이고 자칫하면 직무와 훈련 모두가 제대로 이루어지지 않을 수도 있다는 단점을 가진다.

23

| 정답 | ②

| 해설 | 디마케팅(Demarketing)은 상품의 수요가 공급을 초과할 경우 기업이 상품의 장기적 판매나 사회적 책임, 프리미엄 마케팅 등을 이유로 수요를 의도적으로 줄이기 위해 구매를 제한하는 장기적 마케팅 전략을 의미한다.

| 오답풀이 |

① 선행적 마케팅 활동은 제품의 생산 이전에 이루어지는 마케팅으로 사전조사를 통해 제품의 판매량을 예측하고 마케팅 전략을 계획하는 과정이 이에 해당한다.

④ 고객생애가치(Customer Lifetime Value ; CLV)는 기업이 고객과의 장기적 관계를 계속 유지할 때 고객 개개인별로 기대할 수 있는 가치의 총합으로 장기적 측면에서의 기업의 수익지표로 활용된다.

⑤ 관계마케팅(Relationship Marketing)은 기존의 고객들과의 관계 유지로 고객충성도를 통한 장기적인 이윤 창출을 목적으로 하는 마케팅을 의미한다.

23

| 정답 | ②

| 해설 | 시장세분화(Marketing Segmentation)는 시장을 일정한 기준에 따라 동질적인 소비자 집단인 세분시장으로 나누어 분석하는 것이다. 이를 통해 기업은 세분시장별로 집중화되고 차별화된 마케팅을 진행하고, 세분시장의 특성에 적합한 제품을 개발하여 소비자의 욕구를 충족하고 경쟁 우위를 확보할 수 있다. 한편 시장세분화는 기업의 수익과 경쟁 우위를 목적으로 진행되는 것이므로 소비자 권리 보호는 시장세분화의 목적과 무관하다.

24

| 정답 | ①

| 해설 | 직무명세서와 직무기술서는 직무분석의 가장 중요한 산출물이다.

| 오답풀이 |

② 분류법, 요소비교법, 점수법, 서열법 등은 직무분석방법이 아니라 직무평가방법이다.

③ 직무기술서는 해당 직무 자체에 대한 설명이며, 직무를 수행하기 위해 필요한 지식, 기술, 능력 등의 인적 수행능력을 기술하고 있는 것은 직무명세서이다.

④ 관찰법, 질문지법, 중요사건법, 면접법 등은 직무평가방법이 아니라 직무분석방법이다.

⑤ 직무명세서는 종업원교육, 경험, 훈련, 지식 등 직무수행에 필요한 인적 자격을 주로 기록한 문서이다.

25

| 정답 | ②

| 해설 | ⓑ 고객의 다수가 혁신층인 제품수명주기는 도입기이며, 경쟁자는 소수이다. 쇠퇴기는 판매와 이익이 급속하게 감소되는 단계로 주 고객은 최종수용층이다.

ⓕ 제품의 수요량이 급증하는 성장기에는 고객층을 확대하기 위한 설득적 광고 전략이 주로 사용된다. 정보전달적 광고 전략은 시장의 주도권을 확보해야 하는 도입기에 주로 사용된다.

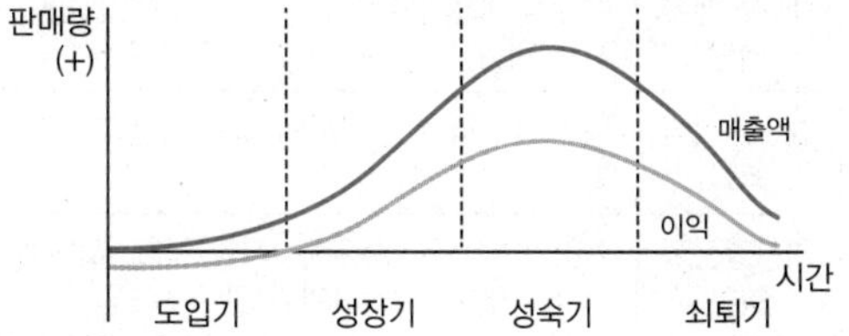

9회 기출예상문제

문제 100쪽

01	⑤	02	③	03	⑤	04	①	05	②
06	①	07	⑤	08	③	09	⑤	10	②
11	②	12	①	13	③	14	②	15	①
16	③	17	④	18	③	19	⑤	20	④
21	②	22	①	23	④	24	③	25	③

01

| 정답 | ⑤

| 해설 | 민츠버그의 경영자 역할 중 대인관계적 역할은 상징적 대표자의 역할, 지도자의 역할, 연락자의 역할을 말한다.

보충 플러스+

민츠버그(Mintzberg, H)의 경영자 역할 10가지

대인관계적 역할	상징적 대표자의 역할, 지도자의 역할, 연락자의 역할
정보관리적 역할	청취자의 역할, 전파자의 역할, 대변자의 역할
의사결정적 역할	기업가의 역할, 분쟁해결자의 역할, 자원배분자의 역할, 교섭자의 역할

02

| 정답 | ③

| 해설 | 테일러의 과학적 관리법에서는 동작연구와 시간연구를 통해 설정한 표준과업 또는 표준시간을 달성한 자에게는 높은 임금을, 실패한 자에게는 낮은 임금을 지급하는 차별적 성과급제를 시행하였다.

보충 플러스+

테일러의 과학적 관리원칙

1. 시간연구의 원리 : 모든 생산작업에 시간연구를 적용해서 모든 작업에 표준시간을 설정한다.
2. 차별적 성과급제 : 임금은 생산고에 비례하는 것으로 임금률은 시간연구에서 얻어진 표준에 따라서 정한다.
3. 계획과 작업 분리의 원리 : 경영자가 계획의 직능을 담당하고, 노무자가 담당하는 작업을 원조한다. 계획은 시간연구나 동작연구 또는 기타 과학적으로 얻어진 정확한 자료에 따라서 설정한다.
4. 작업의 과학적 방법의 원리 : 경영자는 노무자의 작업방법을 연구하며, 최선의 방법을 과학적으로 정해서 노무자를 훈련한다.
5. 경영통제의 원리
6. 직능적 관리의 원리 : 직능별 조직에 따라서 관리의 전문화를 행한다.

03

| 정답 | ⑤

| 해설 | 현재의 브랜드명을 새로운 제품범주의 신제품으로 확장하는 것을 범주 확장(Category Extention)이라고 한다.

| 오답풀이 |

① 공동브랜드(Co-Brand)란 한 제품에 두 가지 이상의 유명브랜드를 함께 사용하는 것이다.

② 라인 확장(Line Extension)이란 제품범주 내에서 새로운 형태, 사이즈, 색깔 등의 신제품에 기존 브랜드명을 함께 사용하는 것이다.

③ 리포지셔닝(Repositioning)이란 기존 제품이 그동안 가지고 있던 시장 내 위치나 소비자 의식 속에 인지되고 있는 상태를 변경시키는 것이다.

④ 차별화(Differentiation)이란 경쟁사를 상대하여 마케팅 수단을 특화함으로써 표적고객의 선호를 창출하여 마케팅 목표를 달성하려는 것이다.

04

| 정답 | ①

| 해설 | 인상형성이론은 타인을 처음 만날 때 느낌이 형성되는 것을 설명하는 이론으로, 처음 본 사람에 대한 인상형성은 매우 한정된 지식만으로 광범위한 인상을 형성한다고 보았다.

보충 플러스+

켈리(Kelly)의 귀인이론

사람들이 합의성, 특이성, 일관성 정보를 종합하여 원인 추리

- 합의성(Consensus) : 한 사람의 행동과 동료의 행동이 일치하는 정도
- 특이성(Distinctiveness) : 개인의 특정 과업에 대한 성취도가 다른 과업에 대한 행동이나 성취도에 비해 얼마나 다르냐에 대한 것
- 일관성(Consistency) : 개인의 행동이나 성취도가 어느 기간 일관성 있게 나타나는 정도

05

| 정답 | ②

| 해설 | 현혹(후광)효과란 한 분야에 있어서의 피평가자에 대한 호의적인 인상이 다른 분야에 있어서의 그 피평가자에 대한 평가에 영향을 미치는 것을 말한다.

| 오답풀이 |

① 대조(대비)효과는 시간적으로 바로 이전의 것, 공간적으로 바로 옆의 것과 대조하면서 대상을 과대 · 과소평가하는 것이다.

③ 자존적 편견은 자신의 성공원인은 내부요인으로 귀속시키고 자신의 실패원인은 외부요인으로 돌리는 경향을 말한다.

④, ⑤ 시간근접의 오류에 해당한다.

06

| 정답 | ①

| 해설 | 브룸(Vroom)의 기대이론은 과정이론에 해당한다.

보충 플러스+

동기부여이론

내용이론	사람들은 무엇에 의하여 동기부여되는가?	• 매슬로우의 욕구단계이론 • 알더퍼의 ERG이론 • 맥클리랜드의 성취동기이론 • 허즈버그의 2요인(동기-위생)이론 • 아지리스의 성숙-미성숙이론
과정이론	사람들은 어떤 과정을 거쳐서 동기부여되는가?	• 브룸의 기대이론 • 아담스의 공정성이론 • 포터와 롤러의 기대이론 • 로크의 목표설정 이론

07

| 정답 | ⑤

| 해설 | 직무평가는 직무의 중요성, 곤란도, 위험도 등을 평가해 타 직무와 비교한 직무의 상대적 가치를 정하는 방법이다. 직무평가의 평가요소는 직무의 상대적 가치를 결정하는 기준이 되는 것이며, 그 기준은 객관성 · 합리성이 있어야 하기 때문에 산업특성이라든가 산업구조의 정도에 따라 다를 수 있고, 기업 내에서도 직종에 따라 달라질 수도 있다.

08

| 정답 | ③

| 해설 | SERVQUAL 모형에서 서비스 품질의 5가지 차원은 서비스의 외관에 관한 유형성(Tangibles), 고객과 약속한 서비스를 정확하게 제공하는 신뢰성(Reliability), 고객에게 서비스를 신속히 제공하는 대응성(Responsiveness), 서비스 제공자의 지식과 태도로 믿음을 전달하는 확신성(Assurance), 인간적으로 고객을 배려하는 공감성(Empathy)으로 구성된다.

09

| 정답 | ⑤

| 해설 | CIM(Computer Integrated Manufacturing)은 생산 공정에 컴퓨터를 활용하여 생산－판매－기술을 통합하여 생산 공정을 자동화하고 공정 시스템을 통합관리하여 다품종 소량 생산에 대응하도록 하는 생산시스템이다. CIM을 사용하는 조직은 감독의 범위가 좁고, 권한계층이 적고, 전문화의 정도가 낮고 분권화된 유기적 조직에 가까운 형태를 가진다.

10

| 정답 | ②

| 해설 | ERP(Enterprise Resources Planning)란 기업의 목적을 달성하기 위한 일련의 활동을 한정된 자원을 이용하여 효율적으로 수행할 수 있도록 전사적인 차원에서 기업을 관리하게 하는 시스템이다.

| 오답풀이 |

① MRP(Material Requirement Program)란 컴퓨터를 이용하여 최종제품의 생산계획에 따라 그에 필요한 부품 소요량의 흐름을 종합적으로 관리하는 생산관리 시스템이다.

③ CRM(Costumer Relationship Management)이란 고객과 관련된 자료를 분석하여 고객의 특성에 기초한 마케팅 활동을 계획, 지원, 평가하는 관리시스템이다.

④ EMS(Electronic Manufacturing System)란 주로 휴대폰업체에서 개발한 제품을 양산하거나 자체적으로 개발한 제품을 휴대폰업체에 제안하는 일을 말한다.

⑤ BPR(Business Process Reengineering)이란 기업의 활동과 업무 흐름을 분석화하고 이를 최적화하는 것으로, 반복적이고 불필요한 과정들을 제거하기 위해 업무상의 여러 단계들을 통합하고 단순화하여 재설계하는 경영혁신기법이다.

11

| 정답 | ②

| 해설 | 지주회사(Holding Company)는 다른 회사의 주식을 소유하여 그 회사의 사업내용을 지배하는 것을 주된 사업으로 하는 기업의 집단화 중 콘체른(Konzern)의 한 형태이다.

| 오답풀이 |

① 카르텔(Kartell)은 시장 통제와 경쟁 제한을 목적으로 맺는 동종기업 간의 수평적 담합으로, 참여 기업은 법률적 · 경제적으로 독립된 상태를 유지하며 이를 통해 가격유지, 시장분할, 진입장벽의 설정 등 여러 불공정 행위를 유발할 수 있다.

③ 전략적 제휴는 다수의 기업이 각자의 전략적 목표를 위해 공동 투자, 공동 개발, 공동 마케팅, 공동 유통, 공동 서비스, 장기조달계약 등의 방법으로 협력하는 구조를 의미한다.

④ 대리인 문제는 기업의 경영을 위탁받은 대리인(전문경영인)이 위탁자인 주주의 이익에 반하는 행동을 할 위험에서 발생하는 문제로, 이를 해결하기 위해 주주가 대리인에 대한 감시를 강화하거나, 스톡옵션 등의 유인계약을 통해 대리인과 위탁자의 이해관계를 일치시키는 방안이 있다.

⑤ 징벌적 손해배상제도는 악의적이고 반사회적인 가해행위에 대해 민사상 불법행위책임에 형벌로서의 벌금을 더하여 실제 손해액보다 더 많은 배상을 명령하는 제도를 의미한다.

12

| 정답 | ①

| 해설 | 인적분할이란 모회사가 영업부문의 일부를 신설된 회사로 이전시키면서 모회사의 주주가 자회사의 주식을 취득하는 것으로, 주로 경영승계, 지주회사 설립을 목적으로 시행된다.

보충 플러스+

기업분할의 종류

1. 단순분할과 분할합병
   - 단순분할 : 회사의 부분이 독립하여 새로운 회사를 설립
   - 분할합병 : 분할된 부분이 기존의 회사와 합병
2. 소멸분할과 존속분할
   - 소멸분할 : 분할 후 기존 회사가 소멸
   - 존속분할 : 분할 수 기존 회사는 존속
3. 인적분할과 물적분할
   - 인적분할 : 모회사가 영업부문의 일부를 신설된 회사로 이전시키면서 모회사의 주주가 자회사의 주식을 취득
   - 물적분할 : 분할회사(모회사)의 영업부문 일부를 자회사에 이전시키고 모회사가 자회사의 주식을 보유하여 주주들은 자회사의 주식을 직접 취득하지 않고 물적으로만 분리

13

| 정답 | ③

| 해설 | ㉠ 비전(Vision)은 조직의 사명(Mission)과 목표(Goals)를 달성하기 위한 중 · 장기적 전략목표로 기업이 추구하는 미래상을 의미한다.

㉢ 전략을 수립한 후에는 이를 실천하기 위한 실천과제를 결정하여 실행한다.

| 오답풀이 |

㉡ 일반적으로 조직의 방향설정은 우선 조직의 사명과 목표를 설정하여 기업의 큰 방향성을 결정하고, 그 다음 단계로 외부환경과 내부역량 분석을 동시에 실행하여 이를 근거로 구체적인 경영전략을 수립하는 단계로 진행한다.

14

| 정답 | ②

| 해설 | 별(Star) 사업부는 시장점유율과 시장성장률이 모두 높아 미래의 성장기회가 풍부한 사업부로 경쟁과 사업 확장을 위한 적극적인 투자와 공격적인 마케팅 전략을 요구한다.

| 오답풀이 |

① BCG 매트릭스 또는 성장－점유율 매트릭스(Growth-Share Matrix)란 기업수준에서 각 사업단위가 속해 있는 시장의 성장률과 각 사업단위가 그 시장 내에서 차지하는 상대적 시장점유율을 기준으로 사업 포트폴리오를 평가하는 분석기법이다.

③ 황금젖소(Cash Cow) 사업부는 자금의 원천으로서 배당금이나 새로운 기업인수자금, 다른 사업부의 성장에 요구하는 투자자금을 제공하는 역할을 한다.

⑤ 개(Dog) 사업부는 시장성장률과 시장점유율 모두가 낮아서 경쟁력도 낮은 사업으로 수익성과 장래성을 기대하기 힘들다.

15

| 정답 | ①

| 해설 | ㉠ 리엔지니어링(Reengineering)은 인원 삭감, 권한 이양, 노동자의 재교육, 조직의 재편 등의 방법으로 비용·품질·서비스와 같은 핵심적인 경영요소를 획기적으로 향상시킬 수 있도록 경영구조를 근본적으로 재설계하는 기법이다.

㉡ 아웃소싱(Outsourcing)은 기업 내부의 프로젝트나 활동을 외부 기업에 위탁해 처리하는 경영전략으로 기업의 감량화를 통한 가격 경쟁력 확보와 생산성 향상을 위해 도입되었다. 아웃소싱은 제품의 생산, 유통, 포장, 용역 등의 업무뿐 아니라 경리, 이사, 신제품개발, 영업 등의 모든 분야에까지 확대되어 적용되고 있다.

| 오답풀이 |

- 리스트럭처링(Restructuring)은 한 기업이 여러 사업을 보유하고 있을 때 미래 변화를 예측하여 어떤 사업을 핵심사업으로 하고 어떤 사업을 축소·철수하고 어떤 사업을 새로이 진입하고 중복 사업을 통합함으로써 사업구조를 개혁하는 것이다.
- 크레비즈(Crebiz)는 크리에이티브 비즈니스(Creative Business)의 줄임말로, 새로운 경제자원과 기존의 사업지식 및 전문기술을 융합하는 발상의 전환으로 새로운 사업을 창출하는 것이다.
- 벤치마킹(Benchmarking)은 경제주체가 자신의 성과를 제고하기 위해 참고할 만한 가치가 있는 대상이나 사례를 정하고, 그와의 비교 분석을 통해 필요한 전략 또는 교훈을 찾아보려는 행위이다.

16

| 정답 | ③

| 해설 | ㉠ 제품수명주기상 도입기나 성장기에는 비차별적 마케팅 전략을 활용한다.

㉢ 차별적 마케팅은 다수의 표적시장을 선정하고 그 시장에 맞는 마케팅 전략을 수립, 개발, 홍보하는 마케팅 방법을 의미한다.

| 오답풀이 |

㉡ 시장세분화를 고려하지 않고 모든 시장을 대상으로 한 제품을 판매하는 마케팅 전략은 비차별적 마케팅에 해당한다. 집중적 마케팅이란 전체의 시장을 공략하는 것이 아니라 세분화된 시장의 한 부분의 시장점유율을 높여 이윤을 창출하겠다는 마케팅 방법이다.

보충 플러스+

시장세분화에 따른 마케팅 전략의 적용

구분	적용
차별적 마케팅 전략	• 각 세분시장이 명확하게 이질적일 때 • 제품수명주기에서 성숙기, 쇠퇴기로 접어들 때 • 소비자의 제품 관여도가 높은 제품의 경우 • 다양성이 높은 제품의 경우 • 총매출액 증가 및 단위비용 증가
비차별적 마케팅 전략	• 소비자의 욕구, 선호도 등이 동질적일 때 • 제품수명주기에서 도입기, 성장기에 해당할 때 • 밀가루, 설탕 등과 같은 표준적, 보편적인 생활필수품 • 대량생산, 대량유통, 대량광고
집중적 마케팅 전략	• 기업의 경영자원 부족으로 전체 시장을 지배하기 어려울 때 • 제품수명주기에서 도입기, 성장기에 해당할 때 • 다양성이 높은 제품의 경우

17

| 정답 | ④

| 해설 | ㉡ 묶음가격전략이란 여러 개의 상품을 묶어서 판매하는 것으로 더 큰 이익을 얻을 수 있는 가격 정책이다.

㉢ 단수가격(Odd Price)전략은 소매업에서 흔히 사용하는 심리적 가격전략으로, 가격을 천 단위 또는 만 단위로 정확하게 끝나게 하기보다 19,900원, 29,800원 등과 같이 그 수준에서 약간 모자란 금액으로 가격을 설정하는 것이다.

㉣ 프리미엄전략이란 기본 서비스는 무료로 이용할 수 있도록 하고, 부가 서비스나 고급 서비스는 유료화하는 가격 전략을 말한다.

| 오답풀이 |

㉠ 가격변화에 대한 지각은 가격수준에 따라 달라질 수 있다는 것은 베버의 법칙(Weber's Law)에 관한 내용이다. 베버의 법칙은 낮은 가격의 상품은 가격에 약간의 변동만 있어도 소비자가 바로 가격의 변동을 인식함에 반해 높은 가격의 상품은 약간의 가격 변동은 소비자가 이를 인식하지 못한다는 점을 설명한다. 한편 준거가격(Reference Price)이란 소비자가 제품의 실제 가격을 평가하기 위해 구매 경험이나 가격 정보를 바탕으로 그 기준으로 설정한 주관적인 표준가격(Standard Price)을 의미한다.

18

| 정답 | ③

| 해설 | 제약이론에서 생산시스템의 성과를 판단하는 척도는 단기적으로는 처리량의 극대화, 장기적으로는 재고와 운영비용의 절감으로 투자수익률을 극대화하는 것이다.

| 오답풀이 |

① 제약이론에서는 성과지표의 기준으로 순이익, 투자수익률, 현금흐름의 세 가지를 동시에 사용하는 것을 제안하였다.

② 제약자원에 대한 파악과 능력개선은 지속적으로 실시해야 한다.

④ 서로 다른 제약자원들이 동시에 존재하는 시스템에서는 제약자원 단위당 효율이 높은 것을 우선적으로 개선해야 한다.

⑤ 제약이론에서 기업의 궁극적인 목표는 돈을 버는 것으로 규정하고 있다.

19

| 정답 | ⑤

| 해설 | 행위가 일어난 횟수를 기준으로 하는 비율법은 행위가 일어난 기간을 기준으로 하는 간격법에 비해 성과와 강화요인 간에 보다 직접적인 연관성을 가져 학습효과가 더 높다.

| 오답풀이 |

① 적극적(긍정적) 강화는 바람직한 행동에 대하여 승진이나 칭찬 등의 보상을 제공함으로써 그 행동의 빈도를 증가시키는 것이다.

② 소극적(부정적) 강화는 벌이나 불편함을 중지하여 불편한 자극을 제거하는 것으로, 혐오자극을 감소시키는 반응을 획득하게 하는 도피학습과 바람직한 행위를 통해 불편한 자극을 회피하는 방법을 학습하게 하는 회피학습으로 나눌 수 있다.

③ 소거란 바람직하지 않은 행동에 대하여 기존에 주어졌던 혜택이나 이익을 제거하는 것이다.

④ 연속적 강화는 바람직한 행동이 나타날 때마다 보상을 제공하는 것이고, 단속적 강화는 간격이나 비율에 의하여 간헐적으로 보상을 제공하는 것이다. 연속적 강화는 최초로 행위가 학습되는 과정에는 단속적 강화에 비해 효과적이라는 강점이 있으나, 보상이 주어지는 시간이 길어질수록 그 효율성이 떨어지고 계속적으로 보상을 제공함에 따른 현실적인 자원의 한계가 존재한다는 약점이 있다.

20

| 정답 | ④

| 해설 | 프렌치와 레이븐은 권력을 공식적 권력과 개인적 권력으로 구분하였는데, 그중 공식적 권력에는 다른 사람에게 긍정적인 강화(보상)를 제공할 수 있는 보상적 권력(㉣), 권력자에게 순응하지 않을 경우 불이익을 부여할 수 있는 강압적 권력(㉤)과 사회적 지위에 따라 형성되는 합법적 권력(㉠) 등이 있다.

| 오답풀이 |

㉡, ㉢ 인간적 특성에 근거한 준거적 권력과 전문 지식에서 비롯한 전문적 권력은 비공식적 권력(개인적 권력)에 해당한다.

보충 플러스+

권력의 원천

공식적 권력 (직위권력)	합법적 권력	공식적 직위, 업무할당, 또는 사회적 규범 등에 기반을 둔 권력
	보상적 권력	타인에게 보상해 줄 수 있는 자원과 능력에 기반을 둔 권력
	강압적 권력	해고나 체벌, 위협 등 두려움에 기반을 둔 권력
	정보적 권력	정보에 접근하거나 통제할 수 있는 것에 기반을 둔 권력
비공식적 권력 (개인적 권력)	전문적 권력	전문지식, 특별한 기술과 지식으로부터 나옴.
	준거적 권력	호감이 가는 재주나 개인적 특징을 지닌 사람들과 동일시하고 싶은 것에 근거를 둠.
	카리스마적 권력	준거적 권력으로부터 확장된 개념. 개인적 성격, 신체적 강인함, 다른 사람들이 그를 믿고 따르게 하는 기타 능력 등을 기반으로 함.

21

| 정답 | ②

| 해설 | 1976년 홀(Hall)이 제시한 프로티언 경력(Protean Career)은 종래의 전통적 경력의 개념과 달리 개인의 가치지향과 자기목표의 달성과 그 과정에서의 경험을 경력으로 인정하는 개념으로, 개인이 주체가 되어 본인의 관심사나 능력, 가치, 환경에 따라 형성한 경력을 의미한다. 프로티언 경력에 따르면 고용관계의 심적 매개체는 피고용인의 조직에 대한 헌신이 아닌 고용인과 피고용인 간의 유연한 심리적 계약관계로 형성된다.

| 오답풀이 |

① 경력 관리의 주체는 조직이 아닌 개인이다.

③ Learn-How를 중심으로 경력을 구축한다.

④ 개인의 심리적 성공을 경력의 목표로 한다.

⑤ 개인의 성장에 따른 경력의 축적을 그 핵심가치로 한다.

22

| 정답 | ①

| 해설 | 럭커 플랜(Rucker Plan)은 부가가치에서 인건비가 차지하는 비율을 기준으로 배분액을 결정하는 제도이고, 스캔론 플랜(Scanlon Plan)은 생산물의 판매가치에 대한 인건비 비율을 기준으로 배분액을 결정하는 제도이다.

23

| 정답 | ④

| 해설 | 중요사건기록법은 직무행동 중에 보다 중요하거나 가치 있다고 판단되는 정보를 중심으로 수집하여 직무의 내용과 성질을 분석하는 방법이다. 직무 전체를 분석하여 그 직무관계를 분석할 필요가 있거나 정밀한 분석이 요구되는 경우에는 적절하지 않다.

| 오답풀이 |

① 질문지법은 다른 방법보다 신속하게 자료 수집을 할 수 있으나, 질문에 사용된 용어의 다의성에 의해 그 해석 과정에서의 오류가 발생할 수 있다는 단점이 있다.

② 관찰법이란 직무를 수행하는 사람들을 현장에서 직접 관찰함으로써 직무 활동과 내용을 파악하는 것으로, 관찰 과정에서 관찰자의 주관이 개입되어 내용이 왜곡되거나 장기간의 관찰에 많은 자원이 소요된다는 단점이 있다.

③ 체험법은 직무분석자 자신이 직무활동을 직접 체험하고 자기의 체험을 바탕으로 직무에 관한 사실을 파악하는 방법으로, 분석자가 직접 체득함으로써 생생한 직무자료를 얻을 수 있다는 장점이 있으나 체험 중의 자기반성에는 정확을 기하기 곤란하고, 실제의 직무에 종사하고 있는 작업자의 심리상태에 도달하기가 극히 어렵다는 단점이 있다.

⑤ 임상적 방법은 직무활동의 시간연구나 동작연구를 통해 직무를 분석하는 것으로 객관적이고 정확한 자료를 구할 수 있으나 시간과 경비가 많이 소요되고 절차가 복잡하여 이용하기에 용이하지 않다는 단점이 있다.

24

| 정답 | ③

| 해설 | 몰입상승(Escalating Commitment) 현상이란 어떤 판단이나 의사결정이 잘못된 것임을 알게 된 후에도 이를 취소하지 못하고 계속해서 추진해 나가는 현상을 말한다. 경제학 용어로는 매몰비용 효과(Sunk Cost Effect)에 해당된다.

| 오답풀이 |

① 과도한 확신(Overconfidence)은 조직적 관점에서 지적인 능력과 대인관계 능력이 부족한 사람들이 자신의 능력과 성과를 과신하는 경향이다.

② 과도한 집착(Overattachment)은 초기 정보에 지나치게 고착되는 경향을 말하는 것으로 일단 한번 자리를 잡고 나면 이후에 다른 정보가 들어와도 적절하게 생각을 조정하지 못하는 경향이다.

④ 확증 편향(Confirmation Bias)은 과거의 선택을 확증해 주는 정보를 수집하는 경향이 있고, 과거의 판단이 틀렸다고 하는 정보는 무시하는 경향이다.

⑤ 더닝-크루거 효과(Dunning-Kruger Effect)는 능력이 없는 사람은 잘못된 판단을 내리고 잘못된 결론에 도달하지만 자신의 실수를 알아차리지 못하므로 이에 따른 환영적 우월감으로 인해 자신의 능력을 실제보다 더 높게 평가하고, 반대로 능력이 있는 사람은 자신의 실력을 과소 평가하는 환영적 열등감을 가지는 현상을 의미한다.

25

| 정답 | ③

| 해설 | 비강압적 영향전략에 필요한 힘의 원천은 보상력, 준거력, 전문력이고 강압적 영향전략에 필요한 힘의 원천은 강압력, 합법력이다.

| 오답풀이 |

① 약속은 강압적 영향전략으로 분류되기는 하지만, 실제로 약속을 지키지 않았을 때 제재할 수 있는 수단이 마땅하지 않아 약속의 효과는 비강압적 영향전략과 동일하게 나타난다고 본다.

②, ⑤ 일반적으로 비강합적 영향전략은 경로구성원들 간의 상호이해를 촉진하여 잠재갈등의 수준을 낮추고 표출갈등을 증가시킬 수 있다. 반대로 강압적 영향전략은 경로구성원들 간의 목표와 현실인식에서의 양립가능성을 감소시켜 잠재갈등을 증가시키지만, 이로 인해 표출갈등이 줄어들지는 않는다.

④ 공급자와 유통업자의 상호의존성이 높아 힘이 균형을 이루고 있는 경우 쌍방은 강압적 전략의 활용을 자제하고 비강압적 전략을 보다 많이 사용하며, 어느 한쪽의 힘이 우월한 경우에는 강압적 영향전략을 많이 사용한다.

1회 2회 3회 4회 5회 6회 7회 8회 9회 10회 11회 12회 13회 14회 15회 16회

10회 기출예상문제

문제 110쪽

01	②	02	③	03	④	04	④	05	③
06	①	07	③	08	①	09	③	10	①
11	④	12	①	13	②	14	④	15	②
16	③	17	③	18	①	19	③	20	②
21	③	22	②	23	③	24	③	25	③

01

| 정답 | ②

| 해설 | 희석효과(Dilution Effect)는 상품이 바뀌는 과정에서 그 가치가 하락하는 효과로, 동일한 브랜드의 신제품을 기존 상품보다 낮은 가격으로 형성하는 하향적 라인확장의 경우 기존 브랜드의 고급 이미지를 희석시켜서 브랜드 자산을 약화시키는 희석효과가 발생할 위험이 있다.

상향적 라인 확장은 프리미엄 이미지 구축 등을 목적으로 동일한 브랜드의 신제품을 기존 상품보다 더 높은 가격을 책정하는 것으로 희석효과와는 무관하다.

| 오답풀이 |

① 유통업자 브랜드(PB ; Public Brand)는 유통업자가 자체적으로 기획한 브랜드로서 도 · 소매점이 스스로 위험을 가지면서 기획한 제품에 부착하는 브랜드이다.

③ 개별 브랜드(Individual Brand) 전략은 하나의 제품계열에 속해 있는 제품들에 각각의 브랜드를 개별적으로 부여하여 브랜드에 제품의 이미지를 더욱 강하게 표시하여 소비자에게 명확하게 제품의 이미지를 전달하는 전략을 의미한다.

④ 범주 확장(Category Extension)은 현재의 브랜드명을 기존 제품과 다른 범주의 신제품에 붙여 기존 브랜드의 차별적인 스타일을 도입하거나 기존 제품과의 보완제품 관계로 연결하는 등의 효과를 기대하는 마케팅 전략을 의미한다.

⑤ 복수브랜드는 기존의 제품 카테고리에 여러 개의 브랜드를 운영하는 전략으로 기존의 제품군에서 세분시장에 맞는 제품의 개발, 상표전환고객을 자사의 다른 상표로 유도하거나 시장 내 진열공간을 확보하는 등의 효과를 통해 경쟁자의 시장 진입을 방해하는 효과를 기대할 수 있다.

02

| 정답 | ③

| 해설 | 선택적 지각(Selective Perception)은 평가자가 외부 정보를 객관적으로 받아들이지 않고 자신이 가진 인지체계와 일치하거나 평가자 본인에게 유리한 것을 선택하여 지각하는 것이다.

평가자가 논리적인 상관관계가 없는 평가항목들을 상관성을 가진다고 생각하여 이를 기준으로 평가하는 것은 상관편견에 대한 내용이다.

03

| 정답 | ④

| 해설 | 델파이법(Delphi Method)은 집단사고 등을 방지하기 위해 전문가들을 서로 접촉시키지 않고 서면이나 이메일 등으로 의견을 제시받는 방법이다.

| 오답풀이 |

①, ② 마코프 체인 기법은 과거 데이터로부터 추출된 전이확률행렬을 통하여 종업원들의 재직, 이직, 승진 등의 가능성을 예측하는 기법으로, 과거 데이터로부터 추출된 전이확률행렬이 향후에도 지속될 것임을 가정하기 때문에 경영환경이 안정적인 경우에 적합하다.

③ 기능목록(Skill Inventory)은 종업원의 기본적인 정보를 입력한 데이터베이스를 의미한다. 여기에는 종업원 개인의 학력, 직무경험, 기능, 자격증, 교육훈련 경험 등이 포함된다.

⑤ 조직의 규모가 급격하게 성장하여 인력이 많이 필요한 경우에는 내부충원으로 충족시킬 수 없기 때문에 외부 모집이 필요하고, 혁신이나 새로운 사업으로의 진출 등 전략적 변화가 필요할 때에도 내부 인재풀보다는 외부 인재풀이 더 적합한 사람을 찾는데 효과적이다.

04

| 정답 | ④

| 해설 | 프로스펙트 이론에 따르면 개인은 같은 가격의 손실을 같은 금액의 이득보다 훨씬 강하게 평가한다고 보는데, 이를 손실회피성(Loss Aversion)이라고 한다.

| 오답풀이 |

①, ② 프로스펙트 이론에 따르면 개인은 가치변동을 인식함에 있어서 변동의 출발점인 준거점을 기준으로 판단한다고 보는데, 이를 준거점 의존성이라고 한다.

③ 개인은 같은 가격의 변동이라도 큰 가격에서의 변동보다 적은 금액에서의 변동에서 가치변동을 더 크게 인식하는데, 이를 민감도 체감성이라고 한다.

⑤ 복수이득분리의 법칙에서 이득은 여러 번에 걸쳐 나누어 표시하는 것이, 복수손실통합의 법칙에서 손실은 하나에 묶어서 표시하는 것이 효과적이라는 법칙으로, 이는 프로스펙트 이론의 가치함수를 통해 노출된다.

05

| 정답 | ③

| 해설 | ㉢ 상표전환 매트릭스는 이전에 특정 제품을 구입한 구매고객이 현재 어떤 제품을 구매했는지를 파악하는 방법으로, 구매고객의 상표전환율을 통해 경쟁자를 파악하는 방법이다.

| 오답풀이 |

㉠ 마케팅 근시(Marketing Myopia)는 마케팅 관점에서 멀리 내다보지 못하고 가까이 있는 것만을 바라보는 현상을 의미한다. 마케팅 근시는 경쟁의 범위를 본원적 편익수준이 아니라 제품형태 수준으로 좁게 바라봄에 따라 본원적 편익 수준에서의 경쟁을 고려하지 않아 서서히 경쟁력을 잃어가는 것을 의미한다.

㉡ 제품 제거(Production Deletion)는 고객에게 고객이 구매하려고 하는 제품을 제거한 후 나머지 제품 중에서 무엇을 구매할 것인지를 고르게 하는 방법이고, 사용상황별 대체(Substitution In-use)는 제품의 사용상황을 고려하여 사용상황별로 대체가능한 제품을 선택하게 하는 방법으로, 모두 고객 지각에 기초한 경쟁자 파악 방법이다. 한편 고객 행동에 기초한 경쟁자 파악 방법으로는 상표전환 매트릭스, 수요의 교차탄력성을 이용한 방법 등이 있다.

06

| 정답 | ①

| 해설 | 기능별 제휴는 참여기업의 지분분배 없이 기업의 연구개발, 생산, 마케팅, 기술 등에 관한 각각의 일부 분야에 한해 공동 프로젝트나 컨소시엄 등의 형태로 제한적인 제휴관계를 맺는 것을 의미한다.

| 오답풀이 |

② 제품스왑(Product Swap)은 타사의 생산품에 자사의 브랜드를 붙여 판매하는 판매제휴로, 기술을 가진 주문자가 제품 생산을 발주하고 낮은 인건비를 이용할 수 있는 위탁생산자가 생산한 제품에 발주자의 상표를 붙여 판매하는 OEM(Original Equipment Manufacturer) 방식이 해당한다.

③ 기술라이선싱은 특정한 산업재산권을 가진 기업이 제3자가 대가를 지불하고 이를 이용할 수 있도록 하는 기술도입계약을 체결하는 것을 의미한다.

④, ⑤ 합작투자(조인트 벤처, Joint Venture)는 다수의 협력사들이 각자의 지분 투자를 통해 해외 현지에 독립된 기업을 신설하여 해외진출을 하는 방식의 기업 간 전략적 제휴를 의미하며, 그 목적에 따라 핵심사업, 판매, 생산, 연구개발 등에서 다양하게 이루어진다.

07

| 정답 | ③

| 해설 | 선매품(Shopping Product)은 소비자가 정보 수집과 대안 검토 등의 구체적인 구매 계획을 통해 구매하는 제품이다. 광범위하게 유통되고 낮은 수준의 구매검토를 거쳐 구매하는 편의품(Convenience Product)과 달리 선매품은 좁은 유통망과 선별된 유통점을 통해 공급된다.

| 오답풀이 |

④ 전문품(Specialty Product)은 특정 소비자 집단의 특정한 선호에 의해 구입되는 제품으로, 소비자들이 다른 제품과의 비교 등의 과정을 통해 제품을 선택하는 노력을 하지 않는 대신, 해당 제품을 구매하기 위한 경로 탐색 등의 노력을 기울인다.

08

| 정답 | ①

| 해설 | 다차원가격전략(Multidimensional Pricing)은 고객의 구매 및 이용형태에 기초해 다양한 가격변수를 밝혀냄으로써 가격 차별화를 하는 방법으로, 하나의 가격 지불방법으로 가격경쟁을 하지 않고 선택적으로 가격 인상, 인하가 가능한 복수의 가격요소들을 전략적으로 연계한 것이다. 이에 해당하는 것으로 이중 가격제, 유료 할인 멤버십 등을 예로 들 수 있다.

| 오답풀이 |

② 구조화가격전략(Structured Pricing)은 상품의 소유구조나 가격 지불 방법을 창의적으로 다변화시키는 방법으로, 조건부 가격, 할부, 리스, 선불 등을 예로 들 수 있다.

③ 비선형가격전략(Non-linear Pricing)은 동일한 상품을 더 많이 구매하는 고객에게 가격 혜택을 제공하는 방법으로, 수량 할인, 이중 요율, 복수 이중이율, 가격 포인트 등을 예로 들 수 있다.

④ 묶음가격전략(Bundle Pricing)은 기업이 판매하는 복수의 품목을 동시에 구매하는 고객에게 차별적 혜택을 제공하는 방법으로, 언번들(Unbundle), 순수번들, 혼합번들 등을 예로 들 수 있다.

⑤ 시장침투가격전략(Market Penetration Pricing)은 시장의 진출 초기에는 낮은 가격을 책정하여 시장 내 입지를 확보하면서 가격을 점진적으로 상승시키는 전략이다.

09

| 정답 | ③

| 해설 | 상인 도매상(Merchant Wholesaler)은 취급하는 상품의 소유권을 상품을 구매하여 판단할 때까지 가지고 있으며, 대리점과 브로커는 취급하는 상품의 소유권을 가지고 있지 않다.

| 오답풀이 |

① 소매점 수레바퀴 가설(Wheel of Retailing)은 소매업태가 일정한 주기를 두고 '도입-상향이동-무력화'의 순서로 순환적으로 변화한다는 것이다.

② 전문점과 전문할인점을 비교하면 특정 종류의 제품을 취급하는 것은 동일하지만, 전문할인점이 상대적으로 낮은 수준의 서비스와 저렴한 가격을 갖고 있다.

④ 무점포 소매상이란 점포를 이용하지 않는 소매상으로 방문판매, 자동판매기, 다이렉트 마케팅이 여기에 해당된다.

⑤ 판매 대리점은 거래제조업자의 품목을 판매할 수 있는 계약을 맺고 판매활동을 하는 곳으로, 대리점은 소유권을 가지지 않는다.

10

| 정답 | ①

| 해설 | 리틀의 법칙에 따르면 안정상태에서는 재고와 산출률, 생산시스템에서의 처리시간에는 장기적인 관계가 있으며, 이를 재고=산출률×처리시간의 관계로 본다. 즉 주기시간의 변동 없이 처리시간을 감소시키면 재공품의 재고도 감소된다.

| 오답풀이 |

② 병목공정(Bottleneck Process)은 계속 가동해야 하는 공정으로 병목공정의 이용률은 비병목공정의 이용률보다 높다.

③ 이용률$=\frac{\text{실제 산출률}}{\text{생산능력}}\times 100$으로, 생산능력이 증가하면 이용률은 감소한다.

④ 생산능력이 감소하면 주기시간이 길어지는 경향이 있고, 생산능력이 증가하면 주기시간이 감소하는 경향이 있다.

⑤ 가동준비가 필요한 배치 공정(Batch Process)에서 총 생산가능시간은 일정한데 가동준비시간이 늘어나면 실제가동시간이 줄어들게 되므로, 생산능력은 감소하게 된다.

11

| 정답 | ④

| 해설 | 쌍대비교법은 평가대상 중 둘을 짝지어 비교하는 과정을 되풀이하여 순위를 결정하는 인사평가 방법이다.

사전에 정한 단계구조에 따라 구성원들을 강제로 할당하는 방법은 강제할당법이다.

12

| 정답 | ①

| 해설 | 차별화(Differentiation)는 고객이 인식하는 다양한 차원인 제품, 마케팅, 유통, 기업 이미지 면에서 경쟁기업보다 우월한 가치를 소비자에게 제공할 때 달성된다. 차별화 우위(Differentiation Advantage)란 차별화가 경쟁우위로 작용해 차별화시킨 이상의 수익을 얻는 것으로, 기업은 고객이 중요하게 생각하는 속성을 포착하고 거기에 맞게 차별화함으로써 가격프리미엄을 얻을 수 있다. 차별화 전략의 요소로는 제품의 브랜드 파워, 광고 및 마케팅 능력, 혁신적 기술, 기초연구 능력, 관리 능력 등이 있다.

시장 점유율은 산업 내에서 가장 낮은 원가를 실현하기 위해 노력하는 원가우위전략(Cost Leadership Strategy)의 요소이다. 높은 시장점유율과 대량 구매고객을 확보한 기업은 공급자에 대한 교섭력이 커지게 된다.

보충 플러스+

마이클 포터의 경쟁전략

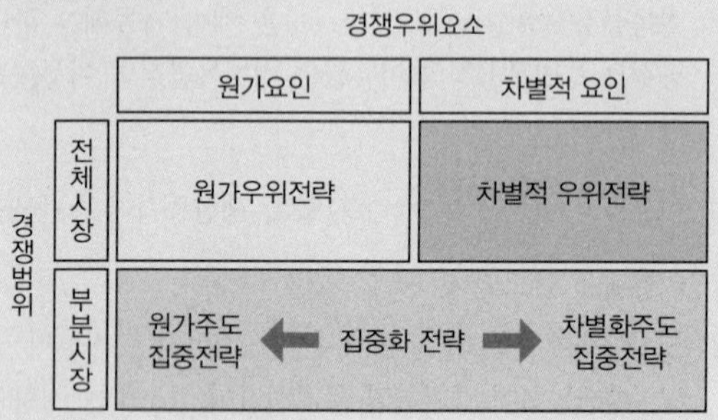

13

| 정답 | ②

| 해설 | 기업환경을 분석하는 기법인 SWOT 분석 중 기회(O)는 외적 환경요인 중 기업에 긍정적으로 작용하는 요소를 의미한다. 기업의 내적 환경요인에서 기업에 긍정적으로 작용하는 요소는 강점(S)이다.

14

| 정답 | ④

| 해설 | 분사경영(Spin-off)은 기업 내의 특정 사업단위를 독립된 자회사로 분리하여 관리하는 방식의 구조변경을 의미한다. 분사경영은 기업의 단위규모를 축소시켜 환경변화에 유연하게 대처할 수 있게 하고 분리된 자회사의 자율경영과 책임경영을 통한 성장을 기대할 수 있다는 장점이 있으나, 기업의 사업체가 독립성을 가지고 분리되면서 본사의 통제력이 약해진다는 단점이 있다.

15

| 정답 | ②

| 해설 | 자회사(子會社)는 자사의 주식을 전부 보유한 모회사(母會社)가 경영권을 지배하고 종속하고 있는 회사를 의미한다.

| 오답풀이 |

③ 투자회사(Investment Company)는 자금을 위탁받아 다른 기업에의 투자를 통해 수익을 창출하는 것을 주된 업무로 하는 회사를 의미한다.

④, ⑤ 지주회사, 홀딩컴퍼니(Holding Company)는 대기업이 보유한 자회사들을 통제하기 위해 자회사의 주식을 보유하고 경영권을 장악하기 위해 설립한 법인을 의미한다.

16

| 정답 | ③

| 해설 | 타인을 존중하는 개인의 성향은 Big 5 성격유형 중 친화성에 가까운 성격이다. 성실성은 개인의 직무성과와 가장 관련이 높은 성격유형으로, 모든 직군에서 성실성이 가장 높으면 직무성과가 높게 나타난다.

17

| 정답 | ③

| 해설 | KPI에서는 조직의 목표를 기준으로 업무를 수행하는 구성원 본인이 직접 측정 가능한 목표를 설정하고 그 달성도와 달성 과정을 성과지표로 평가한다. KPI에서 최고경영진은 구성원 본인이 직접 설정하는 목표가 조직의 발전에 기여할 수 있도록 하는 조직의 방향성을 제시하는 역할을 수행한다.

18

| 정답 | ①

| 해설 | 정리해고는 경영 악화를 방지하기 위한 사업의 양도 · 인수 · 합병 등을 포함하여 긴박한 경영상의 필요에 의해 일시적으로 근로자를 해고하는 제도로, 주로 기업의 경영상 문제로 인한 기업회복을 목적으로 하는 구조조정에 의해 발생한다.

| 오답풀이 |

⑤ 임금피크제는 일정 연령에 다다른 근로자의 정년을 보장하는 조건으로 근로자의 임금을 단계적으로 삭감하는 임금제도를 의미한다.

보충 플러스+

경영상 이유에 의한 해고(근로기준법 제24조, 제25조)
경영상 이유에 의한 해고(정리해고)는 경영 악화를 방지하기 위한 사업의 양도 · 인수 · 합병 등을 포함하여 긴박한 경영상의 이유에 의해 근로자를 일시적으로 해고하는 것을 의미한다(근로기준법 제24조 제1항). 이때의 '긴박한 경영상의 이유'란 기업의 도산, 영업실적의 악화, 경쟁력 회복 또는 증강에 대처하기 위한 작업형태 및 사업조직의 변경, 생산성 향상 및 신기술 도입, 기술혁신에 따른 사업의 구조적 변화 등이 해당되며, 객관적으로 보아 합리성이 있다고 인정될 수 있는 사유여야 한다.
다만 경영상 이유에 의한 해고는 기업의 유지 및 존속을 목적으로 진행하는 것이므로, 기업의 해산을 이유로 하는 근로자의 해고는 여기에 해당되지 않는다.
경영상 이유에 의한 해고를 진행하기 위해서는 사용자는 해고를 회피하기 위한 노력을 다했음에도 불가피한 경우에 한해 합리적이고 공정한 해고의 기준에 따라 진행해야 하며, 특히 해고기준의 설정에 있어서 남녀의 성을 이유로 하는 차별적인 해고를 하여서는 안 됨을 법률로 직접 명시하여 이를 강조하고 있다(근로기준법 제24조 제2항).
또한 위의 절차를 거쳐 근로자를 해고한 이후 3년 이내에 해고된 근로자가 해고 당시 담당한 업무와 동일한 업무를 하기 위해 근로자를 채용할 경우 해고된 근로자의 의사에 따라 우선 고용해야 할 것을 법률로 규정하고 있다(근로기준법 제25조 제1항).

19

| 정답 | ③

| 해설 | 직무를 통해 욕구가 충족될 수 있게 하는 것은 Y이론이다. X이론은 보통 인간은 가능하면 일하지 않으려고 하므로 조직목표 달성을 위한 노력을 기울이게 하기 위해서는 강제하고 통제하고 명령하며 처벌의 위협을 가하지 않으면 안 된다고 가정한다.

| 오답풀이 |

① X이론은 인간이 태어나면서부터 일을 싫어하고 책임지기를 싫어하며, 조직목표 달성에 무관심하다고 가정한다.

② Y이론은 인간은 목표 달성을 위하여 스스로 방향을 정하고 스스로를 통제하며 일한다고 가정한다.

④ Y이론의 관리자의 관리전략으로는 개인의 목표와 조직목표를 조화될 수 있도록 하는 것이 있다.

⑤ X이론은 조직의 목표를 달성하기 위해서는 타의에 의한 통제가 필요하다고 본다.

보충 플러스+

맥그리거의 X · Y이론

X이론	Y이론
• 인간은 태어날 때부터 일하기 싫어함. • 강제 · 명령 · 처벌만이 목적달성에 효과적임. • 인간은 야망이 없고 책임지기 싫어함. • 타인에 의한 통제가 필요 • 인간을 부정적(경제적 동기)으로 봄.	• 인간은 본능적으로 휴식하는 것과 같이 일하고 싶어함. • 자발적 동기유발이 중요함. • 고차원의 욕구를 가짐. • 자기통제가 가능함. • 인간을 긍정적(창조적 인간)으로 봄.

20

| 정답 | ②

| 해설 | 직무기술서는 직무분석을 토대로 직무의 성격, 내용, 수행방법 등을 간략하게 정리하여 기록된 문서로, 사무직뿐만 아니라 기술직이나 관리직 등 다양한 직무에서 광범위하게 이용할 수 있다.

21

| 정답 | ③

| 해설 | 대량생산공정(Mass Production Process)은 대규모시장을 대상으로 표준화된 제품을 대량으로 생산하는 공정의 형태이며 대표적으로 자동차산업과 같은 조립라인이 속한다.

| 오답풀이 |

① 프로젝트공정(Project Process)은 고객이 주문에 따라 일정기간 동안에 단일상품만을 생산하며, 대표적으로 건축, 선박 제조, 신제품 개발, 항공기 제조 등이 있다.

② 묶음생산공정(Batch Production Process)은 제품을 단속적으로 그룹 혹은 묶음 단위로 생산하여 단속공정이라고도 하며, 묶음의 크기가 아주 작을 경우에는 잡숍 공정(Job Shop Process)이라고도 하는데, 주로 고객의 주문에 따라 생산된다.

④ 연속생산공정(Continuous Production Process)은 고도로 표준화된 제품을 대량생산하는 공정으로 완전히 자동화되어 있으며 하루 24시간 동안 연속적으로 작업이 이루어지는 것이 특징이다.

⑤ 반복생산공정(Repetitive Process)은 고정된 생산경로와 통제된 생산속도로 따라 제품을 조립하여 생산하며, 표준화된 제품의 생산에 적합하다.

22

| 정답 | ②

| 해설 | 공급사슬의 성과척도인 재고자산회전율과 재고공급일수는 역의 관계에 있으므로, 재고자산회전율을 높이기 위해서는 재고공급일수가 작아져야 한다.

| 오답풀이 |

① 리스크 풀링(Risk Pooling)은 여러 지역의 수요를 하나로 통합했을 때 수요 변동성이 감소하는 것을 의미한다. 즉 수요변동이 있는 경우 창고의 수를 줄여 재고를 집중하면 수요처별로 여러 창고에 분산하는 경우에 비해 전체 안전재고와 평균 재고는 감소하게 된다.

⑤ 묶음단위 배치주문, 수량할인으로 인한 선구매, 비정기적인 판매촉진, 리드타임의 증가, 공급사슬단계의 증가, 공급사슬단계 구성원 간의 정보공유의 부재는 공급사슬의 채찍효과(Bullwhip Effect)를 초래하는 원인이 된다.

23

| 정답 | ③

| 해설 | 기업의 사회적 책임(CSR ; Corporate Social Responsibility)은 기업이 기업활동으로 인해 발생하는 사회·경제적 문제를 해결하여 사회적 기대를 충족시킴을 통해 기업의 사회적 정당성을 확보하는 기업활동을 의미한다.

24

| 정답 | ③

| 해설 | 가. 백기사(White Knight)는 적대적 매수자로부터 경영권의 보호를 돕는 우호적 매수자로, 적대적 M&A 방어수단에 해당한다.

나. 왕관의 보석(Crown Jewel)은 적대적 M&A에 대해 미리 회사의 주요 자산을 매각하여 회사의 자산가치를 감소시켜 M&A 시도의 의미를 퇴색시키는 방어수단을 의미한다. 적대적 M&A의 시도가 들어올 때 대상이 된 회사가 보통주 1주를 헐값에 다수의 주식으로 전환하는 권리를 부여하여 회사의 가치를 떨어뜨리는 대가로 경영자가 지분을 빠르게 확보하는 적대적 M&A 방어수단은 포이즌 필(Poison Pill)이다.

| 오답풀이 |

다. 이미 기존의 판매망을 갖춘 기업을 인수합병하면 신규투자에 비해 낮은 리스크로 시장에 진입할 수 있다는 이점을 가진다.

라. 백지위임장 투쟁(Proxy Fight)은 주주들의 의결권을 위임받아 주주총회에서 경영권 취득 등 다수의 찬성을 요구하는 과정에서의 찬성표를 확보하는 것을 의미한다.

25

| 정답 | ③

| 해설 | 자원거점적 이론은 기업이 보유한 유·무형 자원의 결합으로 기업의 경쟁 우위를 창출한다는 내용의 이론이다. 이를 위한 경쟁력 있는 자원의 특성으로 가치(Value)가 있는 자원일 것, 희소성(Rare)이 있는 자원일 것, 모방가능성(Imitable)이 없는 자원일 것, 그리고 이런 자원을 활용할 수 있는 시스템의 내부조직화(Organized)가 되어 있을 것을 요구한다.

11회 기출예상문제 문제 120쪽

01	②	02	④	03	③	04	⑤	05	③
06	②	07	③	08	④	09	②	10	①
11	②	12	①	13	④	14	⑤	15	②
16	⑤	17	①	18	③	19	④	20	②
21	④	22	③	23	④	24	③	25	②

01

| 정답 | ②

| 해설 | 마케팅(Marketing)은 제품이나 서비스에 관하여 소비자를 대상으로 하는 경영활동으로, 상품의 유통과 판촉 활동 등이 여기에 해당한다.

| 오답풀이 |

① 생산관리(Operation Management)는 기업이 자원을 효율적으로 활용하기 위해 생산 시스템을 설계하고, 이를 통해 제품이나 서비스를 생산 · 제조하고, 생산되는 제품의 품질을 관리하는 활동을 의미한다.

③ 재무관리(Financial Management)는 기업 활동에 필요한 자금을 조달하고 이를 운용하는 활동을 의미한다.

④ 인적자원관리(Human Resource Management)는 기업이 보유한 인적자원에 관한 관리활동으로 채용, 승진, 징계, 업무교육 등의 인사활동이 여기에 해당한다.

⑤ 정보시스템관리는 기업이 보유한 기업 내 네트워크를 통해 교환 및 저장되는 경영정보, 행정정보 등의 정보자원을 보호하고 관리하는 활동을 의미한다.

02

| 정답 | ④

| 해설 | 테일러는 동작연구와 시간연구를 통한 능률적 작업과 생산성 향상을 주장하였으나 종업원의 인간성을 무시한 것과 경영관리가 아닌 생산관리에 국한하였다는 비판을 받는다.

03

| 정답 | ③

| 해설 | 외부 환경의 기회(Opportunity)와 내부 환경의 약점(Weakness)에 대한 전략으로는 약점을 극복하여 이를 외부 환경의 기회에 적용하는 WO 전략이 유효하다. 내부에서 보유한 기술과 마케팅을 활용한 시장 확장은 내부 환경의 강점(Strength)을 활용한 전략이다.

| 오답풀이 |

① 전략군 분석은 한 사업 내의 유사한 패턴을 보이는 기업집단을 하나의 전략군 단위로 묶어서 분석하는 방법으로, 이를 통해 다수의 경쟁자 중 특정 전략군을 경쟁 대상으로 설정하여 경쟁 대상의 범위를 압축시킬 수 있다.

② SWOT 분석은 내부환경분석과 외부환경분석으로 구분되는데 강점(Strength)과 약점(Weakness)은 내부환경분석, 기회(Opportunity)와 위협(Threat)은 외부환경분석에 해당한다.

④ 다이내믹 산업분석모델은 산업구조를 기술, 고객, 제품/서비스로 구분하여 이 세 가지 요소가 경쟁 공간 내에서 끊임없이 변화하는 내용을 분석하는 외부환경분석법이다.

⑤ 포터의 5 Force Model의 구성요소인 기존 기업간의 경쟁, 잠재적 진입자, 구매자의 교섭력, 공급자의 교섭력, 대체제의 위협 외에 보완재의 개념을 추가한 것을 6 Force Model이라고 한다.

04

| 정답 | ⑤

| 해설 | 시장세분화(Marketing Segmentation)는 시장을 일정한 기준에 따라 동질적인 소비자 집단인 세분시장으로 나누어 각각을 대상으로 특화된 마케팅 전략을 수립하는 것을 의미한다.

05

| 정답 | ③

| 해설 | 인턴제도(Internship)는 사원 후보들을 인턴(Intern)으로 교육하여 그 중 적격자를 사원으로 채용하는 제도이다. 인턴제도를 통해 기업은 입사 전 기업의 실무에서의 적

합도를 정확하게 측정하여 인재를 발굴해낼 수 있으며, 인턴이 된 구직자는 인턴 과정에서 획득한 실무 경험이 곧 경력이 되어 취업시장에서의 경쟁력을 확보할 수 있다. 다만 기업이 인턴을 대상으로 채용을 보장하지 않고 인턴을 값싼 노동력으로 이용하여 제도를 악용하게 되는 등의 문제를 가진다.

| 오답풀이 |

② 테뉴어(Tenure)는 대학교에서 교수의 직위를 평생 보장하는 제도로, 주로 비주류 연구 분야나 반권력적 연구를 대상으로 학문의 자유와 양심을 보호하기 위해 활용된다.

④ 헤드헌팅(Headhunting)은 기업이 주로 CEO, 임원이나 기술자 등의 고급인력을 직접 영입하는 것을 의미한다.

⑤ 파트타임(Part-Time Job)은 계약을 통해 정해진 일정과 시간에만 근무하는 비정규직 채용의 한 형태이다.

06

| 정답 | ②

| 해설 | 라. 다양한 배경을 가진 사람들을 모집할 수 있는 것은 외부모집의 장점에 해당한다. 기존 인력의 이동을 통한 인력 확보수단인 내부모집으로는 외부모집에 비해 이를 기대하기 힘들다.

| 오답풀이 |

가. 인력개발을 위한 계획에는 종업원이 가진 현재의 보유능력과 미래의 잠재능력을 평가하고, 종업원의 개발욕구와 경력욕구를 분석하여 종업원이 어떠한 방향성을 가지고 자기개발을 하고 경력을 쌓기를 원하는지에 대한 분석을 포함한다.

나. 외부모집을 통해 조직 규모의 인력 수요 확대를 충족할 수 있고, 외부에서 가져 온 경험과 지식을 통한 내부의 새로운 변화를 기대할 수 있다.

다. 양적 인력수요 예측은 과거의 자료를 통해 미래를 계측하는 것으로, 이 중 시계열 분석을 통한 양적 예측은 과거의 추세 변동을 반영한 예측을 의미한다. 따라서 미래에도 반복될 때에는 높은 예측정확도를 기대할 수 있으나, 과거에는 존재하지 않았던 환경의 변화가 발생할 경우까지는 예측에 반영하기가 어렵다.

07

| 정답 | ③

| 해설 | 실무와 분리된 별도의 교육훈련장에서의 전문가에 의한 교육훈련인 직장 외 교육훈련(Off-JT)은 동시에 많은 종업원에게 통일된 내용의 교육이 가능하다는 이점이 있으나, 별도의 훈련장과 훈련을 위한 전문교육관의 배치 등의 비용 문제와 교육과 실무의 괴리 등의 단점을 가진다.

| 오답풀이 |

① 액션러닝은 소수의 팀 단위로 실제로 해결해야 하는 업무과제를 제시하여 이를 해결하는 행동과정(Action)을 통해 경험을 체득하게 하는 학습(Learning)방법을 의미한다.

④ 커크패트릭의 4단계 평가모형에서는 기업의 교육평가는 반응(Reaction), 학습(Learning), 행동(Behavior), 결과(Result)의 4단계로 구성되어야 한다고 주장하였다.

⑤ 사외전문가가 아닌 직속 상사나 선배가 개별지도 · 교육하는 것이기 때문에 지도자에 의한 계획성 없는 교육과 잘못된 관행이 전수될 가능성이 있다.

08

| 정답 | ④

| 해설 | 중심화 경향(Central Tendency)은 주로 평가자가 평가항목에 대한 낮은 이해도 등을 이유로 평가결과에 대한 논란과 비판을 피하기 위해 평가점수를 중간점수로만 부여하여 평가를 안전하게 하려는 의도로 발생한다. 강제할당법은 평가 전에 정한 비율에 따라 피고과자들을 강제로 할당하여 평가하는 방법으로, 중심화 경향을 포함한 평가자의 주관적 오류를 방지할 수 있는 평가수단으로 활용할 수 있다.

09

| 정답 | ②

| 해설 | 메인터넌스 숍(Maintenance Shop)은 조합원이 되면 일정 기간 동안은 조합원의 신분을 유지토록 하는 제도를 말한다. 조합원이 아닌 종업원에게도 노동조합비를 징수하는 제도는 에이전시 숍(Agency Shop)이다.

10

| 정답 | ①

| 해설 | 노이즈 마케팅(Noise Marketing)은 제품을 홍보하기 위해 고의적으로 제품에 관한 이슈를 만들어 소비자들에게 제품을 인식시키는 마케팅 기법으로, 주로 제품에 대한 좋지 않은 자극적인 내용의 이슈를 마케팅 수단으로 활용한다.

| 오답풀이 |

② 넛지 마케팅(Nudge Marketing)은 상품을 직접 판촉하지 않고 소비자가 자연스럽게 상품을 선택하는 상황으로 유도하는 마케팅 기법을 의미한다.

③ 니치 마케팅(Niche Marketing)은 소규모의 특정 소비층만을 목표로 하는 마케팅 기법으로, 주로 특정한 성별이나 연령대, 마니아(Mania) 등으로 구성된 소규모 시장을 대상으로 한다.

④ 다이렉트 마케팅(Direct Marketing)은 광고매체를 통해 소비자들에게 간접적으로 제품의 정보를 제공하는 것이 아닌 특정 소비자에 직접 접촉해 판촉활동을 하는 마케팅 기법으로, 제품을 소개하는 편지나 카탈로그 전송, 광고전화 등이 여기에 해당한다.

⑤ 에코 마케팅(Eco Marketing)은 제품의 친환경적 요소를 강조하거나 제품을 건 친환경 캠페인을 통해 제품의 이미지 개선과 친환경 제품을 선호하는 소비자층들의 수요를 유도하는 마케팅 기법을 의미한다.

11

| 정답 | ②

| 해설 | 표적집단면접, 문헌조사, 전문가 의견조사, 사례조사법, 관찰법은 탐색조사에 해당한다. 탐색조사는 조사문제가 명확하지 않을 때 조사문제를 찾거나 분석대상에 대한 아이디어를 얻기 위하여 하는 조사이다. 기술조사란 마케팅 현상의 특징이나 마케팅 변수 간의 관련성 여부를 파악하기위해 실시하는 조사로 종단조사(시계열조사), 횡단조사(서베이법), 패널조사(종단조사+횡단조사)가 있다.

| 오답풀이 |

① 타당성(Validity)은 측정 도구가 측정하고자 하는 개념이나 속성을 얼마나 정확하게 측정할 수 있는가를 나타내는 지표이며, 신뢰성(Reliability)은 측정하고자 하는 현상이나 대상을 얼마나 일관성 있게 측정하였는가를 나타내는 지표이다.

③ 척도에 따라 변수가 갖게 되는 정보량의 크기는 명목척도(Nominal Scale), 서열척도(Ordinal Scale), 등간척도(Interval Scale), 비율척도(Ration Scale)의 순서로 커진다.

④ 확률표본추출에는 단순무작위표본추출, 층화표본추출, 군집표본추출이 있고 비확률표본추출에는 편의표본추출, 판단표본추출, 할당표본추출이 있다.

⑤ 표본추출과 관련된 오류는 크게 표본오류와 비표본오류로 구분할 수 있으며, 비표본오류에는 관찰오류와 비관찰오류로 구분할 수 있다. 관찰오류에는 조사현장의 오류, 자료기록 및 처리의 오류가 있고 비관찰오류에는 불포함 오류, 무응답 오류가 있다.

12

| 정답 | ①

| 해설 | 구매빈도가 높고, 제품차별성이 낮고, 저가의 제품인 편의품의 경우 소비자는 제품을 선택하는 과정에서 브랜드나 상표선호도 등의 특별한 고민 없이 눈에 보이는 물건을 습관적으로 구매하는 행동을 보인다. 반대로 자주 구매하지 않는 고가의 전문품의 경우에는 소비자가 제품의 선택에 신중을 기하게 되고 그 과정에서 본인의 상표선호도에 크게 의존한다.

| 오답풀이 |

② 소비자의 인지부조화현상(Cognitive Dissonance)은 소비자가 제품을 구매한 이후 자신의 선택에 대한 불확신과 그 과정에서의 내적 정당화 과정을 의미한다. 소비자가 구매한 제품이 고관여제품일수록 상품에 대한 기대와 실제 만족도 간의 격차가 커져, 인지부조화현상은 더욱 크게 나타난다.

③ 소비자의 오감을 통해 들어온 정보는 극히 일부분만이 주의를 끌어 정보처리 시스템 내에 입력되고, 이러한 가공되지 않은 정보가 '지각'이라는 과정을 거쳐 두뇌에서 쓸모 있는 정보가 된다. 즉 자극 내의 요소에 의미를 부여하고 내용을 이해하는 과정이 지각이다.

④ 소비자의 관여도는 심리적 위험, 신체적 위험, 성능 위험 등의 제품요인과 물리적 환경, 사회적 환경, 시간 등의 상황적 요인에 영향을 받는다.

⑤ 소비자는 관여도가 높은 제품에 대해서도 과거 경험에 비추어 만족스러웠던 특정 상표에 대해서는 습관적인 구매행동을 보이는데, 이러한 소비자 행동 유형을 상표 충성도 유형이라고 한다.

13

| 정답 | ④

| 해설 | 수직적 통합성장은 주로 공급업체와 유통업체와의 통합, 중개시장과의 통합으로 유통비용을 줄이기 위한 목적 등의 기업의 경영합리화를 지향하며, 수평적 통합성장은 동종업체 간의 합병으로 시장 내 점유율의 확대, 시장지배력의 강화를 목표로 한다.

| 오답풀이 |

① 다각화 전략(Diversification Strategy)은 기업이 기존의 제품과는 다른 종류의 신제품으로 새로운 시장에 진출하는 것을 의미한다.

② GE 매트릭스는 시장매력도와 사업단위의 강점(경쟁력)을 각각 세 단계로 구분하여 전략사업을 평가하고 이를 3×3 매트릭스 형태에 배치한 형태를 바탕으로 투자 전략을 계획하는 전략적 마케팅 계획 수립법이다.

③ 침투가격전략(Penetration Pricing)은 이미 다수의 경쟁자가 있는 시장을 대상으로 저가정책을 펼쳐 수요층을 빠르게 확보하고, 이후 단계적으로 가격을 올려 수요층으로부터의 수입을 확대하는 마케팅 전략을 의미한다.

⑤ 후방통합은 생산업체가 원재료 공급업체의 사업을 인수하는 등의 방법으로 원재료의 공급 과정에 직접 관여하는 수직적 통합전략의 하나이다.

14

| 정답 | ⑤

| 해설 | 토마스 킬만은 갈등상황에 대한 개인의 반응을 자율성(독단성)과 관계성(협조성)이라는 기준을 통해 5가지로 유형화했다.

구분	특성
경쟁형	독단적, 비협력적
협력형	독단적, 협력적
타협형	균형적
회피형	비독단적, 비협력적
순응형	비독단적, 협력적

따라서 자기에 대한 관심과 자기주장의 정도가 높고 상대에 대한 관심과 협력의 정도가 낮은 경우는 경쟁형에 대한 설명이다.

15

| 정답 | ②

| 해설 | 라인 조직(직계 조직)은 경영자나 관리자를 중심으로 하는 수직적 조직형태로, 상부의 명령이 위에서 아래로 직선적으로 전달되어 관리자에 의한 통제가 용이하나 내부의 유기적 조정이 힘들다는 단점을 가진다.

이익중심점으로 구성된 신축성 있는 조직은 제품 조직(사업부 조직)에 대한 설명이다.

| 오답풀이 |

① 기능별 조직은 경영자의 아래에 각 부문마다 전문화된 관리자를 두고 작업자를 지휘하는 형태로, 안정적인 환경에서 규모의 경제를 실현하는 데 용이한 조직형태이다.

③ 제품 조직(사업부 조직)은 본부 산하의 사업부 단위로 본부장이 배치되어 독립된 관리단위로 분화된 조직형태로, 사업부 내에서의 높은 유동성을 가지나 기업이 강한 독립성을 가진 다수의 조직으로 나누어져 있어 규모의 경제효과 달성에 있어서는 다소 비효율적인 구조를 가진다.

④ 기계적 조직은 유기적 조직에 비해 체계적인 구조를 띄고 규칙이 명문화되어 있어 직무의 표준화(공식화) 정도가 높다.

⑤ 프로젝트 조직은 특정한 과제를 해결하기 위해 조직되어 목표가 달성되면 해체되는 임시조직이다.

16

|정답| ⑤

|해설| 표준화(Standardization)는 여러 제품의 규격을 하나의 기준으로 통일하는 것을 의미한다. 표준화는 특히 포드 시스템(Ford System)에서 다양한 제품의 생산에 사용하는 부품들을 표준화하여 제품의 대량생산과 생산비용의 절감을 구현하였고, 그 외에도 일정한 품질의 제품을 제공하는 품질보증, 안전규정에 따른 표준규격을 설정하는 안전관리 등의 목적으로 활용되고 있다.

17

|정답| ①

|해설| 정교화가능성모델에 대한 설명이다.

|오답풀이|

② 수단-목적사슬이란 소비자는 제품속성이라는 수단으로부터 편익이라는 목적을 달성하고, 편익은 가치라는 목적을 달성하는 수단이 되는 것이다.

③ 동화효과란 소비자에게 제시된 설득적 메시지가 소비자의 수용영역 내에 떨어지면 실제보다 더 긍정적으로 해석하게 되고, 대조효과란 소비자에게 제시된 설득적 메시지가 소비자의 거부영역에 떨어지면 실제보다 더 부정적으로 해석하게 된다는 것이다.

④ 계획적 행동이론은 피쉬바인과 아이젠의 이성적 행동이론으로 설명할 수 없는 사람들의 지각적 행동통제와 실제적 행동통제를 설명하는 이론이다.

⑤ 저관여 하이어라키모델은 저관여 제품의 소비자의 태도는 인지-행동-태도 순으로 형성되며, 소비자는 광고 등을 통해 제품의 정보를 인지하더라도 이는 태도 변화를 일으키기에 충분하지 않으므로 샘플 사용 등을 통해 행동을 유도하는 것이 태도형성에 유리하다고 본다.

18

|정답| ③

|해설| 슈퍼리더십은 구성원들이 스스로 선택하게 하고 스스로를 관리하고 자기 강화를 할 수 있도록 격려해 구성원 개개인이 리더로 성장할 수 있게 하는 리더십을 의미한다. 이를 위해 리더 스스로가 구성원들의 롤 모델이 되어야 하는 고도의 셀프리더십을 가질 것이 요구된다.

|오답풀이|

① 피들러는 리더와 부하와의 관계, 과업구조, 리더의 지위권력 등에 따라 상황을 8단계로 구분하여 각각의 상황에 따라 과업지향적 리더와 관계지향적 리더로 구분하여 정의한 리더십 상황이론을 전개하였다.

② 하우스(R. House)의 경로-목표이론은 리더는 목표 달성 경로에 있는 장애를 제거하고 경로를 설정하는 역할을 한다는 내용의 리더십 상황이론이다.

④ 변혁적 리더십은 부하들의 의식 수준의 향상을 끌어올리는 리더십으로, 부하들이 욕구계층에 따라 자신의 욕구를 순차적으로 충족시키면서 보다 높은 단계의 욕구를 추구하게 하고 기존의 업무수행 방식에 끊임없이 의문을 제기하고 새로운 방식을 사용하도록 돕는 지적 자극(Intellectual Stimulation)을 가한다.

⑤ 거래적 리더십은 리더가 행동에 따른 상황적 보상(Contingent Reward)을 통해 부하들을 바람직한 행동을 하도록 유도하는 리더십을 의미한다.

19

|정답| ④

|해설| 기술보다 규모가 조직구조에 미치는 영향이 매우 강하다는 것을 밝힌 것은 애스톤 그룹(Aston Group)의 연구이다. 우드워드(J. Woodward)는 기술적 복잡성이 조직구조적 특성에 영향을 미친다고 주장했다.

20

|정답| ②

|해설| ㉠ 관료제는 자격과 능력에 따라 규정된 기능을 수행하는 분업의 원리를 따른다.

㉡ 모든 직위의 업무는 책임소재를 분명히 하고 의사결정을 공식화하기 위해 문서로 이루어지고 보관된다.

㉣ 관료의 권한과 직무의 범위는 법규에 의해 명확하게 규정된다.

㉥ 구성원들이 정해진 절차에 의해 특정 목적을 달성하는 공식적인 조직으로서의 성격이 강하다.

21

| 정답 | ④

| 해설 | 경영자는 기업의 지분이나 소유관계와 관련 없이 직업적으로 임금을 받고 기업의 경영을 수행하는 주체로서 기업 경영에 관하여 최고의 의사결정을 내리고 경영활동 전반을 지휘 · 감독하는 사람이다. 반면 기업가는 기업에 자본을 대고 기업의 경영을 담당하는 주체로서 창의적 도전정신을 바탕으로 기업 전반에 리더십을 발휘하여 모든 위험을 직접적으로 감수하는 사람이다.

22

| 정답 | ③

| 해설 | 독소조항(Poison Pill)은 기업매수자가 인수대상기업의 경영권을 확보하려 할 때 엄청난 비용이 들도록 하는 전략으로 저가에 신주를 발행하는 것을 허용하여 적대적 합병 후 매수자에게 손실을 가하는 것이다.

사전 경고 없이 매수자가 목표기업의 경영진에 매력적인 매수 제의를 함과 동시에 위협적으로 신속한 의사 결정을 요구하는 전략은 곰의 포옹(Bear's Hug)이라 한다.

23

| 정답 | ④

| 해설 | 프리드먼과 로센만에 따르면 A형은 공격적이고 성취지향적인 사람들이다. 이들은 도전적인 일들을 즐기고 남들과 경쟁하여 승리할 때 자신의 가치를 느끼는 유형이다. 반면 B형은 A형에 비해 비교적 느긋하고 덜 공격적이며 자율을 중시한다. 이들은 단기적인 목표에 얽매이지 않으며 실패하더라도 크게 개의치 않는 낙천적 기질의 사람이다.

24

| 정답 | ③

| 해설 | 알더퍼의 ERG이론은 무엇이 동기를 유발시키는지에 대해 다룬 내용이론으로 동기를 유발시키는 인간 내부적인 실체에 초점을 둔 이론이다.

25

| 정답 | ②

| 해설 | 모듈 셀 배치는 제품설계의 모듈 설계 개념에 따라 제품의 부품들을 모듈화하고 이들 모듈을 생산하기 위한 작업장을 각각 하나의 셀로 구성하여 배치한 것이다. 대부분의 경우 하나의 셀에는 한 사람의 작업자가 셀 전체의 작업을 담당함으로써 자신이 만든 모듈에 대한 책임의식과 자긍심을 갖는다는 특징이 있다.

컨베이어 벨트와 같은 고정 통로용 자재 운반 장비가 필요한 것은 제품별 배치이다.

12회 기출예상문제

문제 130쪽

01	⑤	02	④	03	②	04	④	05	①
06	⑤	07	①	08	④	09	⑤	10	③
11	④	12	⑤	13	①	14	②	15	①
16	②	17	⑤	18	⑤	19	③	20	①
21	②	22	③	23	④	24	⑤	25	③

01

| 정답 | ⑤

| 해설 | ⓓ 권한은 조직규범에 의하여 일정한 직무를 수행하거나 타인으로 하여금 수행하게 하는 데 있어 그 합법성이 인정된 권력(Legitimate Power) 비서의 권한이 크다고 볼 수는 없다.

ⓕ 대규모 조직을 혼자 경영하는 것은 불가능에 가깝기 때문에 조직의 권한이 집중되는 정도는 조직의 규모가 커질수록 감소한다.

02

| 정답 | ④

| 해설 | 제품별 배치는 주로 미숙련공도 가능한 단순작업으로 작업기술이 복잡하지 않다.

제품별 배치 예 자동차 조립생산	공정별(기능별) 배치 예 종합병원
• 특수목적형 전용설비 • 고가의 초기투자비 • 고정경로형(신축성 낮음) • 목표-라인 밸런싱 • 단순작업(미숙련공) • 소품종 대량생산에 적합	• 일반목적형 범용설비 • 저가의 초기투자비 • 자유경로형(신축성 높음) • 목표-총운송비용 최소화 • 다양한 작업(숙련공) • 다품종 소량생산에 적합

03

| 정답 | ②

| 해설 | (A) 휴리스틱이란 시간이나 정보가 불충분하여 합리적인 판단을 할 수 없거나, 비구조적 문제와 같이 굳이 체계적이고 합리적인 판단을 할 필요가 없는 상황에서 경험을 체계화하고 정형화하여 해결책을 신속하게 발견하고자 사용하는 어림짐작의 기술이다.

(B) 분산분석이란 집단 간 종속변수 값의 평균들이 통계적으로 유의한 차이가 있는지를 분석하기 위해 3개 이상의 집단 간 평균의 차이를 검정하는 분석방법이다.

04

| 정답 | ④

| 해설 | 비공식조직은 구성원들의 심리적 안정감이나 욕구불만의 발산처가 되기도 하지만 개인의 불만이 조직으로 확산됨으로써 파벌형성과 갈등 확대가 공식조직의 심리적 불안감을 조성하기도 한다.

05

| 정답 | ①

| 해설 | (A) 사회판단이론은 호블랜드와 셰리프가 주장한 것으로, 인간은 외부의 물리적 자극을 나름대로 의미 있는 심리적 판단 기준에 따라 범주화하는 경향이 있다는 이론이다. 동화효과는 특정 메시지를 수용할 시 태도의 준거점과 일치하지 않더라도 더 가깝게 이동하는 현상이고, 대비효과는 특정 메시지를 수용할 시 태도의 준거점으로부터 멀어지는 현상이다.

(B) 계획적 행동이론에서는 소비자가 물품을 구매하는 행동은 소비자가 스스로 통제하고 있지 않으며, 그러한 행동의 의도에는 소비자 자신이 그러한 능력을 가지고 있는지에 대한 인식과 구매에 따른 사회의 기대와 압력 등이 복합적으로 작용한다고 본다.

06

| 정답 | ⑤

| 해설 | 매슬로우는 생리적 욕구, 안전 및 안정 욕구, 사회적 욕구 자아 및 존경 욕구, 자아실현 욕구의 5단계를 보여주고 있다. 권한위임에 대한 욕구는 매슬로우가 제시한 욕구단계이론의 내용과는 관계없다.

07

| 정답 | ①

| 해설 | 다른 사람들과 잘 어울리는 성향은 외향성에 해당하는 설명이다. 개방성은 새로운 것에 대해서 호기심이 많고 새로운 것을 잘 받아들이는 성향을 의미한다.

08

| 정답 | ④

| 해설 | 기업의 지급능력은 임금수준의 상한선을 결정한다.

09

| 정답 | ⑤

| 해설 | 블레이크(Blake)와 머튼(Mouton)의 관리격자모형(Managerial Grid Model)에서는 상황과 관련없이 가장 유효한 리더십 스타일이 있다고 간주하고 생산과 인간 모두에 높은 관심을 가지는 팀형(9, 9)을 이상적인 리더십으로 보았다.

| 오답풀이 |

① 허시(Hersey)와 블랜차드(Blanchard)는 부하의 의지가 낮고 능력도 낮은 경우에는 과업지향행위는 높고 관계지향행위는 낮은 지시형 리더십이 적절하다고 하였다. 리더와 부하의 관계를 상황변수로 사용한 것은 피들러이다.

② 리더-구성원 교환관계이론(Leader-Member Exchange Theory) 또는 수직쌍관계이론(Vertical Dyad Linkage Theory)에 의하면 리더와 부하가 내집단(In-Group)의 관계일 때, 상사와 부하는 매우 친밀하며 비공식적 관계를 많이 맺고 자주 접촉한다. 리더와 부하가 외집단의 관계일 경우, 상사와 부하는 공식적인 범위 내에서만 관계를 유지하는 경향이 있다.

③ PM(Performance and Maintenance)이론에서는 리더십을 성과지향(P)과 유지지향(M)을 기준으로 PM, Pm, pM, pm의 네 가지로 분류했는데, 이 중에서 성과지향을 더 높게 평가(Pm>pM)하였다.

④ 부하의 역할과 목표를 명확하게 제시하고 부하 개개인의 욕구에 관심을 가지며, 부하들을 지속적으로 격려하는 것은 변혁적 리더의 특성이다.

10

| 정답 | ③

| 해설 | ㉠ 상사와의 관계, ㉢ 회사 정책 및 관리방식, ㉣ 작업조건은 위생요인에 해당하며, ㉡ 성취, ㉤ 인정은 동기요인에 해당한다.

11

| 정답 | ④

| 해설 | 요소비교법(Factor Comparison Method)은 가장 중심이 되는 몇 개의 기준 직무를 선정하고 각 직무의 평가요소를 기준 직무의 평가요소와 결부시켜 비교함으로써 모든 직무의 상대적 가치를 결정하는 방법이다.

| 오답풀이 |

① 서열법(Ranking Method)은 직무의 수가 많을 경우에는 사용하기 곤란하다.

② 핵크만(Hackman)과 올드햄(Oldham)의 직무특성이론에 의하면, 과업중요성이 높은 직무를 수행할수록 직무에 대한 의미감을 많이 느끼게 된다.

③ 재량권과 책임에는 변화를 주지 않고, 수행하는 작업의 종류만 증가시키는 직무재설계 방법은 수평적 직무확대이다. 직무충실화는 수직적 직무확대로 재량권과 책임의 변화가 따라온다.

⑤ 분류법(Classification Method)은 직무의 수, 복잡도 등을 기준으로 사전에 설계된 등급과 기준에 따라 직무를 판정하는 방법으로, 평가기준이 간단명료하다는 장점을 가진다. 하지만 등급기준의 신뢰도 문제와 사회변화에 따른 판정기준의 변동에 대한 요구에 대처가 힘들다는 단점이 존재한다.

12

| 정답 | ⑤

| 해설 | • 직무확대(Job Enlargement)는 전문화된 단일과업을 수평적으로 확대하여 과업의 수를 늘리는 것인 반면, 직무충실화(Job Enrichment)는 종업원의 직무를 수직적으로 확대하여 직무의 책임을 증가시키는 것이다.

• 직무명세서(Job Specification)에는 교육 경험, 지적 능력과 지식, 직무 경험, 업무 기술이 명시되는 데 비해, 직

무기술서(Job Description)는 직무의 명칭, 직무개요, 직무의무와 책임이 명시된다.

13

| 정답 | ①

| 해설 | 컨조인트 분석(Conjoint Analysis)은 실험설계에 의해 구성된 다속성자극물(Multiattribute Stimuli)에 대한 소비자의 선호를 수리적으로 분석하여 어떤 제품이 갖고 있는 속성마다 고객이 부여하는 효용을 추정함으로써, 그 고객이 선택할 제품을 예측하는 기법이다.

14

| 정답 | ②

| 해설 | 일반적으로 국민건강보험과 국민연금, 일부 고용보험은 50%를 근로자가 부담하고 50%를 회사에서 지원하며, 산업재해보상보험은 회사가 전액을 부담한다.

| 오답풀이 |

① 임금수준을 결정할 때에는 최저임금액, 종업원의 생계비 수준은 하한선으로, 손익분기점은 상한선으로, 경쟁기업의 임금수준은 비교기준으로 고려된다.

③ 직능급을 적용할 경우 동일한 직무를 수행하더라도 종업원이 보유한 보유능력이 다르면 종업원의 임금액이 달라질 수 있다.

④ 직무급 도입을 위해서는 직무 간 상대적 난이도를 평가하기 위하여 직무평가를 수행하는데, 직무평가에는 직무수행을 위해 필요한 숙련의 정도, 책임의 정도, 작업조건 등 직무수행요건에 대한 평가가 포함되어야 한다.

15

| 정답 | ①

| 해설 | 황금젖소에 속해 있는 사업단위는 높은 점유율과 높은 매출로 인해 유입되는 현금이 많으며 저렴한 원가구조를 달성한 경우가 많다. 따라서 설비투자에 대한 요구도 많지 않다.

| 오답풀이 |

② 물음표 영역은 성장가능성이 커서 신규투자가 필요한 사업단위의 영역이다.

③ 개 영역에 속한 사업단위는 확대전략이 아니라 철수전략을 생각하여야 한다.

④ 별 영역에 속한 사업단위는 철수나 매각이 아니라 성장전략을 추진하여야 한다.

⑤ BCG 매트릭스는 상대적 시장점유율과 산업성장률을 기준으로 사업을 네 가지로 분류하여 성장-점유율 분석(Growth-Share Matrix)이라고도 한다.

16

| 정답 | ②

| 해설 | 다면평가는 상사의 부하에 대한 평가뿐만 아니라 대상자의 동료, 부하, 고객 등 다양한 계층의 사람들이 평가자로 참여하는 것을 의미한다.

| 오답풀이 |

① 프로브스트법은 행동견본이 기록된 표현문장 중 피평가자에게 가까운 항목을 체크하고 여기에 할당된 채점기준표에 따라 채점을 하는 체크리스트 평가법으로, 이 방법을 통해 평가자는 피평가자의 행동을 객관적으로 판단하게 되어 피평가자에 대한 좋은 인상이 이와 관계없는 평가에까지 영향을 주는 현혹효과(Halo Effect)를 방지할 수 있게 된다.

17

| 정답 | ⑤

| 해설 | 서비스 수준은 재고부족이 일어나지 않을 확률을 의미한다. 기업에서 요구되는 서비스 수준이 낮다는 것은 재고부족이 발생해도 허용해 주겠다는 것을 의미하므로 낮은 서비스 수준을 달성하는 데 필요한 안전재고 수준은 낮아진다. 반대로 기업에서 요구하는 서비스 수준이 높다면 안전재고 수준은 높아진다.

18

| 정답 | ⑤

| 해설 | 주식은 액면가를 표시한 액면주와 액면가를 표시하지 않고 지분율 혹은 주식 수만을 기재하는 무액면주로 분류한다. 주식에서의 액면가란 주식의 실물에 인쇄되어 있

는 가격으로 주식회사가 주식을 발행 교부할 때 그 주식의 권면에 인쇄되어 있는 금액을 의미한다. 액면가에 그 회사가 발행한 총주식수를 곱한 금액이 그 회사의 자본금이 된다. 시가는 액면가와 발행가에 관계없이 현재 시장에서 유통 거래되는 가격으로 시가에 총발행주식수를 곱하면 그 회사의 현재 기업가치가 산출된다.

19

| 정답 | ③

| 해설 | 조직의 관리과정으로 계획, 조직, 명령, 조정, 통제의 다섯 가지 요소를 제시한 이론은 페이욜의 고전적 관리이론이다. 테일러의 과학적 관리법은 조직 관리자의 이론보다는 노동자의 작업관리법에 더 초점을 맞추고 있다.

20

| 정답 | ①

| 해설 | 단위 기간당 발생하는 총재고비용을 최소화하는 1회 주문량을 구하는 EOQ 모형에서는 단일 품목을 대상으로 그 수요는 확정적이며 일정함을 가정한다.

| 오답풀이 |

② EOQ 모형에서 조달시간은 고정되어 있음을 가정한다.

③ EOQ 모형에서 수량할인은 없다고 가정한다.

④ EOQ 모형에서 주문비용은 주문량에 관계없이 일정함을 가정한다.

⑤ EOQ 모형에서 각 품목에 대한 단위 기간 중의 수요는 정확하게 예측할 수 있다고 가정한다.

21

| 정답 | ②

| 해설 | 스키밍가격이란 시장에 신제품을 선보일 때 고가로 출시한 후 점차적으로 가격을 낮추는 전략으로, 브랜드 충성도가 높거나 제품의 차별점이 확실할 때 사용한다.

| 오답풀이 |

① 마케팅 근시안이란 고객에게 제공되는 편익에 대해서 살펴보지 않고 근시안적으로 구체적인 제품에만 주의를 기울여서 즉, 경쟁의 범위를 너무 좁게 봄에 따라 서서히 경쟁력을 잃어 가는 현상을 의미한다.

③ 리베이트란 상품을 구입한 사람에게 일정금액을 되돌려 주는 행위를 의미한다.

④ 소비자의 고려 대상에 포함된 상품이나 브랜드를 고려 상표군이라고 한다.

⑤ 스놉 효과는 타인과 차별화하고자 하는 심리로 인해 대중적으로 인기를 끌고 있는 제품의 선택을 회피하게 되면서 인기제품의 수요가 역으로 감소하게 되는 현상을 의미한다. 대중적으로 유행하고 있다는 사실과 정보로 인해 인기에 편승하는 수요가 증가하는 현상은 밴드왜건 효과이다.

22

| 정답 | ③

| 해설 | 기회비용체증의 법칙이란 생산자가 자신에게 주어진 일정량의 자원을 효율적으로 사용해 여러 재화를 생산할 때, 어느 한 재화의 생산을 늘려 나갈수록 그 재화 생산의 기회비용이 점차 높아지는 현상을 말한다.

23

| 정답 | ④

| 해설 | 제조업체는 소품종 대량생산을 하는 반면, 소비자는 다품종 소량구매를 한다는 점에서 제조업체와 소비자의 불일치가 발생하게 된다. 유통업체는 그 중간에서 다수의 제조업체로부터 제품을 대량으로 구매하고, 이를 소품 포장하여 소비자에게 제공하는 역할을 수행하여 가치를 창출하는데, 이를 형태의 가치라고 한다.

| 오답풀이 |

① 유통기관의 참여는 생산자와 소비자 간의 직접 거래에 비해 유통경로상의 거래 횟수를 줄여 거래비용을 감소시키는 역할을 수행한다.

② 거래 장소의 가치는 제조업체에게 물품을 판매하는 장소를 제공하고, 소비자가 물품을 구매하는 장소를 제공하여 가치를 창출하는 것이다.

③ 탐색의 가치는 제조업체가 물품을 판매할 대상을 탐색하고, 최종소비자가 물품을 구매할 대상을 탐색하는 과정을 용이하게 하여 가치를 창출하는 것이다.

24

| 정답 | ⑤

| 해설 | 에이전시 숍은 노동조합의 운영으로 발생하는 수혜를 비노동조합원에게도 적용한다는 형평성의 문제를 보완하기 위해 노동조합원이 아닌 노동자에게도 조합비를 납부받는 제도이다. 노동조합원에게 우선채용권이 주어지는 제도는 프레퍼렌셜 숍(Preferential Shop)에 해당한다.

| 오답풀이 |

③ 파업, 보이콧(Boycott) 등의 노동쟁의의 실력행위(쟁의행위)는 조정절차 이후 중재절차 이전에 발생하나, 일반적으로 노동쟁의는 조정절차 이전의 절차인 노사교섭이 결렬된 이후 그 실력행위의 존재 여부를 불문하고 이미 발생한 것으로 본다.

25

| 정답 | ③

| 해설 | 전사적 품질경영(Total Quality Management, TQM)은 품질 관리에 고객 만족의 개념을 포함하여, 제품 생산에 관한 모든 분야에서 기업의 모든 구성원들이 고객 만족을 목표로 하는 품질을 개선하려는 관리활동을 의미한다.

| 오답풀이 |

① 예방적 품질관리는 품질 관리에 있어 불량품 발생을 예방하는 것에 초점을 맞추는 품질관리를 의미한다.

② 통계적 품질관리(Statistical Quality Control)는 품질 관리의 방법으로 통계적 원리와 기법을 응용하는 것을 의미한다.

④ 6시그마(6 Sigma, 6σ) 정책은 100만 개의 제품 중 3.4개의 불량률을 목표로, 불량률을 최소화하고자 하는 기업철학이자 품질관리 활동을 의미한다.

⑤ 통계적 공정관리(Statistical Process Control, SPC)는 생산라인의 공정에서 발생하는 데이터를 수집, 분석하여 공정상의 문제점을 파악하고, 비능률적인 요소를 제거하여 공정품질을 확보하는 시스템을 의미한다.

13회 기출예상문제

문제 140쪽

01	⑤	02	③	03	④	04	②	05	③
06	③	07	④	08	②	09	④	10	②
11	②	12	③	13	⑤	14	①	15	①
16	②	17	②	18	①	19	①	20	②
21	④	22	②	23	④	24	④	25	①

01

| 정답 | ⑤

| 해설 | 포드는 고임금 저가격의 포디즘이라는 경영철학을 제시하였다. 이는 3S와 이동조립법을 근거로 한 대량생산을 통해 자동차 가격을 낮추어 질 좋은 제품을 싸게 공급함으로써 얻은 수익을 종업원에게 고임금으로 지급하는 방식이다.

| 오답풀이 |

① 테일러는 차별성과급제를 통해 저노무비 고임금을 주장하였다.

② 메이요는 호손 실험을 통해 인간관계론을 주창하였고 이 실험의 결과 비공식적 조직을 중요성을 강조하였다.

③ 베버는 관료제 조직을 가장 이상적 조직으로 보고 분업, 명확한 계층, 규칙과 규정 및 절차에 입각한 의사결정과 고도의 공식적 절차 등을 강조하였다.

④ 페이욜은 기업의 활동을 여섯 가지로 분류하고, 기업을 관리하기 위한 14가지 일반관리원칙을 제시하였다.

02

| 정답 | ③

| 해설 | ㉢ 복수브랜드는 기존의 동일한 범주 내에서 여러 브랜드를 사용하는 것으로, 각각의 세분 시장마다 별도의 개별 브랜드를 도입하는 것이다.

| 오답풀이 |

㉠ 기존 브랜드와 다른 제품 범주에 속하는 신제품에 기존 브랜드를 붙이는 것은 브랜드 확장(Brand Extension)이다.

1회 2회 3회 4회 5회 6회 7회 8회 9회 10회 11회 12회 13회 14회 15회 16회

㉡ 라인 확장을 할 때 자기잠식(Cannibalization)의 위험성은 상향 확장보다 하향 확장에서 높다. 하향 확장 시 기존의 고급이미지가 약화되는 희석 효과와 자기잠식 가능성이 크다.

㉣ 카테고리 확장(Category Extension)은 서로 다른 제품군에 동일한 브랜드명을 사용한 신제품을 출시하는 것을 의미한다. 동일한 제품군 내에서 형태, 성분, 포장 등을 다르게 하여 동일한 브랜드의 제품을 출시하는 것은 라인 확장이라고 한다.

03

| 정답 | ④

| 해설 | 조직의 구조적 차원에서 통제의 범위(Span of Control)는 한 사람이 통제할 수 있는 인원수를 의미한다.

04

| 정답 | ②

| 해설 | ㉡ 집단사고(Groupthink)는 지나치게 동질적인 집단이 그 동질성으로 인해 지나치게 비합리적인 의사결정을 하는 경우를 말한다. 즉 개인의 생각은 사라지고 집단이라는 새로운 의사결정단위가 의사결정을 수행하는 것이다.

㉥ 다이어트를 하는 학생들이 하지 않는 학생들에 비해 과거보다 식품 관련 광고가 더 많아졌다고 느끼는 것은 지각적 경계 또는 지각적 탐색(Perceptual Vigilance)에 해당된다.

| 오답풀이 |

㉠ 피평가자의 면접순서는 최근효과 및 대비효과를 유발할 수 있다.

㉢ 사람들은 자신의 행동에 대한 원인을 찾을 때에는 주로 외적인 요인에 주목하는 성향이 강하고, 타인의 행동에 대한 원인을 찾을 때에는 주로 그 사람의 내적인 요인에 주목한다.

㉣ 제한된 합리성하에서 개인은 만족할 만한 수준의 대안을 찾는 의사결정을 한다.

㉤ 통제의 환상이란 하버드 대학교 심리학자인 앨런 랭어(Ellen Langer)가 지칭한 용어로, 객관적인 외부 환경을 자신의 뜻대로 만들어 갈 수 있다고 믿는 심리적 상태를 의미한다.

05

| 정답 | ③

| 해설 | 목표에 의한 관리(MBO ; Management By Objective)는 피드백(환류)을 중시하여, 목표를 달성하는 과정에서 그 목표가 수정될 수 있음에 긍정한다. 다만 MBO는 목표의 설정에 있어서 그 목표가 구체적일 것을 요구하므로, 이를 위해서는 목표를 명확하고 구체적으로 설정할 수 있는 안정된 환경을 요구한다. 즉 목표 설정 자체를 어렵게 하는 급격한 환경 변화에는 대응하기 어렵다는 한계점을 가진다.

06

| 정답 | ③

| 해설 | 시장 진입장벽이 높아 경쟁자의 진입이 어려운 경우 고가격 정책인 스키밍가격전략(Skimming Pricing)이 많이 활용된다.

07

| 정답 | ④

| 해설 | 전문품에 적합한 경로 커버리지는 집약적 유통이 아니라 전속적 유통이다.

| 오답풀이 |

① 완전기능 도매상은 가장 전형적인 도매상으로, 제품 판매에 관련한 거래와 유통, 촉진 등의 모든 활동을 직접 수행하는 도매상을 의미한다.

② 방문판매와 다단계판매는 모두 무점포형 소매상이다.

③ 경매상은 판매위탁을 받고 일정한 시간과 규칙에 따라 경매의 형태로 상품을 판매하고 수수료를 수익하는 대리상이다.

⑤ 유통은 마케팅 활동의 일환으로 자사의 제품이나 서비스를 고객에게 제공할 유통경로를 결정하고 새로운 시

장기회와 고객 가치를 창출하는 일련의 활동이지만, 광의의 유통은 정보의 유통과 금융의 유통을 모두 포함한다.

08

| 정답 | ②

| 해설 | ZD(Zero Defect) 프로그램은 품질개선을 위한 동기부여 프로그램으로 통계적 품질관리의 적용을 강조하는 것이 아니라 종업원 각자에게 자율성을 부여하여 불량발생 가능성을 사전에 예방하고자 한다.

09

| 정답 | ④

| 해설 | 서비스 청사진(Service Blueprint)은 서비스를 생산하고 제공하는 데 필요한 모든 활동과 절차를 묘사하고 설명해 놓은 것으로서 서비스 단계별 '고객의 행동, 종업원의 행동, 종업원 지원 프로세스'에 대해 가시선을 기준으로 나누어서 제시하는 플로 차트(Flow Chart)이다.

10

| 정답 | ②

| 해설 | 수직적 마케팅시스템의 종류로는 계약형 VMS, 기업형 VMS, 관리형 VMS가 있다. 소유권의 정도와 통제력의 강도는 '기업형 > 계약형 > 관리형'의 순으로 강하게 나타난다.

11

| 정답 | ②

| 해설 | SWOT 분석은 기업의 내부환경과 외부환경을 분석하여 강점(Strength), 약점(Weakness), 기회(Opportunity), 위협(Threat) 요인을 규정하고 이를 토대로 경영전략을 수립하는 기법으로, 미국의 경영컨설턴트인 알버트 험프리(Albert Humphrey)에 의해 고안되었다. SWOT 분석의 가장 큰 장점은 기업의 내 · 외부환경 변화를 동시에 파악할 수 있다는 것이다. 기업의 내부환경을 분석하여 강점과 약점을 찾아내며, 외부환경 분석을 통해서는 기회와 위협을 찾아낸다.

12

| 정답 | ③

| 해설 | MRP(Material Requirements Plan)는 독립수요품의 조립에 필요한 자재나 부품(종속수요품)의 소요량 및 소요계획을 역산하여 자재조달계획을 수립하는 시스템이다.

| 오답풀이 |

① TQM(Total Quality Management)은 종합적 품질경영으로 품질관리 책임자뿐만 아니라 마케팅, 생산 등 기업의 모든 구성원이 함께 품질관리를 하며 고객의 요구에 부응하는 시스템이다.

② FMS(Flexible Manufacturing System)는 개별 자동화체계와 기술이 하나의 생산시스템 내에서 통합된 공장자동화 생산형태로서 다품종 소량생산을 가능하게 하는 시스템이다.

④ SCM(Supply Chain Management)은 공급체인 내의 모든 구성요소들을 하나의 운영체계로 통합하여 공급체인 전체의 최적화를 추구하는 시스템이다.

⑤ SPC(Statistical Process Control)는 생산공정에서 발생하는 통계자료를 수집하고 이를 분석하여 공정상의 문제를 찾아 제거하는 시스템이다.

13

| 정답 | ⑤

| 해설 | 매슬로우(Maslow)의 욕구이론에 따르면 생리 욕구 – 안전 욕구 – 소속 욕구 – 존경 욕구 – 자아실현 욕구의 순서로 욕구가 충족된다.

14

| 정답 | ①

| 해설 | 리더 – 부하 교환이론(LMX)은 리더가 부하들의 능력, 기술 및 책임을 지려는 동기 수준의 차원에 따라 자신의

부하들을 내집단과 외집단으로 구분하여 서로 다르게 대우하면서 리더와 부하가 사용하는 세력의 유형 및 강도가 달라지는 것을 말한다.

| 오답풀이 |

② 허쉬(Hersey)와 블랜차드(Blanchard)의 상황이론에 따르면 참여형 리더십 스타일의 리더보다 설득형 리더십 스타일의 리더가 과업지향적 행동을 더 많이 한다. 허쉬와 블랜차드의 모형에서 언급한 과업지향적 행동의 크기에 따른 리더십 유형은 지시형 > 설득형(지원형) > 참여형 > 위임형이다.

③ 피들러(Fiedler)의 상황이론에 따르면 개인의 리더십 스타일을 LPC척도에 따라 과업지향형과 관계지향형으로 분류하고, 일정 부분 리더십 유형은 고정되어 있다는 가정하에 리더–구성원 간의 관계, 과업구조, 리더의 직위권한이라는 상황변수에 따라 자신의 리더십 스타일을 바꾸어 상황에 적응하는 것이 아니라 리더십의 변화 내지는 리더의 교체가 필요하다고 설명하고 있다.

④ 블레이크(Blake)와 머튼(Mouton)의 관리격자이론은 리더십의 행위이론에 해당된다.

⑤ 하우스(House)의 경로–목표이론은 부하들이 열심히 일하도록 동기를 부여할 수 있는 리더의 행동을 연구한 이론으로, 하급자에게 영향력을 행사하는 것으로 리더의 역할을 한정시켰다는 부분에서 비난을 받는다.

15

| 정답 | ①

| 해설 | ㉤ 경쟁자 파악방법 중 고객행동에 기초한 방법은 상표전환 매트릭스와 수요의 교차탄력성을 이용한 방법이 있고 고객의 지각에 기초한 방법은 지각도, 상품제거, 사용상황별 대체가 있다. 기업중심적인 경쟁자 분석방법은 제품–시장 매트릭스, 기술적 대체가능성 판단, 표준산업분류표를 이용한 방법이 있다.

| 오답풀이 |

㉠ 교차판매(Cross Selling)를 하게 되면 자기상품에 대한 수요가 증가하게 된다.

㉡ 표본추출과정에서는 모집단을 설정한 후 표본프레임을 결정한다.

㉢ 효과적인 시장세분화를 위해 세분시장이 갖추어야 할 요건 중의 하나는 세분시장의 규모가 충분히 커야 한다는 것이다. 이를 실채성이라고 한다.

㉣ 기업의 경영환경을 분석하는 3C 분석의 3C는 자사(Company), 소비자(Customer), 경쟁자(Competitor)를 의미한다.

16

| 정답 | ②

| 해설 | 주문생산공정은 주문이 들어와야 생산을 시작하기 때문에 최종제품 재고수준이 매우 낮아지는 장점이 있다.

17

| 정답 | ②

| 해설 | 재고유지비는 재고를 보관하는 데 필요한 재고의 취급비용, 보험료, 세금 등의 재고 유지에 대한 비용으로, 재고의 보유량에 따라 재고품목 1단위당 비용 혹은 재고품목의 가격에 대한 백분율로 표시하는 변동비의 성격을 가진다.

18

| 정답 | ①

| 해설 | 종업원에게 직무의 정체성과 중요성을 높여 주고 일의 보람과 성취감을 느끼게 한다는 것은 동기요인을 통한 동기부여를 해 준다는 의미이다. 이는 허즈버그의 2요인이론에 근거한 직무충실화에 해당한다.

19

| 정답 | ①

| 해설 | 표준화된 질문을 통한 면접은 구조화 면접이며, 비구조화 면접은 자유질문으로 구성된 면접이다.

| 오답풀이 |

② 스트레스 면접이란 피면접자를 무시할 때 받는 스트레스에 어떻게 대응하는가를 보는 것이며, 여러 시기에 걸쳐 여러 사람이 진행하는 형태는 아니다.

③ 면접의 신뢰성과 타당성을 높이기 위해서는 면접 내용 개발 단계에서부터 면접관 및 경영진이 참여하여 조직의 목표와 이에 필요한 역량 등을 질문에 반영할 필요가 있다.

④ 위원회 면접은 패널 면접이라고도 하며 3명 이상의 면접자와 1명의 피면접자가 있는 형태다.

⑤ 프레젠테이션 면접은 피면접자가 여러 개의 주제 중 하나에 대해 면접자에게 발표하는 방식으로 진행된다. 토론회를 관찰하여 피면접자를 평가하는 방식은 집단토론 면접에 해당한다.

20

| 정답 | ②

| 해설 | 기술적 연관이 있는 여러 생산업체가 근접하게 입지하여 형성된 기업의 지역적 결합체를 콤비나트(Kombinat)라 한다. 콤비나트는 원료의 확보, 제품의 제공이 공장 간에 직접적으로 또한 시간적, 공간적으로 낭비 없는 합리적인 형태로 이루어진다.

21

| 정답 | ④

| 해설 | A : 낮은 가격의 상품은 가격이 조금만 올라도 구매자가 가격인상을 알아차리지만 높은 가격의 상품은 어느 정도 오르더라도 구매자가 가격인상을 알아차리지 못하는 현상을 베버의 법칙으로 설명할 수 있다.

B : JND(Just Noticeable Difference)는 구매자가 가격변화를 느끼게 만드는 최소의 가격변화폭을 의미한다. 가격인상이나 가격인하를 할 때 일정 기준 이하까지는 소비자들이 지각하지 못하다가 일정 기준 이상으로 차이가 나면 소비자들은 그 차이를 지각하게 되므로, 일반적으로 가격인상 시에는 JND 범위 안에서 인상하고 가격인하 시에는 JND 범위 밖으로 인하한다.

22

| 정답 | ②

| 해설 | 구매자가 자사보다 교섭력이 클수록 구매자는 자신에게 유리한 가격을 주문하게 되고 이에 따라 자사의 수익률은 낮아진다.

23

| 정답 | ④

| 해설 | 인적판매나 중간상을 대상으로 한 판매촉진은 푸시(Push) 전략에 해당하는 촉진믹스이다. 광고, PR, 소비자를 대상으로 한 판매촉진이 풀(Pull) 전략에 해당한다.

24

| 정답 | ④

| 해설 | 시행절차가 간단하고 적용이 용이한 것은 연공급이다. 직무급은 명확한 직무분석과 공정한 직무평가를 전제하고 있으므로 시행절차가 간단하다고 보기 어렵다.

25

| 정답 | ①

| 해설 | 학습조직은 탈관료제를 지향하는 수평적 조직구조와 조직 내 정보의 공유와 소통을 통한 협력으로 성장하는 조직의 구성을 지향한다. 따라서 개인별 성과급 위주의 보상체계는 학습조직의 성격과는 어울리지 않는다.

14회 기출예상문제

문제 150쪽

01	②	02	③	03	②	04	④	05	⑤
06	⑤	07	③	08	④	09	③	10	①
11	①	12	⑤	13	⑤	14	②	15	③
16	⑤	17	④	18	④	19	③	20	①
21	④	22	⑤	23	①	24	①	25	②

01

| 정답 | ②

| 해설 | 페이욜(H. Fayol)은 기업의 관리활동을 계획, 조직, 지휘, 조정, 통제의 5단계로 설명하고 있다.

| 오답풀이 |

① 테일러(F. Taylor)의 과학적 관리론에서는 차별적 성과급제를 통한 조직관리를 주장한다.

③ 인간을 제한된 합리성을 갖는 의사결정자로 보고 이론을 전개한 학자는 사이몬(H. A. Simon)의 조직이론이다.

④ 호손 실험을 계기로 활발하게 전개된 인간관계론은 종업원의 심리상태와 비공식적 조직이 생산성에 큰 영향을 미친다고 주장한다.

⑤ 베버(M. Weber)의 관료제에서 관리인은 보수를 받고 일하는 전문경영자라는 직업을 가진 사람을 의미한다. 다만 관료제는 계층구조에 따라 책임과 권한을 구체적으로 규정하여 권한의 남용이나 임의성을 최소화하고 조직관리를 비개인화시켜 관리자의 능력에 상관없이 조직의 유지되도록 하고자 했다.

02

| 정답 | ③

| 해설 | 도전적인 목표를 제시함으로써 직무수행자가 해당 직무에서 성장욕구와 성취감을 경험하게 하는 것은 로크(Locke)의 목표설정이론과 관련이 있다.

03

| 정답 | ②

| 해설 | A. 조기 수용자(Early Adopters) 바로 다음에 신제품을 수용하는 소비자 집단은 조기 다수 수용자(Early Majority)이다.

C. 시장규모는 성장기보다 성숙기에서 더 크고, 제품원가는 성장기보다 도입기에서 더 높다.

04

| 정답 | ④

| 해설 | 부하에게 각자의 책임과 기대하는 바를 명확하게 제시하며 각자의 행동에 따라 어떤 대가가 돌아갈 것인지를 명확히 하여 동기유발을 시키는 것은 거래적 리더십이다.

05

| 정답 | ⑤

| 해설 | 상기상표군(Evoked Set)은 내적 정보탐색의 결과 상기된 상표이며, 내적 탐색의 결과 회상된 상기상표군과 외적 탐색을 통해 발견된 상표군을 모두 합한 상표군을 고려상표군이라고 한다.

06

| 정답 | ⑤

| 해설 | 효과적인 생산관리 활동(제품 및 공정설계, 품질관리 등)을 통해 유효생산능력은 증가하지만 실제 생산능력이 증가한다고는 단정할 수 없다.

07

| 정답 | ③

| 해설 | 테일러는 집단중심 보상이 아니라 개별 종업원들에 대한 차별성과급제도를 도입하였다.

08

| 정답 | ④

| 해설 | 아담스의 공정성이론에서 불공정성을 시정하는 여러 방법으로는 비교대상의 변경이나 비교대상에 대한 영향력 행사 등이 있으며, 준거인물의 유지는 공정성 인식하에서 일어나는 방법이다.

09

| 정답 | ③

| 해설 | 직무만족은 개인의 직무경험을 통해 얻는 긍정적 감정을 의미한다.

| 오답풀이 |

① 직무불만족을 증가시키는 개인적 성향은 부정적 정서와 부정적 자기평가이다.

② 역할 모호성, 역할 갈등, 역할 과다를 경험한 사람들의 직무 만족도는 매우 낮게 나타난다.

④ 종업원과 상사 사이의 공유된 가치관은 직무만족과 조직 몰입을 높여준다.

⑤ 종업원 개인의 능력과 선호와는 무관한 비자발적 업무순환은 종업원의 직무만족을 감소시킨다.

10

| 정답 | ①

| 해설 | A. 사내공모제는 내부충원의 대표적 형태로 종업원에게 승진의 기회가 생겨 종업원들에 대한 사기 진작 효과를 기대할 수 있다.

11

| 정답 | ①

| 해설 | 종속제품 가격결정은 제품 간 상호작용과 관련한 가격책정 방법으로, 주요 제품과 함께 사용해야 하는 종속제품에 대하여 주요 제품의 가격을 싸게 책정하여 소비자를 유인한 이후 종속제품을 비싸게 판매하여 소득을 창출하는 방법이다. 예를 들어 면도기와 면도기 카트리지, 정수기와 정수기 필터 등이 있다.

12

| 정답 | ⑤

| 해설 | 내재적 보상이 크다고 해서 임금의 내부공정성이 높아지는 것은 아니며, 외재적 보상이 클 경우와 작을 경우 모두 불공정 인식을 가질 수 있다.

보충 플러스+

분배의 공정성

1. 내부공정성 : 기업 내부의 공정성을 의미하는 것으로서 조직의 직무, 직능, 근속 및 성과에 따라 보상을 달리함으로써 공정성을 확보하는 것이다. 내부공정성 확보는 개인의 만족과 효용성 증대에 중요한 역할을 한다.
2. 외부공정성 : 해당 기업의 종업원이 받는 임금수준이 다른 기업의 임금에 비하여 공평한가와 관련된 문제이다.

13

| 정답 | ⑤

| 해설 | SERVQUAL 모형은 기업의 서비스 품질을 신뢰성, 확신성, 유형성, 공감성, 대응성의 5개 영역 22개 항목의 품질기준으로 측정하여 분석할 수 있게 하는 도구이다.

| 오답풀이 |

① 전사적 품질경영(Total Quality Management, TQM)은 모든 구성원의 참여로 이루어지는 장기적 · 조직적 품질개선을 의미한다.

② 통계적 품질관리에서 품질은 우연원인 또는 이상원인에 의해 변동이 된다고 본다. 이 중 우연원인은 생산조건에 이상이 없음에도 발생하는 것으로 이로 인해 발생하는 군내변동(White Noise)은 통제가 불가능한 변동으로 정의한다.

③ 싱고 시스템은 오류를 사전에 방지하기 위해 잘못된 조작을 하면 작동하지 않도록 하는 디자인인 포카요케(Poka-yoke)와 10분 미만의 공구 교체 시스템(SMED)으로, 이는 전사적 품질경영인 적시생산시스템(Just In Time, JIT)과 관련된 생산기법이다.

④ 품질경영에 대한 국제표준은 ISO 9000 시리즈에 대한 설명이다.

14

| 정답 | ②

| 해설 | ㉡ GE 매트릭스는 BCG 매트릭스의 문제를 보완하기 위해 개발된 포트폴리오 분석법이다.

㉦ 관련다각화 전략을 사용하면 규모의 경제(Economy of Scale) 보다는 범위의 경제(Economy of Scope)가 실현된다.

15

| 정답 | ③

| 해설 | 명목척도(Nominal Scale)는 전화번호나 우편번호 등 측정 대상들을 우열이 없는 종류나 범주로 구분하고 명명하기 위해 아무런 산술적 의미가 없는 수치나 부호를 부여하는 척도이다.

| 오답풀이 |

① 서열척도(Ordinal Scale)는 정보 간의 우열관계 즉 순위 개념이 존재할 때 산술적인 의미 없이 그 우열관계를 표시하는 척도이다.

② 등간척도(구간척도, Interval Scale)는 온도, 연도 등 정보가 가지고 있는 일정한 간격을 수치화하여 표시하는 척도이다.

④ 비율척도(Ratio Scale)는 길이, 무게, 압력 등 정보에 산술적 의미를 가지는 수치를 부여하는 척도이다.

⑤ 리커트 척도(Likert Scale)는 제시된 문장의제에 대한 응답자의 동의 혹은 호의의 정도를 단계적으로 수치화된 답변으로 표시하는 것으로, 주로 설문조사나 심리검사에 이용된다.

16

| 정답 | ⑤

| 해설 | 상동적 태도는 피평가자들이 속한 집단의 한 가지 범주에 따라 판단할 때 나타날 수 있는 오류이다. 즉 그들이 속한 집단의 특성에 근거하여 사람을 판단하는 경향을 말한다.

17

| 정답 | ④

| 해설 | ㄱ. 인지적 요소는 대상에 대한 주관적 지식이나 신념을 의미한다.

ㄴ. 감정적 요소는 대상에 대한 긍정적 · 부정적 느낌을 의미한다.

ㄷ. 행동적 요소는 대상에 대한 행동 성향을 의미한다.

18

| 정답 | ④

| 해설 | 휴면상태인 소비자들의 잠재적 수요를 현재적 수요로 바꾸고자 하는 마케팅 기법은 개발적 마케팅이다.

19

| 정답 | ③

| 해설 | 기업은 집단화를 통해 시장 내 경쟁을 회피하고, 생산공정과 유통의 합리화를 구현하며, 혹은 다른 기업을 지배하기 위한 목적으로 기업을 집단화한다. 한편 기업은 기업 내 특정 사업을 전문화하고 효율적으로 운영하기 위해서, 혹은 기업 내분이나 기업 간 경쟁관계를 해결하기 위함은 기업분할(Division)의 목적에 해당한다.

20

| 정답 | ①

| 해설 | c. MRP는 BOM의 나무구조(Tree Structure)상 상위품목에서 시작하여 하위품목 방향으로 순차적으로 작성한다.

d. BOM은 MRP의 전제요소에 속하나, MRP를 위해서는 BOM에 표시된 하위품목에 대한 별도의 수요예측(Forecasting) 과정이 필요하지는 않다.

e. 자재소요계획(MRP)은 종속수요품의 관리프로그램이며, 자재명세서, 기준생산계획, 재고현황철이 자재소요계획의 주요입력자료이다. 최종제품을 언제, 얼마만큼 생산할 것인지를 나타내는 것은 기준생산계획(MPS)이다.

21

| 정답 | ④

| 해설 | 변동비율법이란 산출의 단위에 기초를 두고 반응의 비율은 불특정하게 강화요인을 적용하는 방법으로 보험판매 시 받게 되는 성과급을 예로 들 수 있다. 변동비율법은 강화제거 시 유지보존의 효과가 가장 오랫동안 지속될 수 있는 방법으로, 경제적 부담은 높지만 주어진 시간 안에서 최대의 효과를 낼 때 유용하다.

22

| 정답 | ⑤

| 해설 | 집단의사결정은 타협안에 의해 최적안이 폐기되고 차선책을 채택하는 오류가 발생할 수 있다.

23

| 정답 | ①

| 해설 | 허즈버그의 2요인이론은 인간에게 동기를 부여하는 요인을 동기요인(만족요인)과 위생요인(불만족요인)으로 구분한다. 이 중 동기요인(만족요인)은 직무를 수행함에 있어서 해당 요건이 충족됨을 통해 만족감이 부여되는 요소로 성취, 달성에 따른 안정감, 책임, 발전 등이 여기에 해당한다. 한편 위생요인(불만족요인)은 직무를 수행함에 있어 해당 요소가 결여됨을 통해 불만족이 발생하는 요소로 봉급, 작업조건, 대인관계, 안정과 지위 등 주로 직무의 외재적 요인들이 여기에 해당한다.

24

| 정답 | ①

| 해설 | 프로젝트공정이란 고객의 주문에 따라 하나의 대규모 시설의 건설 등 대규모의 자본과 자원이 투자되는 비반복적이고 유일한 제품을 생산하기 위한 공정설계로, 생산관리기법 대신 PERT/CPM 등의 일정을 관리하는 기법들이 이용된다.

| 오답풀이 |

② 개별공정은 인쇄, 기계제작 등 각 제품별로 요구되는 기계의 종류와 작업 순서까지 모두 다른 다품종 소량생산을 위한 공정설계로, 범용장비와 이를 운용하는 숙련공들을 요구한다.

③ 라인공정은 표준화된 자재와 부품들이 고정된 작업순서와 생산속도에 따라 하나의 생산라인을 타고 이동하면서 조립되어 제작되는 방식을 위한 공정설계이다.

④ 연속공정이란 제철, 정유, 발전 등 고도로 자동화된 생산시설로 표준화된 제품을 끊임없이 생산하기 위한 공정설계로, 여기에 요구되는 인력은 생산에 직접적으로 관여하기 보다는 공정이 안정적으로 진행되고 있는가를 감시하는 관리자라는 점에서 라인공정과는 차이를 보인다.

⑤ 배치공정은 생산 과정이 유사하고 표준화된 제품군을 배치(Batch) 단위로 묶어 이를 같은 생산시스템에서 생산하도록 하는 생산공정으로 주로 제빵, 제화산업에서 활용된다.

25

| 정답 | ②

| 해설 | A 기업의 내부 분석에서 '이미 보유하고 있던 온라인 포털의 강력한 마케팅 채널'은 강점(Strength)에 해당한다. 또한 외부 분석에서 '현재 수요가 증가하고 있는 모바일 쇼핑'은 기회(Opportunity)에 해당한다. 따라서 A 기업은 SO 전략을 구사하고 있다.

B 기업은 외부의 기회 활용을 위해 자사의 약점을 보완해야 하는 상황으로 이는 SWOT 분석의 WO 전략에 해당한다.

15회 기출예상문제

문제 160쪽

01	④	02	①	03	②	04	①	05	⑤
06	②	07	④	08	③	09	②	10	②
11	②	12	③	13	④	14	③	15	④
16	①	17	③	18	③	19	④	20	④
21	③	22	⑤	23	②	24	①	25	⑤

01

| 정답 | ④

| 해설 | 포드 시스템은 이동컨베이어 시스템을 효율적으로 이용하기 위해 장비의 전문화(Specialization), 작업의 단순화(Simplification), 부품의 표준화(Standardization)를 제시하였는데 이를 3S라고 한다.

보충 플러스+

테일러(F. Taylor) 시스템
원칙 : 고임금-저노무비
명칭 : 과업관리, 테일러리즘(Taylorism)
특징 : 개별생산공장의 생산성 향상
내용 : 시간연구와 동작연구, 직능별 직장제도, 차별적 성과급제도, 작업지도표제도
기준 : 미달성 시 책임 추궁, 달성 시 고임금, 과학적 1일 작업량 설정, 작업의 과학적 측정과 표준화

02

| 정답 | ①

| 해설 | ㉠, ㉡ 블루오션(Blue Ocean)은 현재 존재하지 않거나 알려져 있지 않아 수요가 불분명하고, 경쟁자가 없어 시장의 수요가 경쟁이 아닌 창조를 통해 획득하는 시장으로, 차별화와 원가 우위 등의 가치혁신을 통해 높은 수익과 빠른 성장이 가능하다고 평가받는다.

| 오답풀이 |

㉢, ㉣ 레드오션(Red Ocean)에 대한 설명이다. 레드오션은 이미 다수의 경쟁자가 진입해 있는 시장으로, 해당 시장으로 진입하기 위해서는 기존 사업자와의 경쟁에서 승리하고, 이미 형성되어 있는 시장 내 수요범위를 확대하기 위한 전략을 설정할 것을 요구한다.

03

| 정답 | ②

| 해설 | ㉠ 시장개발전략(Market Development Strategy)은 기존 상품을 필요로 하는 새로운 시장을 찾아보는 전략이다.

㉡ 제품개발전략(Product Development Strategy)은 기존 시장에 새로운 상품을 개발할 가능성을 모색하는 전략이다.

구분	기존제품	신제품
기존 시장	시장침투전략 • 시장점유율의 증대 • 상품사용의 증대	제품개발전략 • 새로운 기능의 추가 • 제품라인의 확대 • 차세대 제품의 개발 • 혁신제품의 개발
신 시장	시장개발전략 • 시장의 지역적 확대 • 새로운 세분시장 목표	다각화전략 • 관련다각화 • 비관련다각화

04

| 정답 | ①

| 해설 | 대조효과란 인간의 인식과정에서 두 사물의 차이점이 인간의 심리에 영향을 미친다는 것으로 처음에 제시된 사물과 나중에 제시된 사물의 차이를 원래의 실제 차이보다 훨씬 크게 느끼게 되는 것을 말한다.

| 오답풀이 |

② 나중효과란 모든 단계의 정보에 대해서 균등하게 처리하는 것이 아니라 최근의 정보를 중간단계에서 얻은 정보보다 더 중요하게 인식하는 경향이 나타난다.

③ 관대화 경향은 평가자가 피평가자의 실제 능력이나 실적보다도 더 높게 평가하려는 경향을 말한다.

④ 임의오류는 어떤 대상에 대한 측정에서 임의적으로 영향을 미치는 요인에 의해 발생하는 오류이다.

⑤ 선택적 지각(Selective Perception)이란 외부 정보를 객관적으로 받아들이는 대신 기존 인지체계와 일치하거나 자기에게 유리한 것만 선택적으로 받아들이는 현상을 말한다.

05

| 정답 | ⑤

| 해설 | 위생요인은 기업의 정책과 관리, 작업조건, 보수, 감독자의 재능, 대인관계 등과 같이 일의 조건과 관련된 것을 말한다. 동기요인에는 성취감, 책임감, 발전성, 성장가능성, 직무 자체가 주는 도전성, 인정을 받을 수 있는 기회 등이 있다.

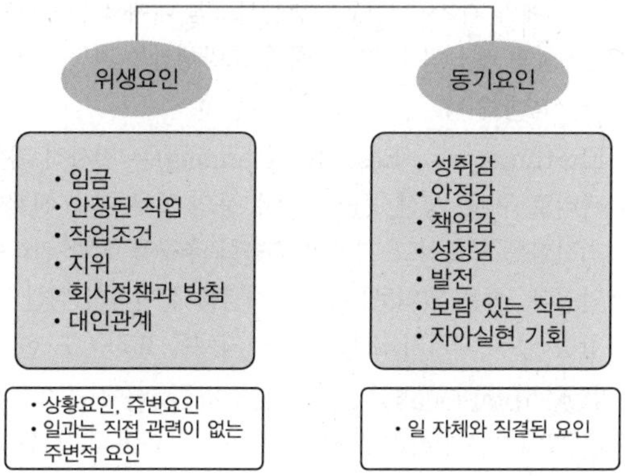

06

| 정답 | ②

| 해설 | 집단사고(Groupthink)는 응집력 있는 집단들의 조직원들이 갈등을 최소화하며, 의견의 일치를 유도하여 비판적인 생각을 하지 않는 것을 뜻한다. 집단의 응집력이 강한 경우 집단사고가 발생할 가능성이 높으나, 리더가 민주적인 경우에는 자유로운 토론분위기를 만들어 집단사고의 가능성이 줄어든다.

07

| 정답 | ④

| 해설 | 직능급이란 종업원의 직무수행능력에 따라 정한 임금체계를 말한다.

| 오답풀이 |

① 직무급이란 동일노동, 동일임금의 원칙에 입각하여 직무의 상대적 가치를 분석 · 평가하고 그 가치에 알맞게 지급하는 임금체계를 말한다.

② 연공급이란 종업원의 연령, 근속년수 등 연공적 요소에 의하여 각 개인의 임금을 결정하고 일정의 승급을 실시하는 임금체계이다.

③ 성과급이란 개인이나 집단이 수행한 작업성과나 능률에 대한 평가를 실시하여 그 결과에 따라 지급하는 임금체계이다.

⑤ 수당이란 일정한 급료 이외에 정기 또는 수시로 지급되는 보수이다.

08

| 정답 | ③

| 해설 | b. 재화를 생산자로부터 소비자에게 사회적으로 유통시켜 인격적으로 이전시키는 인격적 통일 기능으로, 다수 유통기관의 활동과 수집, 구매, 분산과 판매, 매매거래와 소유권 이전 등의 기능에 의해 이루어진다.

c. 재화의 생산과 소비 사이의 공간적, 장소적 불일치를 극복하고 사회적 유통을 조성하는 장소적 통일 기능으로, 운송이 그 역할을 담당한다.

| 오답풀이 |

a. 생산자와 소비자 간의 정보를 수집하고 전달하여 상호 의사소통을 원활하게 해 주는 시장정보 기능으로, 물류비용을 절감하고 고객서비스를 향상시키는 역할을 한다. 문제에서는 정보의 전달에 관한 내용이 제시되어 있지 않다.

d. 생산자가 공급하는 물품과 소비자가 수요하는 물품이 품질적으로 적합하지 않을 때 가공을 통해 이들 사이에 품질적 거리를 조절해 주는 품질적 통일 기능이다. 문제에서는 유통가공에 관한 내용이 제시되어 있지 않다.

09

| 정답 | ②

| 해설 | 전략적 제휴는 경쟁관계에 있는 기업들이 상호이익을 목적으로 공동투자, 공동개발, 공동생산 등의 경영자원을 공유하는 일시적인 협조관계를 구성하는 경영전략을 의미한다.

10

| 정답 | ②

| 해설 | 소파가 너무 낡았다고 생각(c, 욕구인식) → 인터넷을 통해 소파에 대한 정보 탐색(b, 정보탐색) → 디자인이 독특한 제품을 구매하기로 결정(e, 대안평가) → 구매하고자 하는 제품이 없어 다른 제품을 구매(d, 구매) → 구매하지 않은 브랜드의 소비자평가가 낮게 나왔다는 기사를 찾아봄(a, 구매 후 행동).

따라서 c−b−e−d−a 순이 적절하다.

11

| 정답 | ②

| 해설 | 주식회사의 출자자인 주주는 회사의 소유권자로 유한책임사원과 같이 출자금의 한도 내에서 채무 지급책임을 진다. 이에 반해 채권자는 기업에 책임을 지는 관계가 아닌, 기업에게 책임을 요구하는 관계에 있다.

| 오답풀이 |

① 주식회사의 주주는 주식을 통해 회사를 직접 소유하고 의결권을 통해 회사의 경영에 참여하나, 주식회사의 채권자는 오직 채무관계를 통해 금전적 이득을 취하기 위한 타인 관계에 불과하다.

③ 주식회사의 주주와 채권자는 모두 자금 출자를 통해 회사에 자금을 공급한다는 공급자라는 점에서 공통점이 있다.

④ 주식회사의 청산시 청산인은 회사의 채무를 완제한 후가 아니면 회사재산을 사원에게 분배하지 못한다(상법 제542조, 동법 제260조 준용). 즉 파산한 회사에 대한 권리청구에 대해 회사의 사원인 주주는 우선청구권을 가진 채권자에 비해 청구우선순위에서 후순위에 위치할 뿐만 아니라 세금을 포함한 각종 비용을 모두 지불한 후에 남은 금액에 대해 권리를 청구할 수 있는 잔여청구권자의 지위에 있다.

⑤ 전환사채(Convertible Bond)는 주식으로의 전환이 가능한 사채로, 일정한 조건에 의해 채권을 발행한 회사의 주식(보통주)로 전환할 수 있는 선택권이 포함된 사채를 의미한다.

12

| 정답 | ③

| 해설 | 6시그마에 대한 설명으로, 공정평균이 규격의 중심에서 '1.5×공정표준편차'만큼 벗어났다고 가정했을 때 100만 개당 3.4개 정도의 불량이 발생하는 수준을 의미한다.

| 오답풀이 |

① FMS(Flexible Manufacturing System)는 개별 자동화 체계와 기술이 하나의 생산시스템 내에서 통합된 공장자동화 생산형태로서 다품종 소량생산을 가능하게 하는 시스템이다.

② ERP(Enterprise Resource Planning)는 전사적 자원관리로 구매, 생산, 물류, 회계 등의 업무 기능 전체의 최적화를 도모하고 경영의 효율화 추구를 위한 관리방안이다. 좁은 의미로는 ERP 개념을 실현하기 위한 '통합형 업무 패키지 소프트웨어' 자체를 말하기도 한다.

④ TQM(Total Quality Management, 종합적 품질경영)은 장기적인 전략적 품질 관리를 하기 위한 관리원칙으로 조직구성원의 광범위한 참여하에 조직의 과정 · 절차를 지속적으로 개선한다. 총체적 품질관리를 뜻하는 말로 고객만족을 서비스 품질의 제1차적 목표로 삼는다.

⑤ JIT(Just In Time, 적시생산방식)은 재고를 최소화하고 필요한 만큼만을 생산하여 제품 생산에서 발생하는 낭비적 요소를 제거하기 위한 다품종 소량 생산 중심의 생산 시스템이다.

13

| 정답 | ④

| 해설 | 프로젝트 조직에 대한 설명이다.

| 오답풀이 |

① 네트워크 조직은 조직의 자체 기능은 핵심 역량 위주로 합리화하고 여타 기능은 외부 기관들과 계약 관계를 통해 수행하는 조직구조 방식이다.

② 기능식 조직은 직능식 조직이라고도 하며, 관리자의 업무를 전문화하고 부문마다 다른 관리자를 두어 작업자를 전문적으로 지휘 · 감독하는 방식이다.

③ 사업부제 조직은 제품별, 지역별, 고객별 각 사업부의 본부장에게 생산, 구매, 판매 등 모든 부문에 걸쳐 대폭

적인 권한이 부여되며, 독립채산적인 관리단위로 분권화하여 이것을 통괄하는 본부를 형성하는 분권적인 관리 형태다.

⑤ 라인 조직은 경영자의 직접 명령으로 통제되는 직선적 형태의 조직으로 가장 단순하고 의사결정이 신속하게 전달되는 방식이다.

14

| 정답 | ③

| 해설 | 직무평가의 방법 중 비계량적인 방법으로는 서열법과 분류법이 있다. 요소비교법은 중심이 되는 몇 개의 기준 직무를 선정하고 각 직무의 평가요소를 기준직무의 평가요소와 비교하여 직무의 상대적 가치를 결정하는 것으로 점수법과 함께 계량적 직무평가법에 해당한다.

15

| 정답 | ④

| 해설 | 기업의 사회적 책임(CSR ; Corporate Social Responsibility)이란 기업활동으로 인해 발생하는 사회 · 경제적 문제를 해결함으로써 기업의 이해관계자와 사회일반의 요구나 사회적 기대를 충족시켜 주는 기업행동의 규범적 체계이다. 이는 경제적인 책임, 법적인 책임, 윤리적인 책임, 자선적인 책임의 4단계로 구분한다.

16

| 정답 | ①

| 해설 | 테일러는 동작연구와 시간연구를 통해 작업에 불필요한 요소를 제거하고 이를 바탕으로 과학적으로 설정된 과업(Task)을 설정하여 이를 달성하는 노동자에 대한 인센티브를 제공하는 차별성과급제를 통해 생산성을 향상시키는 경영이론인 과학적 관리론(테일러 시스템)을 그의 저서 〈과학적 관리법(The Principle of Scientific Management)〉를 통해 소개하였다.

17

| 정답 | ③

| 해설 | 문제는 「사회적기업 육성법」에 규정된 사회적기업의 정의이다. 사회적기업(Social Enterprise)이란 영리기업과 비영리기업의 중간 형태로, 사회적 목적을 우선적으로 추구하면서 재화 · 서비스의 생산 · 판매 등 영업활동을 수행하는 기업(조직)을 말한다. 영리기업이 주주나 소유자를 위해 이윤을 추구하는 것과는 달리, 사회적기업은 사회서비스를 제공하고 취약계층에게 일자리를 창출하는 등 사회적 목적을 조직의 주된 목적으로 추구한다는 점에서 차이가 있다.

| 오답풀이 |

① 벤처기업은 첨단의 신기술과 아이디어를 개발하여 사업에 도전하는 기술집약형 중소기업을 말한다.

② 협동조합은 공통의 전체 이익을 갖고 있는 사람들이 설립하여 운영하고 있는 경제체제에서의 자발적 조직을 말한다.

④ 합자회사는 상법상 회사로, 무한책임사원과 유한책임사원으로 구성되는 이원적 조직의 회사이다.

⑤ 재단법인은 재산에 법인격을 부여하여 운영규칙에 따라 재산을 관리하도록 구성한 법인을 의미한다.

18

| 정답 | ③

| 해설 | 원가우위 전략은 낮은 가격으로 가격경쟁력을 높여 수입의 증가를 목표로 하는 전략을 의미하며, 이는 창의성보다는 노동력을 감독하여 대량생산을 유지하는 것이 유리한 전략이다.

보충 플러스+

본원적 경쟁전략

포터(Porter)는 산업 내 경쟁우위를 점할 수 있는 본원적 경쟁전략으로 원가우위 전략, 차별화 전략, 집중화 전략의 세 가지를 제시하였다.

1. 원가우위(Cost Leadership) 전략은 경쟁기업들에 비해 상대적으로 저렴한 원가를 통하여 산업평균 이상의 수익을 얻는 데 집중한다.
2. 차별화(Differentiation) 전략은 구매자가 중요하다고 여기는 속성을 선택해서 그 요구에 맞추어 기업이 판매하는 제품 및 서비스를 경쟁기업과 구별되는 독특한 것으로 인식시키는 데 경영역량을 집중한다.
3. 집중화(Focus) 전략은 현재의 시장에서 가장 잘할 수 있는 측면에 경영역량을 쏟는 전략으로서, 산업 전체를 대상으로 하는 원가우위/차별화 전략과는 달리 시장의 일부 영역을 그 대상으로 한다.

19

| 정답 | ④

| 해설 | ㉠ 층화표본추출법(Stratified Sampling)은 모집단을 어떤 기준에 따라 서로 상이한 소집단으로 나누고 이들 각 소집단들로부터 표본을 무작위로 추출하는 방법이다.

㉡ 할당표본추출법(Quota Sampling)은 정해진 분류기준에 의해 전체 표본을 여러 집단으로 구분하고 각 집단별로 필요한 대상을 추출하는 방법이다.

20

| 정답 | ④

| 해설 | ㉠ 시장침투가격전략은 신제품 가격을 상대적으로 낮게 책정하여 시장에 진입하는 것으로, 이때 가격은 표적시장의 기대가격 범위보다 낮다. 이 전략은 시장에 신속히 침투하기 위한 것이 목적이며, 단기간에 높은 매출액과 시장점유율을 창출할 수 있다.

㉡ 명성가격전략(Prestige Pricing)은 소비자가 상품의 품질을 판단하는 기준으로 가격을 이용한다는 심리적 요인을 활용하는 방법으로 긍지가격설정 또는 권위상징가격이라고도 한다. 소비자가 가격에 의해서 품질을 평가하는 경향이 특히 강하므로 비교적 고급품질이 선호되는 상품에 매겨진다.

21

| 정답 | ③

| 해설 | 포지셔닝(Positioning)이란 표적고객의 마음에 마케터가 원하는 위치를 차지하는 과정이라 할 수 있다. 포지셔닝 전략을 수립하는 절차는 소비자분석(㉡) → 경쟁자 확인(㉠) → 경쟁제품 포지션 분석(㉢) → 자사제품 포지션 개발(㉣) → 포지셔닝의 확인 및 리포지셔닝(㉤)으로 진행된다.

22

| 정답 | ⑤

| 해설 | STP는 시장세분화(Segmentation), 표적 시장 선정(Targeting), 위상 정립(Positioning)의 첫 자를 딴 마케팅 전략 중 하나이다.

㉠ 세분시장 상호 간에는 이질성이 극대화되어야 하고, 세분시장 내에서는 동질성이 극대화되어야 바람직한 시장 세분화이다.

㉡ 수요의 동질성이 높은 제품에 대해 최대 다수의 구매자를 만족시킬 수 있는 제품을 개발하는 전략으로 비차별적 마케팅 전략을 활용한다.

㉢ 다차원척도법이란 소비자 행동의 기본이 되는 지각과 선호를 측정하는 기법으로, 소비자가 인식하는 비교 대상 간의 유사성을 근거로 대상 간의 관계를 두 개 이상의 차원적인 공간에 표시해 주는 방법이다.

23

| 정답 | ②

| 해설 | 차입매수(LBO ; Leveraged Buy Out)란 기업을 매수하려는 주체가 인수에 필요한 자금이 충분하지 않은 경우 금융기관 등으로부터 인수대상 기업의 자산을 담보로 인수자금을 차입하여 기업을 매수하는 방식을 말한다.

24

| 정답 | ①

| 해설 | MRP(Material Requirement Planning)는 최종제품이 필요한 시점으로부터 해당 제품의 제조 또는 조립에 필요한 하위 부품들이 필요한 시점을 역으로 계산해내는 시스템 또는 방법으로서, MRP는 제조시스템에 있어서 종속수요 품목의 재고관리를 위한 재고관리 시스템이다.

25

| 정답 | ⑤

| 해설 | 트레이딩 업(Trading Up)은 중산층 이상의 소비자가 자신의 감성적 만족을 위해 자신의 소득수준을 초과하는 고가의 제품을 구입하는 소비패턴으로, 주로 사치품이나 고가의 전자제품을 구매하는 소비시장을 설명한다.

| 오답풀이 |

④ 트레이딩 다운(Trading Down)은 소비자가 자신에게 중요하지 않다고 생각하는 물품에 대해 자신의 소득수준보다 낮은 저가의 제품을 구입하는 소비패턴이다. 트레이딩 다운은 주로 트레이딩 업을 위한 자금을 마련하기 위한 소비패턴으로 이해되며, 소비자들이 합리적 가격을 앞세운 PB(Public Brand) 상품을 선호하는 구조를 설명한다.

16회 기출예상문제

문제 170쪽

01	①	02	③	03	②	04	④	05	③
06	②	07	④	08	①	09	②	10	③
11	⑤	12	④	13	④	14	③	15	②
16	②	17	④	18	⑤	19	②	20	③
21	②	22	④	23	⑤	24	②	25	②

01

| 정답 | ①

| 해설 | 분포상의 오류(Distributional Error)에는 관대화 경향, 중심화 경향, 엄격화 경향이 있다. 관대화 경향(Leniency Tendency)은 상관이 부하와의 인간관계를 고려함에 따라 실제보다 후한 평정을 하여 평정이 우수한 쪽에 집중되는 현상을 말한다. 집중화 경향(Central Tendency)은 제일 무난한 중간점수로 대부분을 평정하기 때문에 척도상의 중간에 절대다수가 집중되는 경향을 말한다. 엄격화 경향(Severity Tendency)은 평정이 열등한 쪽에 집중되는 현상을 말한다.

| 오답풀이 |

② 현재의 종업원을 대상으로 선발 도구를 적용하여 예측치를 얻는 동시에 종업원의 직무성과와 비교하는 타당성은 동시타당성이다.

③ 선발도구의 내용타당도는 측정 도구가 측정하려는 개념 또는 구성의 모든 속성을 올바르고 완전하게 측정하는지를 평가하는 정도를 말한다.

④ 서로 다른 선발도구를 통해 얻는 측정치가 동일한 결과를 얻었다는 것은 신뢰도가 높음을 의미한다.

⑤ 인사평가에서 크론바흐 알파 계수는 선발도구의 신뢰성을 측정하여 신뢰도를 저해하는 항목을 측정도구에서 제외하기 위해 주로 사용된다.

02

| 정답 | ③

| 해설 | ㉠ 마이클 포터의 산업구조분석에 의하면 장기적으

로 특정 산업의 수익성 및 매력도는 산업의 구조적 특성에 의하여 영향을 받으며 이는 신규 진입자의 위협, 공급자의 협상력, 구매자의 협상력, 대체재의 위협, 산업 내 기존경쟁자 간 경쟁강도 등 5가지의 힘(Five Forces)에 의하여 결정된다고 본다.

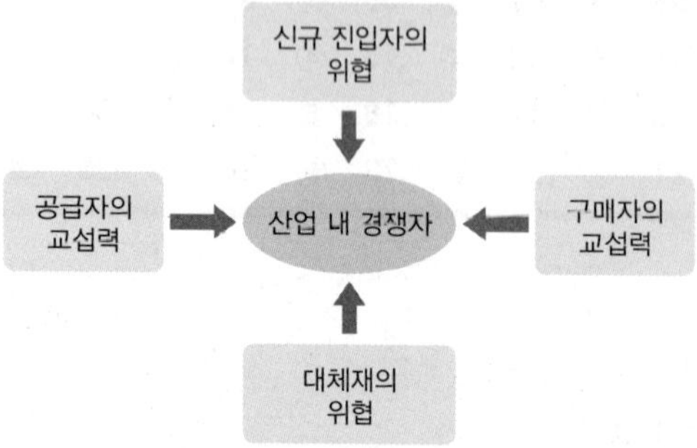

㉢ 산업구조분석은 산업구조 내의 경쟁기업을 분석하여 자사의 수익에 위협이 되는 요인이 무엇인지 파악함으로써 그 위협으로부터 스스로를 방어하거나 그 요인들을 자사에 유리한 상태로 변화시킬 수 있는 경영전략을 수립하려는 목적으로 이용된다.

| 오답풀이 |

㉡ 산업구조분석기법의 가장 큰 문제점은 기본적으로 정태적 모형이며, 이 모형에서는 경쟁과 산업구조가 동태적으로 변화한다는 사실을 충분히 구체적으로 고려하지 못한다는 것이다.

03

| 정답 | ②

| 해설 | 제품의 생산, 특히 제조업에서의 생산의 네 가지 요소인 4M은 인력(Man), 설비(Machine), 원자재(Material), 작업방법(Method)을 의미한다.

04

| 정답 | ④

| 해설 | 집단의사결정에서 집단사고를 회피하려면 집단의사결정 시 리더는 자신의 견해를 가급적 먼저 밝히지 말고 멤버들 개개인이 모두 발언을 할 기회를 제공해야 하며 소수의견에 더욱 관심을 기울여야 한다.

05

| 정답 | ③

| 해설 | 프라이빗 브랜드(Private Brand, 유통업자 브랜드)는 유통업자가 상품을 기획하고 상품 생산을 의뢰하고 판매하는 브랜드로 생산자에서 바로 유통업자로 상품이 연결되어 소비자에게 판매되며, 유통업자의 자체 브랜드로 판매되므로 촉진비용이 절감되어 제조업자 브랜드(National Brand)보다 낮은 가격으로 팔 수 있다는 특징을 가진다.

06

| 정답 | ②

| 해설 | 시장세분화(Market Segmentation)는 시장을 일정한 기준에 따라 동질적인 소비자 집단인 세분시장으로 나누어 분석하는 것이다. 시장세분화를 통해 기업은 세분시장별로 집중화되고 차별화된 마케팅을 진행할 수 있고 세분시장의 특성에 적합한 제품을 개발하여 소비자의 욕구를 충족하고 경쟁 우위를 확보할 수 있다. 이러한 시장세분화는 기업의 수익과 경쟁 우위를 목적으로 진행되는 것이므로 소비자의 권리 보호는 시장세분화의 목적과는 무관하다.

07

| 정답 | ④

| 해설 | 유기적 조직은 동태적인 외부 환경에 적응하기 위해 형성되는 조직의 형태로, 기계적 조직에 비해 공식화율이 낮고 분권화가 높으며 비공식적인 조직 구조와 수평적 의사소통구조를 가지고 있다.

한편 의사결정이 집중화되어 있는 것은 기계적 조직(Mechanistic Organization)의 특징이다. 기계적 조직은 의사결정 권한이 상부에 집중되어 있어 의사결정의 조정이 용이하다는 이점을 가진다.

08

| 정답 | ①

| 해설 | 감시비용(Monitoring Cost)이란 대리인의 행위가 대리주체의 이익에 반하는 행위를 하는가를 감시하기 위해 대리주체가 감사활동, 보상유인 등으로 지출하는 비용을

의미한다. 이중 외부 회계감사와 사외이사 선임은 감사활동, 스톡옵션(Stock Option)은 보상유인에 해당한다.

| 오답풀이 |

ㄹ. 확증비용(Bonding Cost)은 대리인이 대리주체에게 해가 되지 않는 행위를 하고 있음을 입증하기 위해 대리인이 지출하는 비용을 의미한다.

ㅁ. 잔여손실(Residual Cost)은 확증비용과 감시비용 이외에 대리인에 의해 발생한 비용을 의미한다.

09

| 정답 | ②

| 해설 | 영업권(Goodwill)은 기업이 가진 입지조건이나 생산기술, 조직의 우수성, 브랜드파워 등에 의해 동종 사업을 운영하는 다른 기업들보다 월등한 수익(초과이익)을 기록하는 기업의 능력으로, 이를 측정하기 위해 주로 초과이익을 창출할 수 있는 능력(초과수익력)을 통해 창출한 초과이익의 현재가치를 기준으로 평가하는 방식(초과이익환원법)이 사용된다.

10

| 정답 | ③

| 해설 | 공유가치창출(CSV ; Creating Shared Value)은 기업의 사회적 기여와 비즈니스 핵심 경쟁력을 함께 강화하는 경영활동이다. 기업의 수익 활동에 따른 사회적 책임을 추가비용 지불 등의 방법으로 가치를 환원하는 것에 초점을 맞추는 CSR과 달리 CSV는 기술 지원과 협력 등의 방식으로 사회적 기여를 수행하여 기업의 경쟁 우위를 확보하는 것에 초점을 맞춘다.

11

| 정답 | ⑤

| 해설 | 평가센터법은 주로 관리자들의 선발을 위해 사용되는 인사평가방법으로, 후보자들을 2 ~ 3일간 합숙시키면서 훈련받은 관찰자들이 이들을 집중적으로 관찰하고 평가함으로써 선발 혹은 승진의사결정의 신뢰성과 타당성을 높이기 위해 시행된다. 다만 평가센터법 안에서 다양한 방법의 평가기법이 사용되므로 표준화가 어렵고, 시간과 비용이 많이 드는 평가방법이라는 단점이 있다.

12

| 정답 | ④

| 해설 | 멀티브랜드(Multibrand) 전략은 하나의 기업이 한 시장에 다수의 브랜드를 출시하는 것으로, 주로 한 시장 내의 다양한 수요계층에 브랜드 단위로 대응하여 자사의 시장점유율을 올리고 경쟁사의 진입에 대응하기 위해 활용된다. 다만 멀티브랜드 전략은 자사의 브랜드가 한 시장 내에서 충돌하여 자사 제품들 사이의 불필요한 경쟁이 발생할 수 있다는 위험이 있다.

소수의 고객층으로 구성된 특수한 수요에 집중하는 마케팅 전략은 니치 마케팅(Niche Marketing)에 해당한다.

13

| 정답 | ④

| 해설 | ㄱ. 강압적 권력은 제재나 처벌 등의 부정적 결과를 발생시키거나 발생시킬 수 있는 힘에서 발생하는 권력을 의미한다.

ㄷ. 준거적 권력은 개인이 가진 매력에서 비롯하는 것으로 다른 사람들이 이를 따르고 닮아가고 싶어하는 심리에서 발생하는 권력을 의미한다.

ㄹ. 전문적 권력은 리더가 가지고 있는 전문적이고 유용한 지식이나 기술을 공유하는 과정에서 발생하는 권력을 의미한다.

| 오답풀이 |

ㄴ. 합법적 권력은 조직에서 부여된 보직 혹은 직위에 의해 발생하는 권력을 의미한다. 정당한 대가에 따른 보상으로 주어지는 권력은 보상적 권력에 해당한다.

14

| 정답 | ③

| 해설 | 리스트럭처링(Restructuring)은 선택과 집중을 통한 기업 내부 구조의 효율성 재고를 위해 기업의 핵심 사업을 선정하여 이에 대해서는 투자를 확대하고 그 외의 사업은 축소 · 통합하는 방식의 기업 혁신을 의미한다.

|오답풀이|

① 전략적 제휴는 둘 이상의 경쟁기업들이 특정 사업 혹은 기술에서 일시적으로 협력관계를 맺는 것을 의미한다.

② 집중화 전략은 특정 시장, 특정 소비자 집단 등을 대상으로 선정하여 집중적으로 공략하는 마케팅 전략을 의미한다.

④ 아웃소싱은 기업의 핵심 사업을 제외한 다른 부분을 외부의 제3자에게 위탁하는 것을 의미한다.

⑤ 벤치마킹은 어느 특정 분야에 우수한 상대와 자기 기업을 비교하여 상대의 우수한 운영 프로세스를 도입하는 경영혁신전략을 의미한다.

15

|정답| ②

|해설| 옴니채널(Omnichannel)은 온라인, 오프라인, 모바일 등을 복합적으로 활용하여 상품의 정보를 검색하고 상품을 구매할 수 있도록 쇼핑 플랫폼을 하나의 유통채널로 인식할 수 있는 수준의 연동서비스를 제공하는 것을 의미한다. 예를 들어 온라인과 모바일에서 상품의 정보검색과 구매 결제를 하고, 오프라인에서는 물품을 직접 확인함으로써 매장이 쇼룸 혹은 물품 수령소의 역할을 수행하는 방식으로 연동이 되게 하는 것이다.

|오답풀이|

① 계열확장(Line Extension)은 기존 제품과 별도의 제품을 기존 제품에 추가하는 것으로, 주로 신제품을 기존의 브랜드나 유통경로를 활용하여 판매하기 위한 목적으로 이용한다.

③ 공동상표(Cooperative Brand)는 다수의 소형 브랜드를 하나의 브랜드로 연결하여 브랜드의 규모를 확대하는 마케팅 전략으로, 주로 지역 단위 중소기업들의 연계에 지방자치단체의 지원을 받아 설립한다.

④ 리포지셔닝(Repositioning)은 시장 환경의 변화에 따라 기존 제품을 재해석하고 목표하는 판매대상을 다시 조정하는 것을 의미한다.

⑤ 수직적 마케팅 시스템(Vertical Marketing System)은 생산에서 유통까지의 과정에서 발생하는 마케팅을 통제하는 전문경영조직을 중심으로 네트워크 형태로 구성된 경로조직을 의미한다.

16

|정답| ②

|해설| 기업분할의 방법 중 인적분할은 기업분할로 생성된 신설회사의 지분을 기존 회사의 주주들이 각 지분율대로 나눠 갖는 방식을 의미한다. 신설회사의 지분을 주주가 아닌 기존 회사가 모두 소유하는 방식은 기업분할의 방법 중 물적분할에 해당한다.

17

|정답| ④

|해설| 관계마케팅(Relationship Marketing)은 생산자 중심의 마케팅 구조에서 벗어나 기업이 현재 확보하고 있는 고객과의 장기적인 유대관계를 형성하고 고객과의 상호이익을 추구하기 위한 소비자 중심의 마케팅 기법으로, 금융기관의 프라이빗 뱅킹(Private Banking) 등과 같이 고객 개인을 대상으로 하는 서비스나 장기고객 우대혜택, 멤버십 프로그램 등이 여기에 해당한다. 관계 마케팅은 나아가 고객과의 장기적인 유대관계를 형성하는 기업이라는 긍정적인 이미지 형성에 기여하여 고객의 양적 확대까지도 기대할 수 있다는 이점을 가진다.

18

|정답| ⑤

|해설| 경제적 주문량(EOQ, Economic Order Quantity)은 재고유지비와 재고주문비용을 포함하여 단위기간당 발생하는 총재고비용을 최소화하는 1회 주문량을 의미한다.

|오답풀이|

③ 완충주문량은 수요의 불확실성 충격에 대비하기 위해 경제적 주문량을 초과하여 보유하게 되는 재고의 주문량을 의미한다. 경제적 주문량은 수요가 예측가능하다는 전제로 계산하기 때문에 실제로는 수요의 불확실성에 의해 경제적 주문량보다 더 많은 재고를 유지해야 한다.

④ 정기적 주문량은 일정한 기간마다 재고를 주문하는 재고주문량으로, 정기적으로 재고수준을 검사하여 그에 따라 주문량을 결정하는 고정주문기간 모형(P 시스템)에 적용되는 개념이다.

19

| 정답 | ②

| 해설 | 강력한 브랜드는 브랜드 충성도가 높은 고객들은 확보하여, 이를 중심으로 하는 가격 프리미엄 정책으로 수익을 증대시킨다. 이러한 전략이 성립하는 근거는 브랜드 충성도가 높은 브랜드의 고객들은 가격의 변동에 매우 비탄력적이라는 점에 기인한다.

| 오답풀이 |

① 제품의 품질, 명성 또는 한정성이 높다면 제품의 가격이 높더라도 구매를 선호하는 고객이 증가하여 고객의 가격민감도가 감소한다.

③ 규모의 경제를 통한 이득을 기대할 수 없다면 저가정책을 통한 양적 시장경쟁보다 품질의 우수성을 앞세운 고가정책이 더 유리하다.

⑤ 종속가격전략(Captive Product Pricing Strategy)은 주제품을 저가에 판 다음 그 제품에 필요한 소모품 등의 종속제품을 고가에 판매하여 높은 마진을 부과하는 가격 전략이다. 해당 종속제품의 가격을 지나치게 고가로 책정하게 되면 이를 대체하는 불법복제 부속품 혹은 종속제품을 자체적으로 개발하여 출시하는 서드파티(Third Party)가 등장할 수 있다.

20

| 정답 | ③

| 해설 | 경영전략의 수준은 전사적 수준, 사업부 수준, 기능부 수준으로 나누어 볼 수 있다.

㉠ 전사적 수준(Corporate Level)의 전략은 기업의 전체 목표를 정의하고 어떤 사업을 할 것인지, 어떻게 자원을 배분할 것인지를 결정한다.

㉡ 사업부 수준(Business Level)의 전략은 개별 사업부 단위에서의 경영전략으로, 전사적 수준에서 결정된 전략적 방향에 따라 개별 사업부의 영역 내에서 어떻게 경쟁자들과 경쟁할 것인가를 결정한다.

㉢ 기능부 수준(Functional Level)의 전략은 사업부 수준에서 결정한 경영전략을 실현하기 위한 단기적이고 구체적인 목표와 행동 방안을 결정한다.

21

| 정답 | ②

| 해설 | 티저 광고(Teaser Advertising)는 의도적으로 상품의 일부분만의 정보를 공개하여 소비자들의 관심을 유발하여 추가적인 정보를 담은 이후의 광고에 집중하게 만드는 광고기법으로, 주로 영화나 TV 프로그램, 자동차, 음반, 게임 등의 상품 마케팅에 다양하게 이용된다.

| 오답풀이 |

① 협동광고는 동업자나 관련 산업계의 여러 기업 또는 업주들과 협동하거나 자사의 유통경로와 함께 수행하여 둘 이상의 광고주가 공동으로 실시하는 광고이다.

③ 시즐 광고(Sizzle Advertising)는 고기를 튀기는 소리나 음식을 씹는 소리, 얼음이 떨어지는 소리, 캔을 따는 소리 등과 같이 제품의 특성을 강조하는 시청각적 요소로 소비자들을 자극시키는 광고기법으로, 주로 식음료 광고에서 활용된다.

④ PPL(Product Placement) 광고는 영화나 방송 프로그램 등에서 협찬사의 제품을 소품으로 배치하여 시청자들에게 무의식적으로 제품을 인식시키는 광고기법을 의미한다.

⑤ 더블업 광고는 상품의 광고와 함께 해당 상품을 구매할 수 있는 유통 플랫폼의 광고가 나오는 방식과 같이 제품 광고 안에 자사나 협력사의 다른 제품의 광고를 삽입하는 광고기법을 의미한다.

22

| 정답 | ④

| 해설 | 모토로라의 근로자였던 마이클 해리에 의해 1987년 창안된 6시그마 품질 수준이란 '100만 개의 제품 중 발생하는 불량품이 평균 3.4개'라는 것을 의미한다.

23

| 정답 | ⑤

| 해설 | 유인가격(Loss Leader)은 특정 제품의 가격을 낮게 책정하여 소비자들이 점포를 방문하여 제품을 구매하는 것을 유도하고, 이를 이용해 다른 제품도 가격이 낮다는 이미지를 형성시켜 함께 구매하도록 만드는 마케팅 전략을 의미한다.

| 오답풀이 |

② 단수가격(Odd Pricing)은 19,900원, 29,800원 등과 같이 가격에 단수(端數, 끝수)를 붙여 특정 단위에서 약간 모자란 금액을 책정하여 가격이 저렴해 보이도록 하는 마케팅 전략을 의미한다.

③ 선형가격은 제품을 구매한 정도에 관계없이 동일한 가격구조를 가지는 것이고, 동일한 제품을 더 많이 구매할수록 더 높은 가격혜택을 제공하여 구매를 유도하는 것은 비선형가격(Non-linear Pricing)이라고 한다.

④ 명성가격(Prestige Pricing)은 제품을 의도적으로 고가로 책정하여 소비자들이 제품을 고품질, 고가치로 인식하도록 하는 마케팅 전략을 의미한다.

24

| 정답 | ②

| 해설 | 사양산업(斜陽産業)은 성장력을 잃고 쇠퇴해 가는 산업을 의미한다.

| 오답풀이 |

① 장치산업은 제품 생산에 있어 거대한 설비와 장치가 필요한 산업으로 화학공업, 발전, 제지, 철강업 등이 여기에 해당한다.

③, ④ 전방산업은 전체 생산과정에서 최종 소비자와 가까운 부분의 산업을, 후방산업은 전체 생산과정 중 제품의 소재와 원재료의 공급 및 가공 부분을 의미한다.

⑤ 기간산업(基幹産業)은 다른 산업에 필요한 원자재나 건설자재, 에너지를 생산하는 산업으로 철강, 화학공업, 발전, 항공, 해운, 조선 등이 여기에 해당한다.

25

| 정답 | ②

| 해설 | PERT/CPM에서 주경로(Critical Path)는 하나 또는 그 이상 존재할 수 있다.

| 오답풀이 |

③ 주경로는 프로젝트의 여유시간(Slack Time)이 0인 경로, 즉 영의 여유(Zero Slack)인 경로를 연결한 것이며, 여유가 0인 경로가 없다면 여유값이 최소가 되는 경로가 주경로가 된다.

고시넷 전공필기시험 완전정복

경영학 기본서

신경향 이론 · 빈출테마

- 전공 실제시험을 경험하다 -

파트 1 기출문제

파트 2 경영과 기업 [경영학원론 I]

파트 3 기업활동의 조직 [경영학원론 II]

파트 4 인사관리

파트 5 생산관리

파트 6 마케팅관리

부록 실전모의고사